Inhaltsverzeichnis

Leben und wirtschaften 6 – 35

Die soziale Marktwirtschaft 36 – 55

Wirtschaft – konkret 56 – 79

Heute ist Frieden – heute ist Krieg 80 – 89

Frieden in Europa 90 – 101

So funktioniert Europa 102 – 119

Was wird aus Europa? 120 – 131

Die Welt im 21. Jahrhundert 132 – 155

Zu diesem Buch

Das Werk Mensch und Politik ist strikt nach dem Prinzip der Doppelseite aufgebaut: Die Doppelseiten stellen abgeschlossene Sinnabschnitte dar, die vor allem aus Materialien und Aufgaben bestehen, ergänzt um einleitende Texte und Methodenblöcke.

Als Materialien sind dabei alle Texte gekennzeichnet, die einen vor allem informierenden oder beispielgebenden Charakter haben – unabhängig davon, ob es sich um Fremdquellen oder Autorentexte handelt. Ist keine Quelle angegeben, handelt es sich um Texte, die von den Autorinnen und Autoren dieses Bandes verfasst wurden.

Bei Texten, die aus dem Internet entnommen wurden, haben wir auf eine vollständige Quellenangabe verzichtet. Stattdessen sind die Basishomepage und das Jahr angegeben, in dem der Text vorzufinden war. Häufig sind die entsprechenden Subseiten nur kurze Zeit im Netz; die jeweils angegebene Homepage kann demgegenüber dazu genutzt werden, die Qualität der Quelle einzuschätzen und nach aktuellen Informationen zu suchen.

www. Dieses Symbol verweist auf Internetseiten, auf denen weiterführende Informationen oder wichtige Positionen zu den im Text behandelten Fragen zu finden sind.

Ergänzende Informationen, Internetarbeitsblätter zu dem vorliegenden Band und weitere Materialien zum Download aus dem Bereich Politik finden sich auf unserer Homepage unter www.schroedel.de/gymnasium/politik/index.jsp.

Leben und

wirtschaften

Da wütet ein Wirbelsturm vor der amerikanischen Küste und direkt proportional erhöhen sich die Benzinpreise in Deutschland.

Ein Großunternehmen entlässt mehrere tausend Mitarbeiter und die Aktienwerte dieses Konzerns steigen.

Exportweltmeister, Milliardenüberschüsse und gleichzeitig Zusammenbruch der Sozialsysteme in Deutschland?

Wie sozial ist unsere Marktwirtschaft?

1. Wie wir wirtschaften

Wirtschaft ist nur ein Teil des menschlichen Lebens, aber sie ist heute allgegenwärtig. Börsenkurse, Währungsschwankungen, Riesengewinne, Firmenpleiten und Arbeitslosigkeit – dies alles hat mit Wirtschaft zu tun. Was aber ist genau Wirtschaft? In dem deutschen Wort „Wirtschaft" steckt der „Wirt", womit man vor circa 1000 Jahren nicht nur den Besitzer eines Gasthauses, sondern ganz allgemein einen Hausherrn bezeichnete. Dieser hatte sich um das Wohlergehen aller im Hausstand lebender Personen zu kümmern. Heute ist die Wirtschaft „... die Gesamtheit aller Einrichtungen und Maßnahmen zur Deckung des menschlichen Bedürfnisses an Gütern und persönlichen Dienstleistungen ..." (Duden, Das neue Lexikon in zehn Bänden, 5. Auflage, Leipzig, 1996). Die Lehre vom wirtschaftlichen Geschehen in der Welt heißt Ökonomie. Entdecker der Ökonomie war Aristoteles (384–322 v. Chr.).

Die Ökonomie beschäftigt sich mit einem ganz einfachen Problem, nämlich dem menschlichen Problem des Mangels oder der Knappheit. Jeder von uns hat eine Vielzahl von Wünschen und Bedürfnissen, die Möglichkeiten zur Erfüllung all dieser Wünsche sind aber begrenzt. Eine Vielzahl von Gütern, die heftig begehrt sind, wird deshalb knapp. Diese bezeichnet man als ökonomische Güter. Die so genannten freien Güter stehen in beliebiger Menge allen zur Verfügung. Diese haben auch keinen festen Preis. Ein Beispiel für freie Güter wäre Sand in der Sahara, Luft zum Atmen oder Eis auf Grönland. Allerdings gibt es auch vormals freie Güter, die sich durch den gesellschaftlichen Wandel zu knappen, ökonomischen Gütern gewandelt haben, z. B. sauberes Wasser oder Parkplätze. Wenn etwas knapp ist, muss man sinnvoll auswählen. Jeder Mensch mit einem begrenzten Einkommen muss also „wirtschaften". Wirtschaften bedeutet den möglichst zweckmäßigen Einsatz knapper Mittel. Diese Notwendigkeit betrifft alle: den Privathaushalt, das Unternehmen oder eine staatliche Einrichtung. Sie alle handeln nach dem so genannten ökonomischen Prinzip.

Material

1 Wirtschaftswissenschaften

Die Wirtschaftswissenschaften unterteilen sich in zwei große Bereiche:

1. Die Betriebswirtschaftslehre (BWL) untersucht die Vorgänge in der Wirtschaft aus Sicht der Unternehmen. Die ökonomische Funktion eines Unternehmens steht dabei im Vordergrund. Die Unternehmen sind dabei Teile der übergeordneten Volkswirtschaft.

2. Die Volkswirtschaftslehre (VWL) betrachtet die gesamtwirtschaftlichen Zusammenhänge und Prozesse als Ganzes. Auch die internationalen wirtschaftlichen Verflechtungen spielen dabei eine große Rolle.

9.1 Sauberes Wasser ist in vielen Teilen der Erde ein knappes Gut.

9.2 In wenigen Teilen der Erde ist sauberes Wasser eine Selbstverständlichkeit.

Aufgaben

1. Liste in einer Tabelle auf, was in deinem Umfeld freie und was knappe Güter sind. Welche der Güter könnten vormals freie Güter gewesen sein? Begründe!
2. Versuche das ökonomische Prinzip anhand eines selbst gewählten Beispiels aus dem Schulalltag zu erklären.
3. Welche der folgenden wirtschaftlichen Vorgänge erfolgen nach dem Maximalprinzip, oder nach dem Minimalprinzip?
   a) Ein Bauer will soviel Getreide wie möglich ernten.
   b) Deine Familie will Urlaub in Spanien machen. Dafür stehen euch 1500 Euro zur Verfügung.
   c) Du willst ein Fahrrad kaufen. Es soll mindestens 21 Gänge haben. Du besuchst die Fahrradhändler der Stadt und vergleichst mit Angeboten aus dem Internet.
4. Du hast eine Rasenfläche eines Fußballfeldes zu mähen. Entweder du mietest dir für einen Tag im Baumarkt einen Rasenmäher (Leihgebür 15 Euro) und mähst den ganzen Tag 12 Stunden lang, oder du mietest ihn an zwei Tagen und hast mehr Zeit für deine Aufgabe. Was ist effektiver und wirtschaftlicher? Begründe deine Entscheidung mit dem ökonomischen Prinzip.

2. Bedürfnisse im Wandel

Ursache allen Wirtschaftens sind die Wünsche der Menschen nach Gütern, ihre Bedürfnisse. Der Mensch hat Bedürfnisse, diese sind unbegrenzt, unterschiedlich und wandelbar. Bedürfnisse motivieren die Menschen zu wirtschaftlichem Handeln. Güter und Dienstleistungen dienen der Befriedigung von Bedürfnissen. Diese Güter und Dienstleistungen werden auf Märkten angeboten und durch Kauf erworben.

Man unterscheidet grundlegend zwischen Primärbedürfnissen (Grund- oder Existenzbedürfnisse) und Sekundärbedürfnissen (Kultur- und Luxusbedürfnisse).

Zu den Primärbedürfnissen zählen die Bedürfnisse zum Erhalt des Lebens bzw. Existenzminimums, so z. B. Nahrung, Kleidung, Wohnung, Grundbildung.
Die Sekundärbedürfnisse erhöhen das Lebensgefühl und steigern den Lebensstandard, so z. B. Kunstgenuss, soziale Geltung, Möglichkeiten der Urlaubs- und Freizeitgestaltung.
In welchem Maße die Menschen ihre Bedürfnisse befriedigen können, hängt insbesondere von ihrer Leistungsfähigkeit, ihrer Leistungsbereitschaft und den verfügbaren Mitteln (Einkommen und Vermögen) ab.

Material

2 Die Bedürfnispyramide

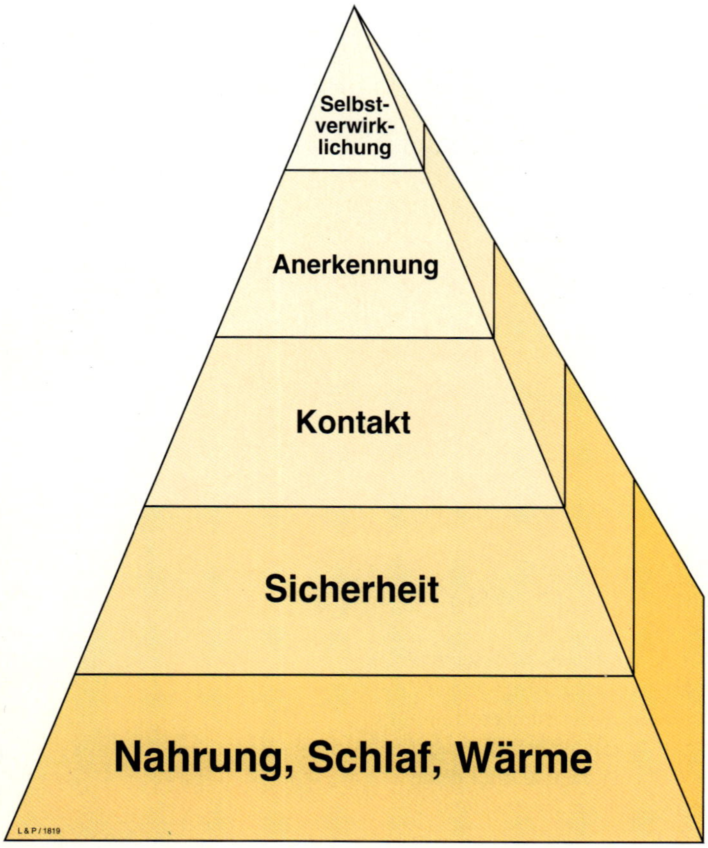

Der Mensch hat verschiedene Bedürfnisse. Außerdem ist klar, dass der Mensch hin und wieder wegen eines Bedürfnisses ein anderes zurückstellt. Das eigentlich simple Modell des Psychologen Abraham Maslow wäre daher bei seiner Veröffentlichung 1954 auch keine Überraschung gewesen, wenn sich aus seinem Stufenbau nicht eine eben doch überraschend nützliche Anwendung ergäbe. Maslow bildete eine 5-stufige Pyramide aus den Bedürfnissen des Menschen.

Die unterste und breiteste Stufe nehmen die Grundbedürfnisse ein: Essen, Trinken, Schlaf, Sexualität, Wärme (Sexualität ist auf dieser Stufe umstritten).
Darauf folgt die zweite Stufe, das Sicherheitsbedürfnis, Abgrenzung, Recht und Ordnung, Schutz.
Auf der dritten Stufe sind Liebe, Zugehörigkeit zu einer Gruppe, ganz allgemein soziale Bedürfnisse angesiedelt.
Die vierte Stufe umfasst Dinge wie Anerkennung, Ruhm, Aufmerksamkeit. Die fünfte, letzte und in der Pyramide auch kleinste Stufe wird vom Bedürfnis nach Selbstverwirklichung eingenommen.

(Autorentext)

3 Bedürfnisse unterscheiden sich

Grundbedürfnisse bzw. Primärbedürfnisse	⟷	Sekundärbedürfnisse
Materielle Bedürfnisse	⟷	Immaterielle Bedürfnisse
Privat zu befriedigende Bedürfnisse z.B. Grundbedürfnisse	⟷	Öffentlich zu befriedigende Bedürfnisse = Gemeinschaftsbedürfnisse

L & P / 1802

Aufgaben

1. Welche der Fotos symbolisieren Primär- und welche Sekundärbedürfnisse? Begründe!
2. „Ein jeder Wunsch, wenn er erfüllt, kriegt augenblicklich Junge" (Wilhelm Busch) – Belege den Satz mit Beispielen aus deiner persönlichen Erfahrung.
3. Nenne Beispiele dafür, dass Bedürfnisse individuell verschieden und wandelbar sind.
4. Welche Kulturbedürfnisse sind für dich von Bedeutung? Warum? Worauf würdest du in einer wirtschaftlichen Notsituation verzichten?
5. Erläutere den Wandel von Existenz- und Luxusbedürfnissen eines deutschen Stadtbewohners vor 100 Jahren und heute.

3. Jugendliche als Verbraucher

Material

4 Früh übt sich

Rede von Renate Künast (ehemalige Ministerin für Verbraucherschutz, Ernährung und Landwirtschaft) anlässlich der Preisverleihung „Jugend testet“ am 7. Juni 2001:

Euch Jugendlichen muss ich nicht sagen, wie ernst ihr von der Wirtschaft als Konsumenten genommen werdet. Sportartikelhersteller, Textilketten, Banken, alle bemühen sich um euch. Das ist auch kein Wunder. Die Gruppe der 6- bis 17-Jährigen, das sind fast 10 Millionen Menschen, gibt in Deutschland im Jahr insgesamt ca. **9 Milliarden Euro** aus.

Die Banken und Sparkassen z. B. versuchen mit flotten Sprüchen, aber auch mit eigenen Kinder- und Jugendzeitschriften, euch Jugendliche dazu zu bringen, gerade bei ihnen ein Girokonto einzurichten. Dabei geht es weniger um das dort eingezahlte Taschengeld, als darum, dass ihr als Jugendliche und Kinder von heute die Kunden für Kredite und Bausparverträge von morgen seid.

Kinder und Jugendliche kaufen nicht nur selbst ein, sie sind auch enorm **wichtige Berater bei den Entscheidungen ihrer Eltern,** zum Beispiel beim Einkauf von Textilien, Möbeln oder technischen Geräten. Wenn es um CD-Player, PCs oder Handys geht, wissen 12-Jährige heute oft mehr als Mütter und Väter. Vielleicht sind sie sogar fachkundige Berater bei der Frage, mit welcher Automarke die Eltern fahren.

Schließlich wissen Handel und Industrie, dass konsumieren auch frühzeitig gelernt wird. Wer als Kind oder Jugendlicher die Produkte eines bestimmten Herstellers benutzt, tut dies häufig auch in seinem späteren Leben. „Einmal Diesel-Jeans – immer Diesel-Jeans“, „einmal 4-you-Rucksäcke – immer 4-you-Rucksäcke“, scheint die Wahrheit der Markenhersteller zu sein.

12.1

5 Komsumfreudige Jugend

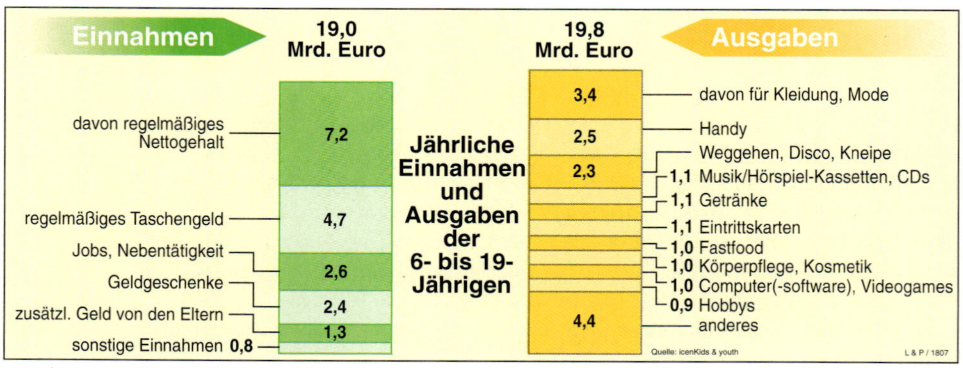

6 Vorsicht Markenterror

Auf dem Rucksack klebt von weitem sichtbar das Logo „Eastpack“, auf den Sportschuhen glitzert der Schriftzug von „Nike“, die Schlabberhosen sind natürlich von „Diesel“ – Marken sind cool, das finden viele Kinder und Jugendliche und kaufen, kaufen, kaufen – zum Ärger der Eltern und zur Freude der Hersteller und Werber. Fast 21 Milliarden Euro – so die Kids-Verbraucher-Analyse 2003 – beträgt die so genannte „Kinderkaufkraft“, nimmt man Taschengeld, Geburtstagsgeld und Weihnachtsgeld zusammen – Tendenz steigend. Denn während das Geschäft mit den erwachsenen Verbrauchern stagniert, scheint die Krise an der jungen Generation schadlos vorbeizuziehen. Der Computer muss ein Musikprogramm bieten, das Handy Fotos verschicken können, das Trikot ein Original des Fußballclubs sein – immer das Teuerste ist angesagt und Geld spielt scheinbar keine Rolle. Fielen manche Eltern beim ersten Sporthemd für 75 Euro noch in Ohnmacht, so hat sich scheinbar ein gewisser Gewöhnungseffekt eingestellt.

Resigniert stellt die Elterngeneration, die häufig selbst gegen „Konsumterror“ rebellierte, fest, dass heute eben alles anders ist. Jugendliche sind markenbewusst und nutzen die neuen Techniken. So haben mehr als 50 Prozent der Jugendlichen über 12 Jahren ein Handy.

Und was ist mit der anderen Hälfte? Sind diejenigen, die nicht mitziehen können oder wollen automatisch außen vor? Ausgeschlossen aus der Gruppe, veräppelt und lächerlich gemacht? Viele Kinder und Jugendliche fürchten sich vor genau dieser Konsequenz und wollen partout nicht anders sein als alle anderen. Oft ziehen gerade diejenigen mit, die es sich finanziell am wenigsten leisten können. Und auch die Eltern geben dem Gruppendruck nach, weil sie ihrem Kind Ausgrenzung ersparen wollen.

(Deutschlandfunk, 19. 12. 03)

7 Sparziele von Jungen und Mädchen

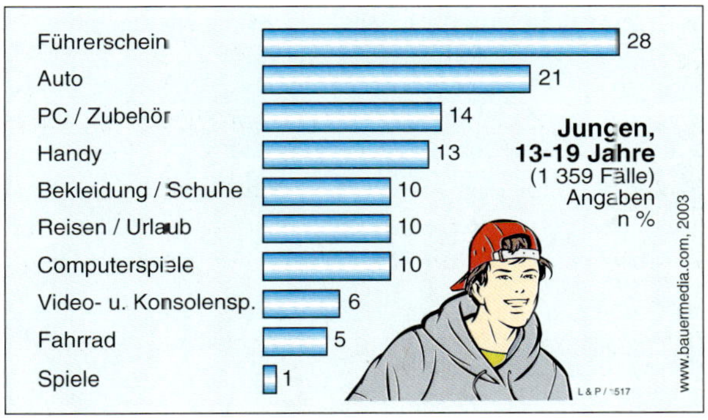

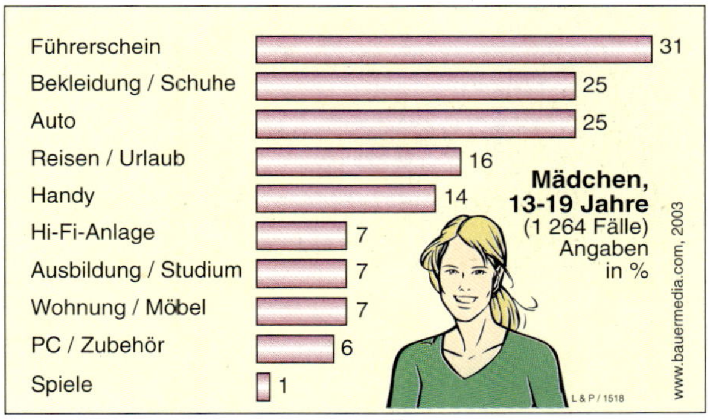

Aufgaben

1. Verfasst einen Artikel für die Schülerzeitung zu der Frage „Wie lernen Jugendliche, selbstbewusst und kritisch mit den Konsumwünschen und -angeboten umzugehen?“
2. Beschreibt Strategien, mit denen Hersteller Jugendliche als Kunden gewinnen wollen.
3. Überprüft die Aussagen von M 6 in eurer Klasse.
4. Erläutert die Rangordnung in M 7 und nehmt Stellung dazu.
5. „Jugendliche möchten wie Erwachsene leben!“ – „Jugendliche leben in einer eigenen „Konsumwelt!“ Überprüft diese Thesen anhand von aktuellen Jugendzeitschriften, Prospekten, Versand- oder Spezialkatalogen.

Material

8 Urteil schützt Verbraucher

Der Bundesverband der Verbraucherzentralen (VZBV) hat im Prozess gegen einen hannoverschen Anbieter von SMS-Diensten einen Sieg errungen. Das Landgericht Hannover verurteilte die Firma Newtex dazu, nicht nur zu Beginn eines „SMS-Flirts" auf die Kosten hinzuweisen, sondern jede einzelne Folge-SMS mit einer Preisangabe zu versehen (Az.: 14 O 158/04).
„Das Urteil ist ein wichtiger Mosaikstein, um Kinder und Jugendliche besser vor der Kostenfalle Handy zu schützen", sagte VZBV-Vorstand Edda Müller am Mittwoch in Berlin. „Es unterstreicht unsere Forderung nach Preistransparenz." Auslöser für die Klage der Verbraucherschützer war ein „SMS-Flirt" einer Zwölfjährigen, die für ihren dreitägigen Chat 102,60 Euro zahlen sollte. Das hohe Entgelt von 1,99 Euro pro SMS war nur in der ersten Handytextnachricht genannt worden.
Newtext will gegen den Richterspruch nicht vorgehen. „Wir begrüßen die Entscheidung des Gerichts", sagte Geschäftsführer Guido Langner. Das Unternehmen habe seine Praxis der Preisangabe bereits vor dem Urteil geändert. Der VZBV war auch gegen die unaufgeforderte Zusendung von SMS vorgegangen und dagegen, den Hinweis auf die Kosten erst nach mehreren Leerzeilen ganz am Ende der SMS erscheinen zu lassen. Das Landgericht teilte die Ansicht des VZBV in allen Punkten. Die Richter folgten auch nicht dem Argument des Anbieters, für die Zusendung hätte eine Einwilligung vorgelegen.

(aus: Hannoversche Allgemeine Zeitung, 11. 7. 2005, Lokales)

9 Jugend in der Schuldenfalle

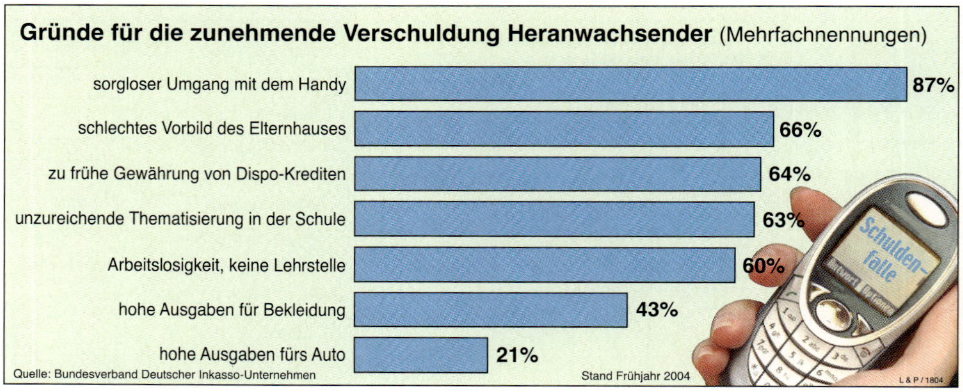

Aufgaben

1. Hast du schon einmal ähnliche Erfahrungen wie in M 8 und 9 gemacht? Berichte darüber und überlegt in Gruppen, wie man einen solchen Fall verhindern könnte.
2. Auf welche Weise birgt gerade das Handy das Risiko sich zu verschulden?
3. Suche nach den Ursachen der „Schuldenfalle" für Jugendliche.
4. Inwiefern kann die Verschuldung bei Jugendlichen Ausgangspunkt zur Kriminalität sein?

Methode

Rollenspiel: Kundenverhalten

Rollenspiele sind fester Bestandteil der Ausbildung von Verkaufspersonal. Die dabei vorherrschende Zielsetzung ergibt sich aus der Natur der Sache. Überlegt euch, was ihr unter einem gelungenen Einkauf versteht und wie sich der selbstbewusste Kunde verhalten müsste.

- Beschreibt in Anlehnung an eure Kauferfahrungen eine Kaufsituation, in der Kaufverhalten spielerisch erprobt werden könnte. Klärt dabei, welche Ware gekauft werden soll (z. B. CD, Computer, Handy).
- Verständigt euch darüber, wer welche Rolle spielt, wer die Aufgabe des Spielleiters übernimmt und worauf bei der Beobachtung des Spiels geachtet werden müsste.
- Führt das Spiel durch, wobei die Beobachter sich Notizen zum Verhalten der Spieler machen. Dokumentiert, wenn möglich, den Spielverlauf mit einer Videokamera.
- Wertet das Spiel unter Rückbezug auf eure Vorüberlegungen aus. Lasst euch dabei auch berichten, wie die Spieler sich in ihrer Rolle gefühlt haben.
- Probiert ggf. in weiteren Spieldurchläufen Verhaltensalternativen durch.

15.1

Projekt: Markterkundung

These:

- *Die Gesellschaft braucht kritische Verbraucher*
- *Verbraucherverhalten ist erlernbar*

1. Die Klasse einigt sich auf ein bestimmtes Produkt, dessen Anschaffung erprobt werden soll (z. B. Mountain-Bike, CamCorder, Handy ...). Bildet Arbeitsgruppen (4–6 Schüler).

2. Produktinformationen werden beschafft:
   - Befragung von Freunden, Verwandten, worauf beim Kauf zu achten sei
   - Sichtung von Zeitschriftenanzeigen und Werbebroschüren
   - Auswertung der Zeitschrift „test"
   - Anfrage bei der Verbraucherberatung.

3. Beratung in der Klasse:
   - Erfahrungsberichte der Gruppen; Aussprache und Festlegung der Eigenschaften, auf die bei der Erkundung besonders geachtet werden soll
   - Einigung auf eine Preisobergrenze.

4. Erkundung des Angebots:
   - Aktuelle Angebote in Tageszeitungen, Anzeigenblättern und Werbeprospekten sammeln
   - Versandhauskataloge auswerten
   - Warenhäuser und Geschäfte aufsuchen, Angebote notieren und Verkäufer befragen.

5. Auswertung:
   - Erstellung einer Marktübersicht in Form einer Wandzeitung in der Klasse oder an einer gut zugänglichen Stelle im Schulhaus
   - Diskussion über die Kaufentscheidung
   - Abfassung eines Artikels für Schülerzeitung oder Lokalzeitung.

(nach: Deutscher Sparkassenverlag [Hrsg.] Wirtschaftsspiegel 5/93)

4. Werbung wirkt – aber wie?

Werbung als gezielte Einflussnahme auf unser Konsumverhalten begegnet uns überall und zu jeder Zeit: in Zeitungsanzeigen bei der Frühstückslektüre, an Litfasssäulen auf dem Weg zur Schule oder zur Arbeit, im Radio während der Autofahrt, im Fernsehen während der Sportübertragung. Ihr Unterhaltungswert übertrifft bisweilen den der eigentlichen Sendung.

Die meisten Ökonomen, Soziologen und Politiker betrachten Werbung heute als unverzichtbaren Bestandteil unserer marktorientierten Wirtschaftsordnung. Sie sehen in der Werbung nicht etwa nur ein Mittel zur Umsatz- und Gewinnsteigerung privatwirtschaftlicher Unternehmen, sondern auch ein Instrument zur Förderung des Wettbewerbs auf den Märkten und damit zur Stärkung der wirtschaftlichen Position der Verbraucher.

Die Werbefachleute verwenden zur Bezeichnung der durch Werbung angestrebten psychosozialen Wirkungen die griffige Formel **„AIDA"**.
Werbung soll
- Aufmerksamkeit erregen (**A**ttention),
- Interesse wecken (**I**nterest),
- den Wunsch zum Kauf fördern (**D**esire)
- und schließlich zum Kauf führen (**A**ction).

Material

10 Wie Werbung wirkt

WERBEBOTSCHAFTEN WERDEN VERSTÄRKT DURCH:

- k) *positives Image von Sport*
- c) *Ansprache spezieller Zielgruppen*
- l) *bekannte Marken*
- j) *Überraschungselemente (Gags)*
- h) *Eventmarketing*
- m) *Sponsoring*
- b) *eingängige Musik*
- i) *hervorheben positiver Motive*
- d) *Aufnahme aktueller Trends*
- e) *emotionale Aspekte*
- a) *einprägsame Songs*
- g) *Productplacement*
- f) *Prominente als Werbeträger*

Aufgaben

1. Finde für die einzelnen Aspekte aus M 10 je ein konkretes Beispiel aus der Werbung. Welche Werbung haltet ihr für besonders gelungen, welche nicht?
2. Werbung wird kontrovers beurteilt. Stellt aus der Sicht des Verbrauchers Pro- und Kontra-Argumente gegenüber.
3. Diskutiert die Behauptung, der Verbraucher sei willenloser Spielball der Werbewirtschaft.

Methode

Projekt: Werbung

Vorschlag zur Durchführung
(Es empfiehlt sich, mit den Fachlehrern Deutsch, Kunst und Musik zu kooperieren.)

Thesen:
- Schüler haben intensive Werbeerfahrung.
- Werbung wird selten kritisch untersucht.

1. Aussprache über die eigenen Werbeerfahrungen: Werbemedien, besonders gelungene Werbebeispiele (Mode, Auto, Getränk …). Auswahl von fünf Beispielen und Bildung von Gruppen, die diese Beispiele bearbeiten.

2. Untersuchung der ausgewählten Werbebeispiele:
   - Adressat
   - dargestellte Personen, Lebenssituationen
   - Farben, Formen, Sprache, Musik als Stilmitte
   - Beziehung der Werbeaussage zum Produkt.

3. Präsentation der Gruppenergebnisse:
   - Videovorführung eines TV-Spots mit gegliederter mündlicher oder schriftlicher Erläuterung
   - entsprechende Vorführung einer Radiowerbung
   - Werbeplakat/Zeitungsausschnitt mit grafisch gestalteten Erläuterungen als Wandzeitung.

4. Gemeinsame Auswertung durch die Klasse:
   - Vergleich der dargestellten Lebenssituationen mit eigenen Erfahrungen
   - Gründe für die Attraktivität der TV-Werbung, dabei die Platzierung im Programmschema einbeziehen
   - Wirkung der Werbung auf das eigene Konsumverhalten diskutieren
   - Aussagen über den Zusammenhang zwischen Konsum und Ansehen in der Gruppe diskutieren.

5. Verfassen eines Schülerzeitungsbeitrags zu den Erfahrungen aus dem Projekt.

17.1 Anzeige aus einem Jugendmagazin

Anregungen zur Analyse von Werbeanzeigen:

Analysiert Werbeanzeigen. Nutzt dabei folgende Fragestellungen:

- Produkt: Für welches Produkt wird geworben?
- Mittel: Welche Mittel werden eingesetzt?
- Bild: Beachtet Format, Motiv, Ausschnitt, Perspektive, Schärfe, Farbe, Hintergrund.
- Adressaten: An wen ist die Anzeige gerichtet?
- Nutzen: Welcher Nutzen des Produkts wird angekündigt? – Welcher Zusatznutzen wird versprochen?
- Ziel: Welche Wirkung wird angestrebt? – Welche Wünsche, Träume, Interessen, Gewohnheiten usw. werden angesprochen? – Welche Wirkung wird eurer Meinung nach erzielt?

5. Die Grundfragen der Ökonomie

Drei Kernprobleme hat jede Volkswirtschaftsform:

1. Was soll produziert werden? (Welche Arten von Gütern sollen in welcher Menge hergestellt werden?)
2. Wie soll etwas produziert werden? (Welche Produktionsmittel, das heißt Maschinen, Arbeitskräfte u.Ä. sollen in welchem Unfang eingesetzt werden?)
3. Für wen soll produziert werden? (Wer erhält wie viel des Produktionsergebnisses? Welcher Teil der Produktion soll sofort verbraucht, welcher Teil soll investiert werden?)

Im Laufe der Geschichte kristallisierten sich zwei wesentliche Lösungsansätze heraus: die sozialistische Zentralverwaltungswirtschaft und die kapitalistische Marktwirtschaft. Bei der sozialistischen Planwirtschaft gehören die Produktionsmittel, also die Betriebe, Fabriken und das Kapital dem Staat und werden auch von ihm zentral verwaltet. Der Staat plant, er legt die Preise und Löhne der Beschäftigten fest, er plant auch den Bedarf. Die Kernprobleme einer Volkswirtschaft sind mit dieser Strategie allerdings nicht zufriedenstellend bewältigt worden.

Bei der kapitalistischen Marktwirtschaft entscheiden Millionen von Privathaushalten und Unternehmen eigenverantwortlich (dezentral) darüber, was, wie und für wen produziert wird. Hier sind die Produktionsmittel in privater Hand, die Lenkung der Güterherstellung erfolgt über den Markt, Angebot und Nachfrage sind hier die entscheidenden Kriterien. Der Staat beschränkt sich weitestgehend darauf, Rahmenbedingungen zu schaffen.

Um die Nachteile dieser Wirtschaftsform wie Arbeitslosigkeit, Inflation oder die sehr ungleiche Verteilung von Einkommen und Vermögen auszugleichen, kombinieren die meisten heutigen Wirtschaftssysteme Elemente der kapitalistischen und der sozialistischen Marktwirtschaft. Auch die in Deutschland etablierte soziale Marktwirtschft (s. S. 36) bildet eine Mischform, in der dem Staat die Aufgabe zukommt, lenkend einzugreifen und als negativ empfundene Wirkungen des freien Marktes abzumildern.

(sprachlich vereinfacht nach: Herbert Sperber, „Wirtschaft verstehen – nutzen – gestalten“, S. 14f., Hannover, 2002)

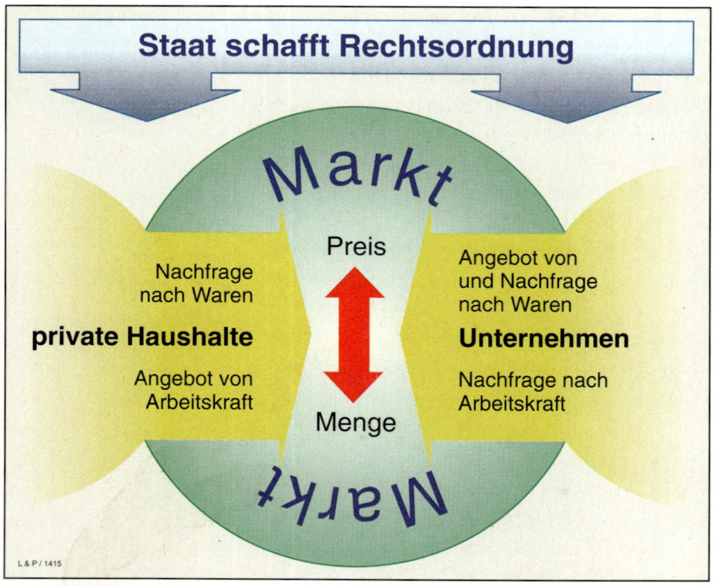

18.1 Freie Marktwirtschaft als Idealbild

Material

11 Regeln sind nötig

Eine funktionierende Marktwirtschaft verlangt die Schaffung und Durchsetzung von Regeln. Der Markt ist effizient bei der Verteilung der vorhandenen Ressourcen. Diese Effizienz ist aber nur gewährleistet, wenn alle Akteure rein ökonomisch rationalen Handlungsmustern folgen, also etwa Missbrauch der Vertragsfreiheit oder Betrug ausgeschlossen sind. Wo immer ein Markt entsteht oder wohin immer sich bestehende Märkte ausdehnen, das Regelsystem, das ihre Funktionsfähigkeit garantiert, muss mitentstehen oder mitwachsen. Ob es sich dabei um kodifizierte Rechtsnormen oder ungeschriebene Verhaltensregeln im Sinne der Handlungsweisen des ehrbaren Kaufmanns handelt, ist nicht entscheidend.

(Heiner Flassbeck, in: Friedrich-Ebert-Stiftung (Hg.), Ein Ordnungsrahmen für die Weltwirtschaft: nötig und möglich, Bonn 1998, S. 1 f.)

12 Märkte

Märkte sind eine der erstaunlichsten Entwicklungen der Menschheit. Es gab sie zu allen Zeiten und überall auf der Welt. Niemand hat je das Prinzip des Marktes erfunden. Die Menschen entwickelten es unbewusst, indem sie einfach ihren Bedürfnissen nachgingen.

Als im Jahre 744 n. Chr. Pippin der Jüngere (Vater des späteren Kaisers Karl des Großen) verfügt, dass in allen größeren Siedlungen seines Reiches Wochenmärkte einzurichten seien, unterschieden sich diese nicht wesentlich von heutigen Märkten. Wer etwas anzubieten hat, will dies möglichst teuer verkaufen. Wer etwas braucht, will dafür möglichst wenig zahlen. Je höher der Preis, desto niedriger die Nachfrage und desto höher das Angebot.
Je niedriger der Preis, desto geringer das Angebot und desto höher die Nachfrage. Der Markt funktioniert ideal, wenn kein Anbieter seine Waren wieder mitnehmen muss. Käufer und Verkäufer handeln so lange, bis der Markt „geräumt" ist.

Das Prinzip des Marktes erklärt sich am besten, wenn jemand es stört. Wenn beispielsweise ein König sein Volk dadurch beruhigen wollte, indem er einen sehr niedrigen Brotpreis verfügte, so konnten sich zwar zunächst einfache Leute mehr Brot leisten.

Die Folge aber war, dass es für die Bauern nicht mehr lohnte, Getreide anzubauen, oder bei den niedrigen Preisen war die Anfahrt zum Wochenmarkt zu teuer. Ergebnis war, dass das Brot viel schneller ausverkauft war, viele bekamen kein Brot. Wenn der König nun den Brotpreis künstlich angehoben hätte, wohl um die Bauern und Bäcker zufrieden zu stellen, so wäre es zu einem größeren Angebot an Brot gekommen, aber weniger Menschen hätten sich ausreichend Brot leisten können. Die Bäcker hätten abends viele unverkaufte Brotlaibe mit nach Hause nehmen müssen.

(Autorentext)

Aufgaben

1. Recherchiert, welche Regeln die Funktionsfähigkeit des Marktes in Deutschland garantieren. Informiert euch über die Aufgaben des Kartellamtes.
2. Gibt es den idealen Markt? Welche Voraussetzungen müssten im Falle eines Anbieters von Lebensmitteln auf einem Wochenmarkt gegeben sein?
3. Spekuliert, wie ihr die Grundfragen der Ökonomie in einem fiktiven Unternehmen umsetzen würdet.

6. Angebot und Nachfrage

In Städten erinnern die Namen von Plätzen oft an alte Märkte. Manche dieser Plätze dienen heute noch als Wochenmärkte. Daneben haben sich neue Märkte für spezielle Güter und Dienstleistungen entwickelt (z. B. Messen, Börsen, Flohmärkte). Manche Märkte haben gar keinen festen Ort mehr und finden z. B. in Zeitungen (Arbeitsmarkt, Automarkt, Immobilienmarkt) statt. Gemeinsam ist allen Märkten, dass Anbieter und Nachfrager zum Zweck des Tausches zusammentreffen.

Ein Konkurenzmarkt ist ein Markt mit sehr vielen Nachfragern und Anbietern, die als Einzelne keinen Einfluss auf den Marktpreis haben. D. h. der Preis wird vom Markt bestimmt und die Anbieter und Konsumenten müssen ihn so übernehmen. Im Gegensatz dazu stehen Märkte mit nur wenigen Anbietern oder Nachfragern. Bei denen kann die eine Seite dank der Verhandlungsmacht den Preis beeinflussen.

Material

13 Das Internet-Auktionshaus ebay

157 Millionen Kunden benutzen inzwischen auf der Suche nach Schnäppchen das Auktionshaus eBay. Ständig befinden sich auf dem weltweiten eBay-Marktplatz etwa 55 Millionen Artikel im Angebot. Die technischen Voraussetzungen für den Traum vom großen Geld sind gering und in fast jedem zweiten deutschen Haushalt vorhanden: Rechner, Modem und Telefonleitung. Sonst bedarf es nur einer gehörigen Portion Bauernschläue. . . .

Niedrige Einstiegspreise locken mehr Bieter an, und je mehr Interessenten es gibt, desto fieberhafter überbieten sie sich – bisweilen sogar weit über den Neupreis hinaus. Kunden und Anbieter werden weitgehend sich selbst überlassen . . .

Das Abwälzen des Geschäftsrisikos hält eBay schlank – eine Milliardenfirma ohne Umtauschgarantie, ohne Schaufenster, ohne Lagerhallen, ohne Fuhrpark. . . .

Gut 200 Jahre nachdem Adam Smith von einem Paradies des freien Marktes geschwärmt hatte, auf dem einzig das ungestörte Spiel von Angebot und Nachfrage wie eine „unsichtbare Hand" das Gemeinwohl steigert, schien es nun, als könne seine Vision in aller Radikalität Wirklichkeit werden. Bietet nicht das weltumspannende Netz die einzigartige Möglichkeit, den Markt von allen Verzerrungen zu befreien?

L & P / 1805

Hightech-Marktplatz eBay

1995 in Kalifornien gegründet als Marktplatz für Sammelartikel. Handelsvolumen 2004: 34,2 Mrd. Dollar

Automatischer Biet-Agent:
Der „Biet-Agent" ermöglicht das permanente automatische Mitbieten bis zu einem vorher definierten Höchstpreis.

eBay-Terminals:
Öffentliche eBay-Terminals sollen den Zugang für Bieter ohne eigenen Rechner ermöglichen.

Treuhandservice:
eBay-Treuhandkonten verwalten das Geld des Bieters, bis er die Ware erhalten hat.

Handy-Service:
Der Dienste-Anbieter erinnert den Kunden per Handy an das Auslaufen einer Auktion und ermöglicht das telefonische Mitbieten („voice bidding").

Das Prinzip von eBay

Quelle: DER SPIEGEL / 2003 und eigene Recherchen 7/2005

14 Markt-Preis-System

Das Marktgeschehen soll an einem vereinfachten Beispiel verdeutlicht werden: Ein Schokoladenhersteller lässt von einem Marktforschungsunternehmen untersuchen, wie sich seine Schokolade verkauft. Dabei soll herausgefunden werden, wie die Verbraucher ihre Nachfrage und die Lebensmittelhändler ihre Bestellung bzw. ihr Angebot in den Läden bei unterschiedlichen Preisen für die gleiche Vollmilchschokolade verändern. Die Marktforscher kommen zu folgendem Ergebnis:

Preis je Stück	nachgefragte Menge	angebotene Menge
0,80 Euro	280 Stück	360 Stück
0,70 Euro	300 Stück	340 Stück
0,60 Euro	320 Stück	320 Stück
0,50 Euro	340 Stück	300 Stück
0,40 Euro	360 Stück	280 Stück
0,30 Euro	380 Stück	260 Stück

Durch Verbindung der Preis-Mengen-Punkte erhält man einerseits die Nachfragekurve (N) der Konsumenten und andererseits die Angebotskurve (A) der Unternehmen. Nur im Schnittpunkt G beider Kurven stimmen nachgefragte und angebotene Menge überein. In unserem Beispiel kommt es nur bei dem Preis von 0,60 Euro zu einem Ausgleich von Angebot und Nachfrage. Einen solchen Preis nennt man **Gleichgewichtspreis;** die entsprechende Menge heißt Gleichgewichtsmenge. Auf einem Markt lassen sich folgende Gesetzmäßigkeiten feststellen:

- Mit steigendem Preis nimmt das Angebot zu, mit sinkendem Preis nimmt es ab **(„Gesetz des Angebots“).**
- Mit steigendem Preis nimmt die Nachfrage ab, mit sinkendem Preis nimmt sie zu **(„Gesetz der Nachfrage“).**
- Der Preis kann auf dem Markt verschiedene Funktionen erfüllen:
- Der Preis gleicht Angebot und Nachfrage aus: **Ausgleichsfunktion.**
- Der Preis lenkt das Angebot (die Produktion) auf die Märkte mit der größten Nachfrage: **Lenkungsfunktion.**
- Der Preis signalisiert, ob ein Gut besonders knapp (hoher Preis) oder besonders reichlich (niedriger Preis) vorhanden ist: **Signalfunktion.**
- Der Preis „erzieht“ Produzenten und Konsumenten dazu, jeweils die wirtschaftlichste Entscheidung zu treffen: **Erziehungsfunktion.**

Der Preis liefert in der Marktwirtschaft für die einzelnen Wirtschaftssubjekte eine entscheidende Orientierungshilfe. Diese Leistung des Preismechanismus in der Marktwirtschaft hat der Nationalökonom Adam Smith (1723–1790) mit dem Wirken „einer unsichtbaren Hand“ verglichen.

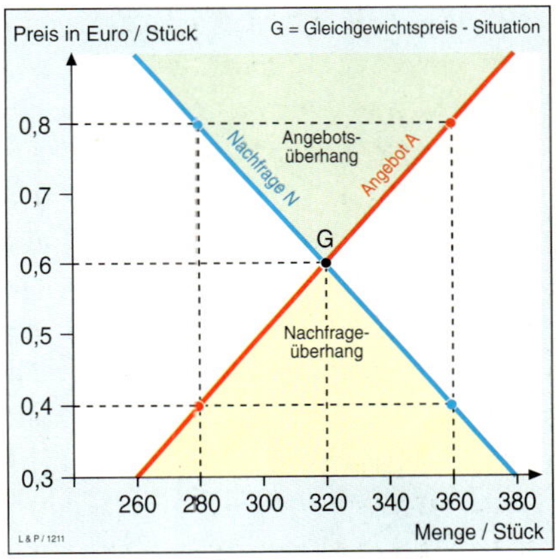

Aufgaben

1. Erkundet mithilfe des Internets, wie Kauf und Verkauf bei Ebay funktionieren. Klärt dabei auch, was ein „Biet-Agent“ und „Treuhandservice“ leisten und welchem Zweck sie dienen.
2. Ermittelt anhand von M 14, bei welchem Preis die meiste Ware umgesetzt wird.
3. Stellt fest, wie viel Ware bei einem Preis von 1 Euro und bei einem Preis von 0,70 Euro verkauft wird.
4. Angenommen, die Werbung für gesundheitsbewusste Ernährung hätte durchschlagenden Erfolg; es würde erkennbar weniger Schokolade konsumiert. Zeichne eine Nachfragekurve, die diesem Konsumverhalten Rechnung trägt.
5. Der Schädlingsbefall in einer Kakaoplantage hat zu einer drastischen Verknappung des Kakaoangebots geführt. Mit welcher Veränderung der Angebotskurve ist zu rechnen?

Material

15

Hinkelsteinschwemme – der Markt regelt alles …

16 Ist es das wert, was es kostet?

Seit Wochen trifft ein älterer Herr jeden Morgen an der Straßenbahnhaltestelle auf eine rüstige Dame, die mit einem niedlichen Hund auf die Bahn wartet.
Eines Tages spricht er sie an: „Einen sehr schönen Hund haben sie da." „Ja, nicht wahr? Er kann sogar tanzen und andere Kunststücke." „Wo gibt es solche Hunde zu kaufen?" „Soviel ich weiß, gibt es keine mehr, aber Sie könnten meinen kaufen." „Was soll er denn kosten?" „300 000 Euro " „Wie bitte? Sind Sie wahnsinnig? Soviel ist doch kein Hund wert!" „Mir schon."
Einige Tage später steht die Dame ohne ihren Hund an der Haltestelle. „Haben Sie den Hund etwa verkaufen können?", fragt der Passant. „Ja, in der Tat." „Und – haben Sie Ihre 300 000 Euro bekommen?" „Ja, habe ich. Meine nette Nachbarin hat mir ihre süßen Meerschweinchen zu je 150 000 Euro dafür geboten. Da habe ich natürlich sofort zugeschlagen."
(Autorentext)

17 Marktmechanismen

Wert und Preis sind nicht dasselbe. Der Wert einer Sache hängt immer von der Bedeutung ab, die der Einzelne ihr zuschreibt. Er beziffert die subjektive Einschätzung des zu erwartenden Nutzens. Was bringt mir ein Produkt oder eine Dienstleistung? Dieser Nutzen kann rein emotionaler Natur sein, er kann ein sehr spezielles Bedürfnis erfüllen – und er wird der Einfachheit halber in finanziellen Größen gemessen. Preise sind nichts anderes als Wertvorstellungen. Im Zusammenspiel von Angebot und Nachfrage entsteht ein finanzieller Maßstab. Dieser Maßstab, der Preis, ist eine Größe, die sich im Einzelfalle mit den persönlichen Wertvorstellungen deckt. Üblicherweise decken sich Preis und Erwartung nicht. Ein Käufer akzeptiert nur Preise, die unter seinem subjektiven Wertempfinden liegen. Der Verkäufer verkauft nur, wenn der Preis nach seinem subjektiven Empfinden höher ist als der Wert, den er dem Gut zumisst. Dieses – legitime egoistische – Vorgehen gehört zu den grundlegenden Mechanismen des Marktes.
(Autorentext)

Aufgaben

1. Gliedere die Bildergeschichte (M 15) in „Phasen der Marktentwicklung". Bewerte getrennt das Verhalten von Anbietern und Nachfragern. Formuliere eine Empfehlung an die Hersteller, wie sie den Marktzusammenbruch hätten verhindern können.
2. Interpretiere das Gespräch M 16. Wodurch rechtfertigt sich der Preis?
3. Beschreibe Dinge oder Gegenstände, deren emotionaler Wert für dich höher ist, als der scheinbar reale Marktpreis. Begründe deine Entscheidung.

7. Der Wirtschaftskreislauf

Im Modell eines vereinfachten Wirtschaftskreislaufes gibt es verschiedene Ströme. Grundsätzlich existieren gegenläufigen Strömungen von Gütern und Dienstleistungen, die getauscht werden. Im Gegenzug entsteht ein monetärer Strom (Geldstrom), der Geldeinkommen und Ausgaben bezeichnet.

Ausgangspunkt hierbei sollen die privaten Haushalte sein. Die Haushalte bieten ihre Arbeitskraft auf dem Arbeitsmarkt an. Von dort werden sie an die Unternehmen vermittelt, wo sie dann für Lohn oder Gehalt arbeiten. Mit dem erhaltenen Lohn bestreiten die Haushalte ihre Ausgaben, vom Gütermarkt erwerben sie beispielsweise Lebensmittel oder Kleidung, bei der Bank sparen sie den eventuellen Überschuss an, um später eine größere Anschaffung zu tätigen, oder sie nehmen einen Kredit auf, um ein neues Auto oder einen Hausbau zu finanzieren. Die Haushalte zahlen an den Staat (Bund, Länder, Gemeinden) Steuern und Sozialversicherungsabgaben. Dieser sichert sie im Falle von Arbeitslosigkeit oder im Rentenalter durch Sozialleistungen ab.

Material

18 **Der Wirtschaftskreislauf**

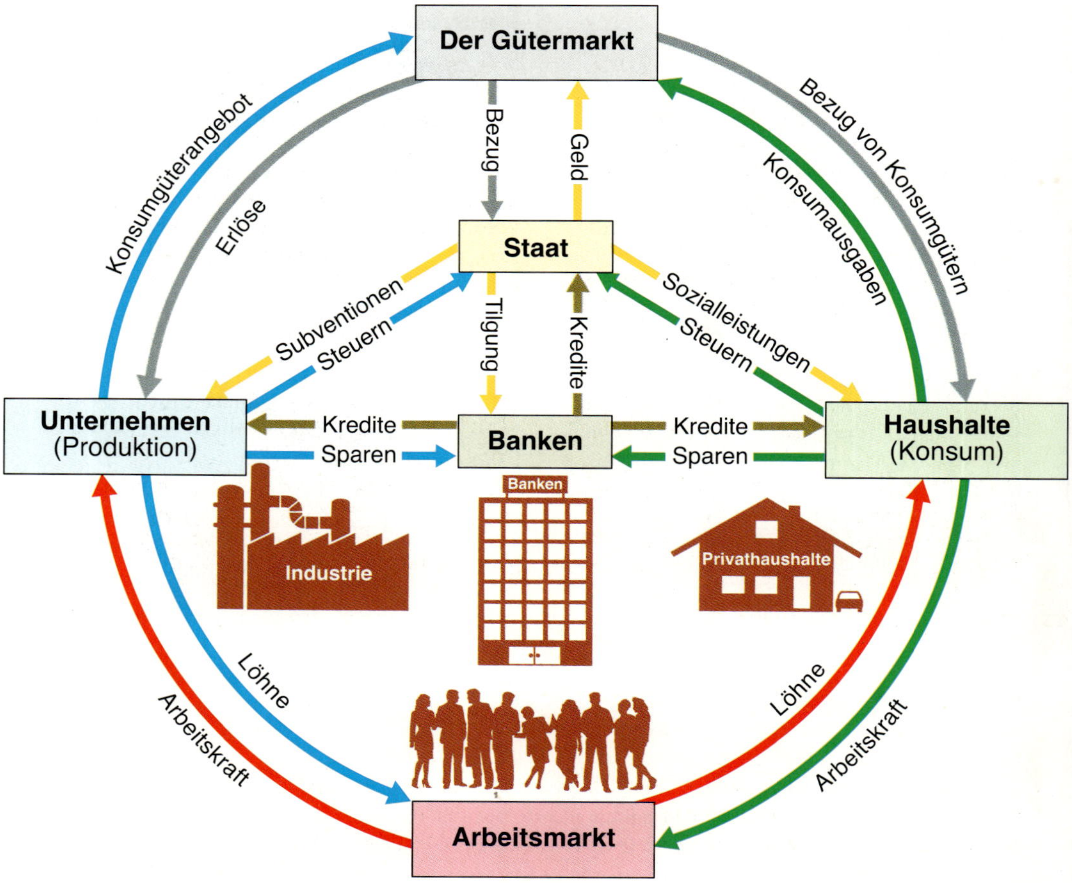

Methode

Erkundung

Recherchiert, welche Akteure des Wirtschaftskreislaufes in eurer Heimatregion zusammenwirken. Teilt euch dazu in sechs arbeitsteilige Kleingruppen ein. Diese Gruppen machen zunächst Besuchstermine und erklären ihre konkrete Absicht. Dazu ist es im Vorfeld nötig, einen Fragenkatalog zu entwerfen. Aus Höflichkeit und gegenseitiger Achtung solltet ihr sehr genau überlegen, was ihr fragen wollt. Auch ist es wichtig, dass ihr in den Medien möglichst viele Informationen über die Firma sammelt, die ihr besuchen wollt. Beachtet, dass ihr in den Unternehmen mit Informationen vertraulich umgeht. Betriebsgeheimnisse oder Interna dürfen nicht an die Öffentlichkeit dringen.

Gruppe **A** besucht ein produzierendes Unternehmen und erkundet die Produktionsvielfalt, Mitarbeiterzahl, Auftragslage und Absatzmarkt. Erkundigt euch, inwiefern der Konsumgütermarkt beliefert wird und in welcher Form hier die Produkte auf den Markt kommen. Beschreibt euren Mitschülern die Verflechtung des Unternehmens mit dem Staat (Steuern, etwaige Subventionen, Staatsaufträge).

Gruppe **B** besucht ein Amt (Katasteramt, Amt für Bauordnungsamt o. ä.) in der Gemeinde, welches direkten Kontakt mit Unternehmern oder mit Arbeitnehmern hat. Beschreibt nach der Recherche euren Mitschülern, inwieweit hier der Staat in die Belange des Unternehmens oder des Haushaltes eingreift und was dieses Amt (als Vertreter des Staates) im Wirtschaftskreislauf regelt. Woher hat das Amt die Ausrüstung (Bezug zu Konsumgütermarkt)?

Gruppe **C** erarbeitet in den familiären Haushalten die Verknüpfung mit dem Arbeitsmarkt und Konsumgütermarkt. Stellt euren Mitschülern auch vor, inwieweit der Staat den Haushalt unterstützt und/oder belastet. Erarbeitet des Weiteren konkret die Beziehung der Haushalte zu den Banken.

Gruppe **D** besucht eine Bank oder Sparkasse. Hier erkundigt ihr euch nach Möglichkeiten, die es für eine Privatperson und ein Unternehmen gibt, von dieser Bank Hilfe bei der Existenzgründung, Hausbau o. ä. zu erhalten. Berichtet euren Mitschülern auch, inwieweit der Staat eine Rolle spielt und ob er mit dem Finanzinstitut verknüpft ist.

Gruppe **E** macht einen Termin bei der Agentur für Arbeit. Hier informiert ihr euch über die Möglichkeiten des Arbeitsamtes, in den Arbeitsmarkt einzugreifen. Erfragt konkrete Maßnahmen (Arbeitsvermittlung, Umschulung) und erläutert diese euren Mitschülern. Sucht auch eventuelle private Arbeitsvermittler auf und erkundigt euch nach deren Erfolgsquote.

Gruppe **F** sucht einen größeren Supermarkt auf und erkundigt sich, wer die potenziellen Hauptzulieferer des Unternehmens sind. Befragt die Verkaufsstellenleiter nach dem Käuferverhalten und analysiert den Einfluss des Staates. Inwieweit ist der Supermarkt mit dem Staat und eventuellen Banken verknüpft?

Aufgaben

1. Stellt die Ergebnisse euren Mitschülern vor. In der Auswertungsstunde werden die Wechselbeziehungen deutlich.
2. Erläutert, inwiefern der Güter- und Geldkreislauf im Wirtschaftskreislauf gegenläufig ist.

8. Wirtschaftswachstum

Material

19 Das magische Viereck

Das Gesetz zur Förderung der Stabilität und des Wachstums der Wirtschaft von 1967, kurz Stabilitätsgesetz, ist oft als „wirtschaftliches Grundgesetz“ der Bundesrepublik Deutschland bezeichnet worden. Hier werden die Ziele der Wirtschaftspolitik definiert.

Alle wirtschafts- und finanzpolitischen Maßnahmen sind nach § 1 des Gesetzes so zu treffen, dass sie im Rahmen der marktwirtschaftlichen Ordnung gleichzeitig zur Stabilität des Preisniveaus, zu einem hohen Beschäftigungsgrad und einem außenwirtschaftlichen Gleichgewicht bei stetigem Wachstum beitragen.

Eine gerechte Einkommensverteilung und ein ökologisches Gleichgewicht werden neben diesen vier Zielen (gelegentlich) als weitere wirtschaftspolitische Zielsetzungen angesehen: Aus dem Viereck wird ein Vieleck.

Doch warum werden diese Ziele als „magisch“ bezeichnet?

Manche dieser Ziele schließen sich gegenseitig aus, sodass es an Zauberei grenzen würde, wenn alle Ziele gleichermaßen erreicht würden. Ein Beispiel: Das Ziel des hohen Beschäftigungsgrades und das Ziel der Preisstabilität schließen sich aus. Bei einer geringen Arbeitslosenquote werden Mitarbeiter knapp, die Unternehmen müssen also höhere Löhne bezahlen, um gute Mitarbeiter an sich zu binden. Dadurch steigt das Volkseinkommen, was die Preise in die Höhe treibt. Damit ist das Ziel der Preisstabilität nicht erreicht, wohl aber das Ziel der hohen Beschäftigung. In diesem Zusammenhang spricht man von Zielkonflikten.

Der heute wohl umstrittenste Zielkonflikt ist, ob es in Zeiten geringen Wachstums legitim ist, durch staatliche Konjunkturankurbelung unter Inkaufnahme einer höheren Inflationsrate eine höhere Beschäftigung zu erreichen.

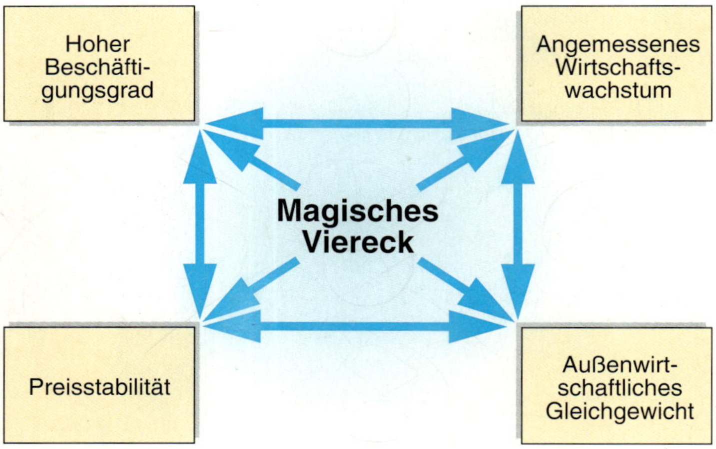

20 Konjunkturzyklen

Die wirtschaftliche Lage eines Landes verändert sich ununterbrochen. Beeinflusst durch verschiedenste Ursachen gibt es Zeiten, in denen Produktion, Nachfrage und Beschäftigung ansteigen. Demgegenüber gibt es Phasen, wo die Produktion und die Nachfrage der Konsumenten sinken und die Arbeitslosenzahlen steigen. Diese zyklischen Schwankungen im Tempo des wirtschaftlichen Wachstums bezeichnet man als Konjunktur. Untersuchungen haben ergeben, dass sich bestimmte Phasen des Wirtschaftsablaufes andauernd wiederholen. Dies nennt man einen typischen Konjunkturverlauf. Wellenförmig wiederholt sich dieser alle vier bis sechs Jahre.

Der Konjunkturzykluss hat Modellcharakter, es kann in der Realität zu Verschiebungen kommen.

Beispielsweise kann bei geplanten Entlassungen eines Unternehmens der Aktienwert steigen (da die Anleger den Sparkurs des Unternehmens befürworten).

(Autorentext)

21 Konjunkturphasen

Tiefstand (Depression):
mangelnde Nachfrage, Produktion erreicht Tiefstand, geringe Investitionsbereitschaft, Preise und Aktienkurse sinken, Arbeitslosigkeit auf Höchststand, Löhne sinken

Hochkonjunktur (Boom):
Nachfrage und Lohnsteigerungen auf dem Höhepunkt, Kapazitäten der Unternehmen voll ausgelastet, Arbeitslosigkeit auf Tiefststand, Aktien auf Höchststand, Preise steigen

Aufschwung (Expansion):
Nachfrage nimmt zu, Produktion erhöht, Arbeitslosigkeit nimmt ab, Löhne steigen, mehr Investitionen, Aktienkurse steigen

Abschwung (Rezession):
Nachfrage sinkt, Produktion wird verringert. Investitionen der Unternehmen sinken, Arbeitslosigkeit steigt, Zahl der Konkurse steigt

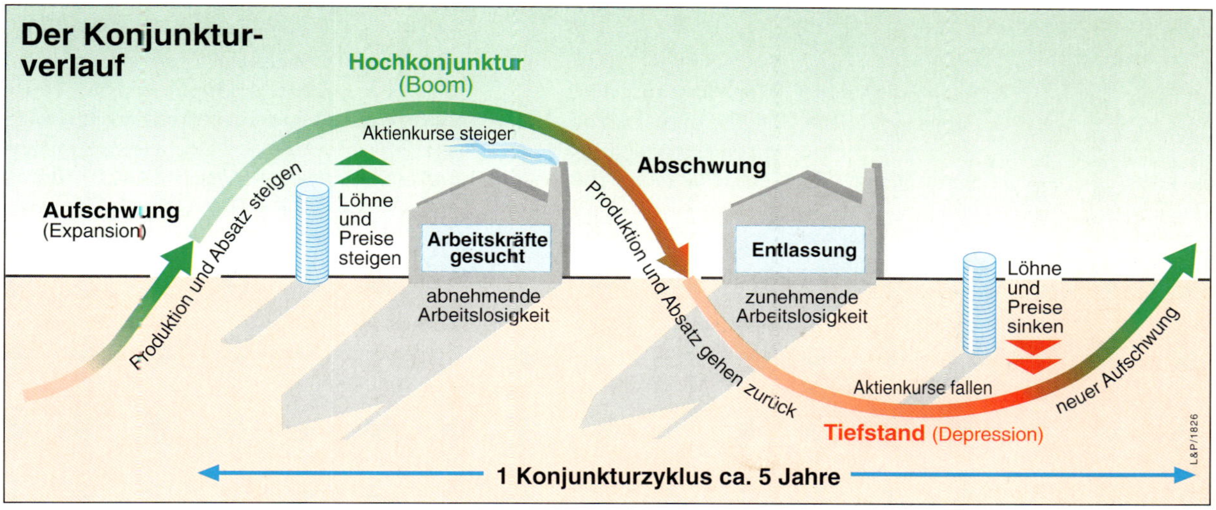

Aufgaben

1. Überlege dir ein eigenes Beispiel, das die Schwierigkeiten des „magischen Vierecks" verdeutlicht.
2. Erkläre das Verhalten folgender wirtschaftspolitischer Ziele zueinander: hoher Beschäftigungsgrad und Preisstabilität, Wirtschaftswachstum und Umweltschutz, Preisstabilität und außenwirtschaftliches Gleichgewicht
3. Wo würdest du gegenwärtig im Konjunkturzyklus die Wirtschaftslage Deutschlands ansiedeln? Begründe deine Entscheidung mit konkreten Fakten.
4. An welcher Stelle des Konjunkturverlaufs würdest du folgende Fälle einordnen? Begründe!
   a) Die Arbeitslosigkeit ist um drei Prozent gesunken.
   b) Die Bürger kaufen nur noch Grundnahrungsmittel in Discountläden, den Rest des Lohnes sparen sie.
   c) Ein Unternehmen hat den Antriebsmotor auf Wasserbasis erfunden und bringt ihn auf den Markt.
   d) Durch den stetig steigenden Ölpreis fahren mehr Leute mit dem Fahrrad.

9. Ein Unternehmen gründen

Jedes Unternehmen muss so wirtschaften, dass es sich im Wettbewerb behaupten kann. Aus Gründen der Existenzsicherung wird es das **ökonomische Prinzip** beachten, d. h., es muss versuchen, ein bestimmtes Ergebnis mit einem minimalen Einsatz an Produktionsfaktoren zu erzielen **(Minimalprinzip)** oder bei einem gegebenen Einsatz an Produktionsfaktoren ein größtmögliches Ergebnis zu erzielen **(Maximalprinzip).**

Das ökonomische Prinzip ist in der Tatsache begründet, dass die Güter der Natur knapp, die Bedürfnisse der Menschen aber fast unbegrenzt sind.

Die Arbeit in den Unternehmen ist arbeitsteilig organisiert. Damit ein Unternehmen produzieren kann, müssen bestimmte Produktionsfaktoren gegeben sein: Es muss Kapital vorhanden sein, es müssen Arbeitskräfte, Know-how und Werkstoffe zur Weiterverarbeitung in ausreichender Menge zur Verfügung stehen.

Wer einen Betrieb eröffnen, modernisieren oder erweitern will, benötigt Maschinen, Werkzeuge, Büroeinrichtungen und Transportmittel. Diese Betriebsmittel bilden das Sachkapital eines Unternehmens. Das Unternehmen kann investieren, d. h. diese Betriebsmittel anschaffen, wenn vorher ein entsprechender Betrag angespart worden ist. Häufig reichen die zur Verfügung stehenden Finanzmittel (Geldkapital) nicht aus, und das Unternehmen muss z. B. bei einer Bank einen Kredit aufnehmen oder anderen Geldgebern eine Beteiligung an dem Unternehmen anbieten. Die vom Unternehmen aufgenommenen Kredite bezeichnet man als Fremdkapital, den Rest der Finanzmittel als Eigenkapital.

Unternehmensentscheidungen sind von der Erwartung getragen, dass sich die angebotenen Waren und Dienstleistungen gewinnbringend auf dem Markt absetzen lassen. Sie sind auf die Zukunft gerichtet und daher mit Risiken verbunden. Fehleinschätzungen, z. B. über die Wünsche und Bedürfnisse der Kunden, werden mit Verlusten oder gar mit dem Untergang des Unternehmens (Insolvenz) bestraft.

Gelungene Entscheidungen bringen dem Unternehmer Gewinn. Sie sind zugleich die Bedingung für die Sicherung oder Schaffung von Arbeitsplätzen.

Material

22 Das Unternehmen zwischen Beschäftigungs- und Absatzmärkten

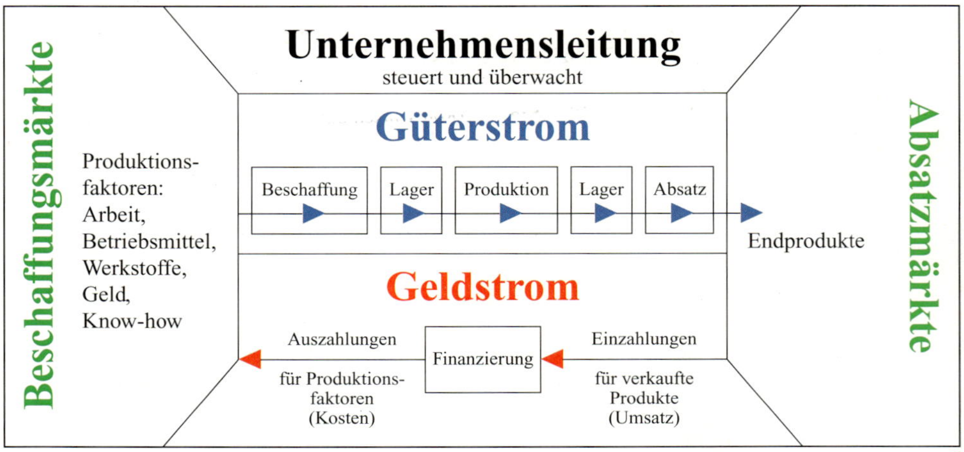

23 Geschäftsplan

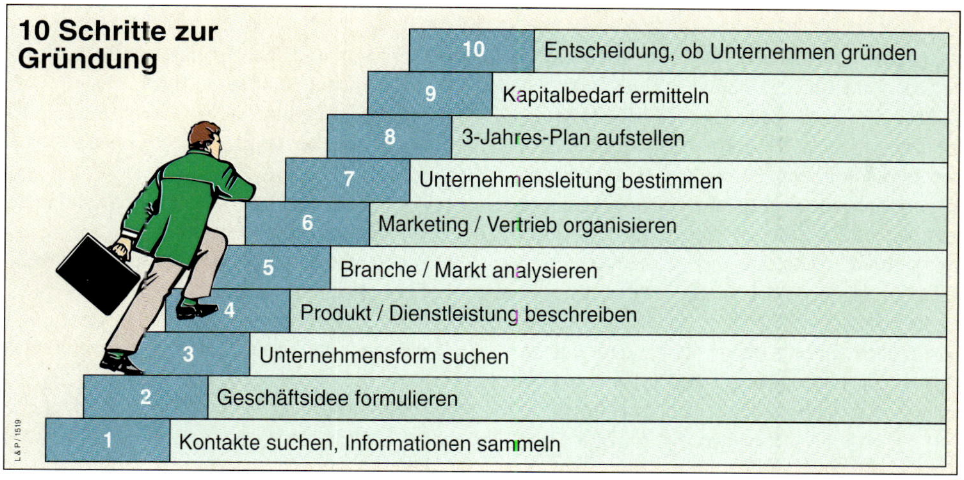

www.
www.geschaefts gruendung.de
www.existenz gruender.de

24 Planung lohnt sich

Vor zwei Jahren hat Clemens Ganz sich selbstständig gemacht – mit Unterstützung des Arbeitsamtes. Obwohl die Agentur den Kölner Architekten mit insgesamt 16 500 Euro Überbrückungsgeld unterstützt hat, ist bei ihm inzwischen Ernüchterung eingekehrt. „Die Zahlungsmoral ist entsetzlich", sagt der 41-Jährige. „Viele Leute wollen erst einmal kostenlose Vorschläge sehen." Das Handtuch will Ganz zwar noch nicht werfen. Doch er räumt ein: „Ich hätte mich nach dem Verlust meines Arbeitsplatzes nicht sofort in die Selbstständigkeit stürzen sollen. Ich stünde heute viel besser da, wenn ich erst einmal Arbeitslosengeld bezogen hätte und mich in Ruhe auf die Gründung vorbereitet hätte."

250 000 Arbeitslose haben sich im vergangenen Jahr selbstständig gemacht – mit finanzieller Unterstützung der Arbeitsämter. Fachleute bewerten diesen Ansturm nicht nur positiv. Sie befürchten, dass schlecht vorbereitete Gründer demnächst wieder Kunden der Arbeitsagenturen sein werden. Sinnvoll für die Betroffenen ist auf jeden Fall, ihr Gründungskonzept erst einmal auszufeilen und zu testen – und dann in die Selbstständigkeit zu starten. Das kann ganz legal während der Zeit geschehen, in der man Arbeitslosengeld bezieht.

Denn die Behörde fördert die Existenzgründung von Menschen, die Anspruch auf Arbeitslosengeld oder -hilfe haben. Wer sich selbstständig machen will, kann Überbrückungsgeld oder den so genannten Existenzgründungszuschuss für die Ich-AG bekommen. Auf beide Förderungen haben die Betroffenen einen Rechtsanspruch – und zwar sowohl direkt nach der Kündigung als auch nach längerer Arbeitslosigkeit. […]

(Rolf Winkel, Süddeutsche Zeitung, 28. 2. 04)

Aufgaben

1. Veranschaulicht an M 22 die Bedeutung der Güter- und Geldströme des Unternehmens in Verbindung mit den Beschaffungs- und Absatzmärkten, indem ihr die einzelnen Bereiche z. B. für eine Fahrradfabrik (oder für die Produktion eines Produkts eurer Wahl) konkretisiert.
2. Sammelt Informationen zur Ich-AG und diskutiert ausgehend von M 24 Chancen und Risiken bei Existenzgründungen.

10. Unternehmensformen

Ob GmbH, OHG oder KG, ein Unternehmen braucht eine Rechtsform, die zu ihm passt. Zwar starten 65 Prozent aller Existenzgründer als Einzelunternehmer, aber das muss nicht zwangsläufig die richtige Wahl sein. Denn ob man sich für diese oder jene Rechtsform entscheidet, hängt von vielen Faktoren ab. Dabei spielt die Größe des Unternehmens eine Rolle, die Branche, in der es angesiedelt ist, die persönliche Situation des Unternehmensgründers und vieles mehr.
In Deutschland gibt es mehrere Unternehmensformen, die für Existenzgründer in Betracht kommen. Für welche man sich entscheidet, ist nicht nur eine Frage der Haftung. Die folgenden Punkte spielen bei der Wahl eine wichtige Rolle:

- Führt man das Unternehmen alleine oder gibt es einen oder mehrere Partner?
- Stellen die Partner im Unternehmen lediglich Kapital zur Verfügung oder arbeiten sie aktiv mit?
- Wie weit ist der Unternehmer bereit und in der Lage, die Haftung zu übernehmen?
- Wie hoch ist das Haftungsrisiko in der jeweiligen Branche allgemein?
- Welche Rechtsform ist branchenüblich?
- Wie viel Steuern müssen bei dieser oder jener Rechtsform gezahlt werden?
- Soll das Unternehmen ins Handelsregister eingetragen werden oder ist der Eintrag sogar Pflicht?

Material

25 Organisationsaufbau

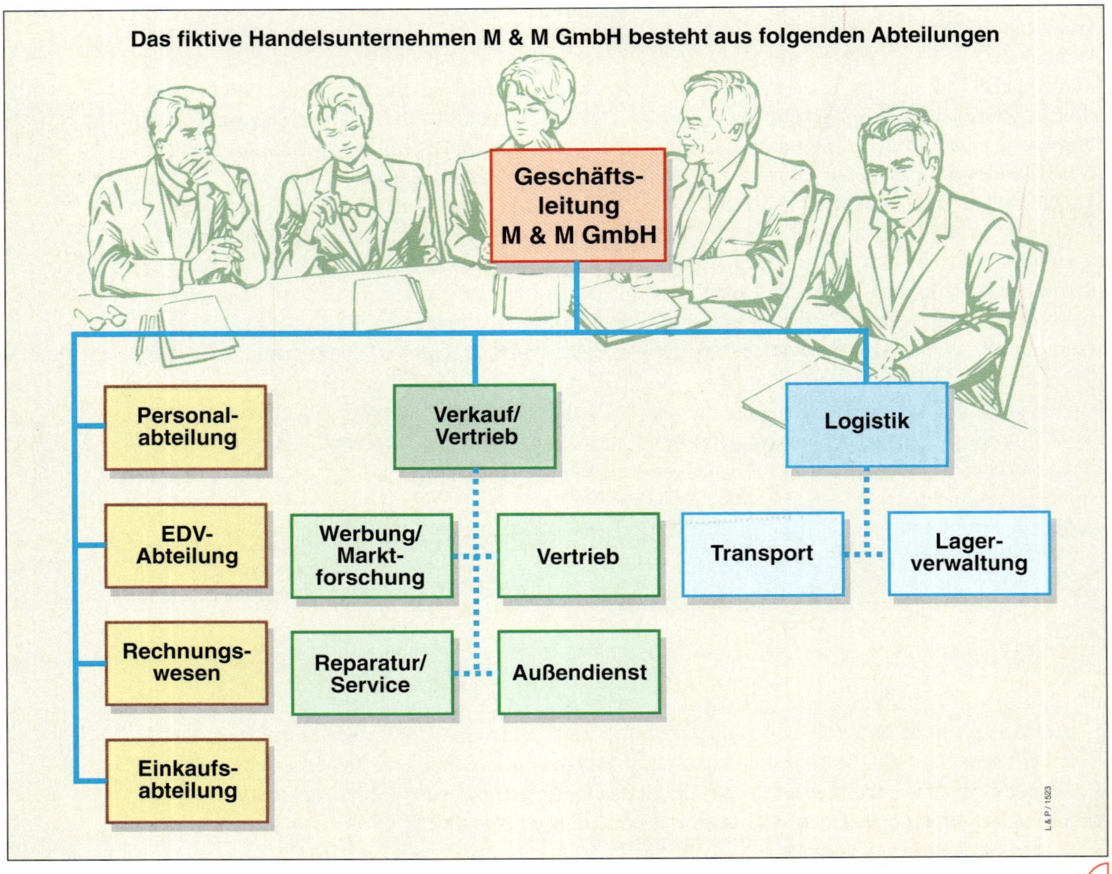

26 Rechtsformen von Unternehmen

Unternehmensform				
	Einzelunternehmen	**Personengesellschaft**	**Kapitalgesellschaft**	**Genossenschaft**
		OHG = Offene Handelsgesellschaft KG = Kommanditgesellschaft	AG = Aktiengesellschaft GmbH = Gesellschaft mit beschränkter Haftung	(eingetragene Genossenschaft mit beschränkter Haftung)
Eigentümer	Der Unternehmer ist alleiniger Eigentümer.	Die Gesellschafter sind gemeinsam Eigentümer. Alle Gesellschafter sind Eigentümer.	Alle Aktionäre bzw. Gesellschafter sind Eigentümer.	Die Mitglieder (hier: die Genossen) sind Eigentümer.
Haftung	Unternehmer haftet unbeschränkt auch mit dem privaten Vermögen.	Jeder Gesellschafter mit Ausnahme des Kommanditisten (des Teilhafters) haftet unbeschränkt. Jeder Kommanditist haftet nur bis zum Betrag seiner Einlage.	Die Gesellschaft haftet nur bis zum Betrag des Grund- bzw. Stammkapitals.	Jedes Mitglied haftet mit den rückständigen Pflichteinzahlungen auf den Geschäftsanteil und mit der Haftungssumme.
Vorteile	Der Unternehmer ist unabhängig und beweglich. Er hat ein persönliches Verhältnis zu Mitarbeitern und Kunden.	Das Risiko ist auf mehrere Schultern verteilt. Die Aufbringung des Kapitals erfolgt durch mehrere Personen. Der Bestand über den Tod von Gesellschaftern hinaus ist leichter zu sichern.	Begrenztes Risiko. Aufbringung großer Kapitalien möglich. Lebensdauer unabhängig von Einzelpersonen.	Identität von Mitglied und Kunde. Förderung der wirtschaftlichen Belange der Mitglieder unter Aufrechterhaltung ihrer Selbstständigkeit bei geringerem Kapitaleinsatz – und bei einer eGmbH trägt jeder ein begrenztes Risiko.
Nachteile	Der Unternehmer trägt das Risiko allein. Viele Einzelfirmen enden mit dem Tode des Inhabers.	Jeder Gesellschafter haftet uneingeschränkt auch für die Schulden, die der andere verursacht. Die Inhaberschaft und die Leitungsfunktion sind oft getrennt. Die Inhaberschaft und die Leitungsfunktion sind oft getrennt.	Wenig persönliche Bindungen, aber schärfere Steuer- und Publizitätspflicht.	Das Anteilskapital ist dem Mitgliederwechsel unterworfen.

Aufgaben

1. Kläre die Begriffe „Unternehmen", „Betrieb" und „Firma"!
2. Informiere dich über konkrete Aufgaben, die von den einzelnen Abteilungen eines Unternehmens (M 25) zu erledigen sind.

11. WAHLPFLICHT: Unternehmen in der Marktwirtschaft, Teil I

Material

27 Rahmenbedingungen eines Schuhproduzenten

Das in Deutschland ansässige fiktive Unternehmen Marco Schuhe GmbH produziert hochwertige Schuhe, die vor allem von gut verdienenden Kunden gekauft werden.
Die Modelle des Unternehmens waren immer sehr erfolgreich. „Marco“ konnte deshalb in seiner Preisgestaltung nach dem Motto verfahren: „Es war schon immer etwas teurer, einen guten Geschmack zu haben.“
Die Erfolge von „Marco“ sind nicht typisch für die Entwicklung in der deutschen Schuhindustrie, die seit Jahrzehnten von Konkurrenten aus aller Welt bedrängt wird. Mehr als 90 Prozent der hierzulande verkauften Schuhe sind Importware. Vor allem Billigschuhe sind stark gefragt, während die mittleren Preislagen stark wegbrechen; doch legt das obere Preissegment deutlich zu.
Nach einer Studie sind inzwischen 17 Prozent aller Männer bereit, mehr als 100 Euro für ein Paar Schuhe auszugeben; 1998 waren es erst 6 Prozent.

28 Gewinn- und Verlustrechnung des Schuhproduzenten

(vereinfachte Darstellung mit Erläuterung der Fachbegriffe)

Aufwand	in Euro	Ertrag	in Euro
Personalkosten	5 750 000	Umsatzerlöse	18 150 000
Anlagekosten	3 750 000	sonstige Erträge	100 000
Stoffkosten	2 000 000		
Kapitalkosten	150 000		
Fremdleistungskosten	5 625 000		
Gewinn	975 000		
	18 250 000		18 250 000

- **Personalkosten:** Kosten für Löhne und Gehälter
- **Anlagekosten:** Kosten des gesamten Produktionsapparates (Gebäude und Maschinen), auch deren Abnutzung und deren Wertminderung (Abschreibung).
- **Fremdleistungskosten:** Kosten der Inanspruchnahme von Leistungen fremder Betriebe, z. B. Raten für Fuhrparkleasing, Kosten für Werbefirmen, Werkschutz.
- **Stoffkosten:** Kosten für Roh-, Hilfs- und Betriebsstoffe, z. B. für Leder, Karton, Gas, Strom, Wasser.
- **Kapitalkosten:** Kosten für eingesetztes Geld, z. B. Zinsen für Fremdkapital, Provisionen für Kredite.
- **Sonstige Erträge:** z. B. Erträge aus Beteiligungen an fremden Unternehmen, Zinsen für an Belegschaftsmitglieder vergebene Kredite.

29 Das Unternehmen *Marco* will expandieren

Mit seinem hochwertigen Sortiment liegt der Schuhproduzent „Marco“ in Deutschland in einem Marktsegment, in dem qualitativ sehr gute Ware zu hohen Preisen angeboten wird. In der letzten Zeit haben mehrere Warenhauskonzerne, die in ihren Häusern Schuhshops einrichten wollen, Kontakte zu Marco aufgenommen. Auch aus dem Ausland wird lebhaftes Interesse

an den Kreationen bekundet; der Vertrieb ließe sich preisgünstig organisieren.
Das Unternehmen hofft, seine Jahresproduktion von derzeit 300 000 Paar verdoppeln zu können, wenn es ihm gelingt, die Preise auf absehbare Zeit zu halten oder sogar – bei Wahrung seines Qualitätsstandards – etwas abzusenken. Außerdem will es seine Ausgaben für Werbemittel deutlich erhöhen.

30 Optionen für das Unternehmen *Marco*

Option 1: Erweiterungsbau am Ort
Das Unternehmen verfügt über ein Vorkaufsrecht für ein Betriebsgelände unmittelbar neben seinem Werk. Ein Neubau auf diesem Gelände könnte räumlich mit den bereits bestehenden Fabrikanlagen von Marco verbunden werden. Das Grundstück ist so groß, dass über die aktuellen Pläne hinaus auch in Zukunft noch Betriebserweiterungen möglich wären. In der Region sind genügend Fachkräfte vorhanden, sodass die neu entstehenden Arbeitsplätze problemlos besetzt werden können.
Der Kapitalbedarf für die Erweiterungsinvestition beläuft sich auf 5 Mio. Euro, von denen 3 Mio. Euro durch Bankkredit finanziert werden müssen.
Bei der Realisierung dieses Projekts würden künftig jährlich folgende Kosten anfallen: für Personal 10,5 Mio. Euro, für Anlage- bzw. Stoffkosten einschl. Abschreibungen 11,75 Mio. Euro, für Kapitalkosten (Zins und Tilgung für Bankkredite, einschl. Kredite für größere Lagerhaltung) 0,575 Mio. Euro. Die unter sonstigen Erträgen verbuchten Zinserträge fallen weg, da die Rücklagen zur Finanzierung der Erweiterungsinvestition aufgelöst werden müssen.

Option 2: Lohnfertigung in Ungarn
Die Geschäftsleitung könnte mit einem renommierten ungarischen Unternehmen einen langfristigen Kooperationsvertrag abschließen. Danach würde das ungarische Unternehmen jährlich 300 000 Paar Schuhe für Marco nach dessen Entwürfen im Lohnfertigungsverfahren produzieren. Zur Qualitätssicherung liefert Marco die Rohmaterialien zur Verarbeitung nach Ungarn, leistet technischen Beistand und führt die Endkontrolle durch.
Bei der Realisierung des Projektes ist mit folgenden Kosten zu rechnen: Für das eigene Personal sowie für die Lohnfertigung von 300 000 Paar Schuhen in Ungarn 8,625 Mio. Euro, für Sachkosten 11,500 Mio. Euro, für Kapitalkosten unter Berücksichtigung der größeren Lagerhaltung 0,225 Mio. Euro und für Sonstiges 11,500 Mio. Euro.

Option 3: Verlagerung der gesamten Fertigung nach Ungarn
Das ungarische Unternehmen könnte auch die gesamte geplante Jahresproduktion von 600 000 Paar Schuhen für Marco übernehmen. Wie bei Option 2 würde Marco die Entwürfe liefern, technischen Beistand leisten und auch die Endkontrolle durchführen. Auch die Rohmaterialien würden von Marco gestellt.
In diesem Falle würde sich die Kostenseite so darstellen: Für das verbleibende eigene Personal sowie für die Lohnfertigung sind 5,750 Mio. Euro anzusetzen, für Sachkosten 11,500 Mio. Euro. Die Geschäftsleitung muss bedenken, dass die Verlagerung der gesamten Fertigung die Abhängigkeit vom ungarischen Partner vergrößert.

Option 4: Einführung des Zwei-Schichten-Systems am Ort
Der Betriebsrat würde der Einführung eines Zwei-Schichten-Systems (6 bis 14 Uhr, 14 bis 22 Uhr) zustimmen. Es sind genügend Fachkräfte verfügbar, sodass die neu entstehenden Arbeitsplätze besetzt werden können.
Der Kapitalbedarf für die Einführung des Zwei-Schicht-Systems am deutschen Produktionsstandort beläuft sich auf einmalig 1,5 Mio. Euro zur Erweiterung von Sozialräumen und Parkplätzen, die durch Bankkredit finanziert werden sollen.
Künftig würden jährlich folgende Kosten anfallen: für den erweiterten Personalbestand 16,5 Mio. Euro, für Sachkosten einschl. höherer Abschreibungen 7,75 Mio. Euro, für Kapitalkosten (Zins und Tilgung für Bankkredite, einschl. Kredite für größere Lagerhaltung) 0,875 Mio. Euro. Die unter sonstigen Erträgen verbuchten Zinserträge fallen weg, da die Rücklagen zur Finanzierung der Erweiterungsinvestition aufgelöst werden müssen.

(Das Beispiel beruht auf den tatsächlichen Planungen eines Schuhproduzenten in Baden-Württemberg.)

Methode

Ein Unternehmen will expandieren – Ablauf des Simulationsspiels

1. Informationen zum Inhalt und zu den Akteuren der Simulation (im Klassenverband):

- Verständigung darüber, dass man sich im Unterricht auf ein Spiel einlässt, in dem Unternehmensentscheidungen – in Anlehnung an die Realität – simuliert werden.
- Klärung von Informationen:
  - Information über die allgemeinen Rahmenbedingungen für das Unternehmen „Marco" (M 27 bis M 30),
  - Information über die Unternehmensform des Unternehmens „Marco" (M 26),
  - Information über die Entscheidungsträger bei „Marco" (M 26).

2. Darstellung der Ausgangslage für die Entscheidungen des Unternehmens (im Klassenverband):

- Formulierung mittel- und langfristiger Unternehmensziele,
- Untersuchung,
  a) welche wirtschaftlichen Kennziffern bei den Entscheidungen des Unternehmens von Bedeutung sind (M 28 und M 31),
  b) wie sich einzelne wirtschaftliche Kennziffern des Unternehmens bei den verschiedenen Optionen verändern können,
  c) in welche Richtung sich einzelne wirtschaftliche Kennziffern bewegen müssen, wenn die formulierten langfristigen Unternehmensziele erreicht werden sollen.

3. Definition der Optionen (im Klassenverband):

- Untersuchung unterschiedlicher Optionen der Unternehmensleitung (M 30),
- Festhalten aller Optionen auf Rollenkarten, darauf vor allem: Angabe von Gesichtspunkten, Argumenten und Gründen, die für die jeweilige Option sprechen (M 26 bis M 31).

4. Erarbeitung einer zusammenhängenden Argumentation (in arbeitsgleichen Gruppen, z. B. in Vierergruppen):

- erneute Prüfung der Optionen und der Kennziffern (M 30 und M 31),
- Entwicklung von Gewinn- und Verlustrechnungen („GuV") mit begründet geschätzten Zahlenwerten für die vier verschiedenen Optionen (M 28 und 30); diese Zahlenwerte sind neben den Kennziffern (M 31) eine wichtige Entscheidungshilfe für die Unternehmensleitung,
- Prüfung zusätzlicher Gesichtspunkte (wirtschaftliche „Großwetterlage"),
- Bestimmung einer Sprecherin oder eines Sprechers für jede Arbeitsgruppe.

5. Verhandlung und Entscheidung (in der aufgeteilten Klasse):

- Bildung der Gesprächsrunde der Sprecherinnen/Sprecher aller Gruppen als Unternehmensleitung; die übrigen Mitglieder der Gruppen verfolgen die Verhandlung der Unternehmensleitung und die Entscheidungsfindung bzgl. einer Produktionsausweitung als Publikum,
- Vortrag der Argumente für die verschiedenen Optionen,
- Diskussion über die vertretenen Positionen;
- Entscheidung der Unternehmensleitung für eine der vorgestellten Optionen.

6. Auswertung der Entscheidung (im Klassenverband):

- Welche Gesichtspunkte gaben für die Entscheidung den Ausschlag?
- Ist zu erwarten, dass die Entscheidung dem Unternehmen langfristig nützt?
- Wer profitiert von der Entscheidung?
- Wer muss Nachteile in Kauf nehmen?
- War das Entscheidungsverfahren in der Unternehmensleitung transparent?
- Wie sind die Rollen der Akteure gespielt worden?
- Was ist beim nächsten Mal zu verändern?

Material

31 Fachbegriffe und Kennziffern

Ob ein Unternehmen erfolgreich wirtschaftet, erfasst man nicht auf einen Blick.
Der **Umsatz** besteht aus den Einnahmen für die verkauften Erzeugnisse, bewertet in Marktpreisen: verkaufte Stückzahl mal Stückpreis. Die **Kosten** entstehen durch die Herstellung und durch den Absatz der Produkte; sie beinhalten den Aufwand an Kapital, das für die Erzeugnisse (Güter und Leistungen) ausgegeben werden muss. Der **Gewinn** ist die positive Differenz zwischen dem Umsatz und den Kosten; der **Verlust** ist negativer Gewinn.

Wirtschaftlichkeit $= \frac{\text{Umsatz}}{\text{Kosten}} = \frac{12{,}75 \text{ Mio. €}}{12{,}00 \text{ Mio. €}}$

Ein Unternehmen arbeitet dann wirtschaftlich, wenn der Faktor über 1,0 liegt!
Die Marco Schuhe GmbH rechnet mit diesen Zahlen:

laufendes Jahr	Jahr 2	Jahr 3	Jahr 4	Jahr 5
1,06	0,98	1,01	1,08	1,20

Produktivität $= \frac{\text{Ausbringungsmenge}}{\text{Einsatzmenge}}$

Je größer dieser Zahlenwert ist, desto produktiver ist die eingesetzte Menge an Arbeit oder an Kapital!

Arbeitsproduktivität $= \frac{\text{Produktionsergebnis}}{\text{Arbeitseinsatz}}$

$\frac{\text{300 000 Paar Schuhe}}{\text{150 Arbeiter mit je 37 Arbeitsstunden in 45 Arbeitswochen}} = \frac{300\,000}{249\,750} = 1{,}20$

laufendes Jahr	Jahr 2	Jahr 3	Jahr 4	Jahr 5
1,20	1,20	x	x	x

Kapitalproduktivität $= \frac{\text{Produktionsergebnis}}{\text{Sachkapital}}$

$\frac{\text{300 000 Paar Schuhe zu je 42,50 € Herst.-Kosten/Std.}}{\text{37 Maschinenstunden zu je 200 € in 45 Arbeitswochen}} = \frac{12{,}75 \text{ Mio. €}}{3{,}33 \text{ Mio. €}}$

laufendes Jahr	Jahr 2	Jahr 3	Jahr 4	Jahr 5
3,83	x	x	x	x

Rentabilität $= \frac{\text{Gewinn}}{\text{Mitteleinsatz}}$

Je größer dieser Zahlenwert ist, desto rentabler werden die Mittel eingesetzt.

Umsatzrentabilität $= \frac{\text{Gewinn x 100}}{\text{Umsatz}} = \text{x \%}$

$\frac{\text{750 000 € x 100}}{\text{12,75 Mio. €}} = 5{,}88\,\%$ Umsatzrendite

laufendes Jahr	Jahr 2	Jahr 3	Jahr 4	Jahr 5
5,88	x	x	x	x

Kapitalrentabilität $= \frac{\text{Gewinn x 100}}{\text{Kapitaleinsatz}} = \text{x \%}$

$\frac{\text{750 000 € x 100}}{\text{10 Mio. €}} = 7{,}5\,\%$ Kapitalrendite

laufendes Jahr	Jahr 2	Jahr 3	Jahr 4	Jahr 5
7,5	x	x	x	x

Aufgaben

1. Versuche die einzelnen Fachbegriffe zu erläutern.
2. Vergleiche die vier Optionen (M 30) mithilfe von Gewinn- und Verlustrechnungen; sammle Argumente und ordne Kennziffern zu. – Welche Entscheidung soll die Marco Schuhe GmbH treffen? Begründe deine Auffassung.
3. Spekuliere, in welchem Segment die Marco Schuhe GmbH in Zukunft ihren Schwerpunkt sehen sollte (Hochpreissegment/Designermode; Sportschuhe; Billiganbieter o. Ä.). Begründe!

Die soziale

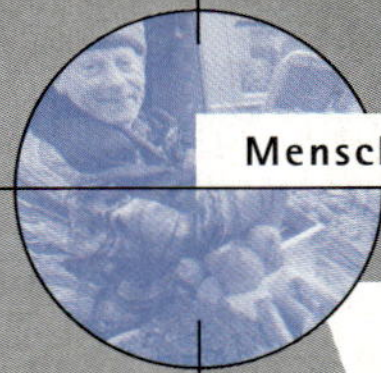

Marktwirtschaft

Grundgesetz, Artikel 20

(1) Die Bundesrepublik Deutschland ist ein demokratischer und sozialer Bundesstaat.

1. Wirtschaftsformen

Die soziale Marktwirtschaft ist das Leitbild einer Wirtschaftsordnung, die eine Marktwirtschaft mit staatlichen Maßnahmen verbindet, um sozial nicht vertretbare Folgen einer freien Marktwirtschaft zu verhindern oder wenigstens abzumildern. Das Prinzip des freien Marktes soll um die Idee des sozialen Ausgleiches ergänzt werden. Für Ludwig Erhard, den langjährigen Wirtschaftsminister und späteren Bundeskanzler, bedeutete die soziale Marktwirtschaft freies Wirtschaften in einem staatlich gesetzten und kontrollierten Ordnungsrahmen bei sozialem Ausgleich durch den Staat. Karl Schiller, Nationalökonom und ehemaliger Finanz- und Wirtschaftsminister prägte dafür die Formulierung „So viel Markt wie möglich, so viel Staat wie nötig".

Heiner Geißler, ehemaliger Minister für Jugend, Familie und Gesundheit, meinte, dass die soziale Marktwirtschaft die erfolgreichste Wirtschafts- und Sozialordnung sei, die es in der Wirtschaftsgeschichte je gegeben habe. Die soziale Marktwirtschaft sei ein Bündnis aus Marktwirtschaft, Sozialstaat und Demokratie.

Ist dies wirklich so? Herrscht trotz Hartz IV und fast fünf Millionen Arbeitslosen sozialer Frieden in Deutschland? Welche Wege weist die soziale Marktwirtschaft im Zeitalter der Globalisierung, zunehmender Nationalitätenkonflikte und dem Kampf um Absatzmärkte? Kann die soziale Marktwirtschaft der neuen Probleme wie stetig wachsender Billigkonkurrenz aus dem Ausland, immer mehr Rentnern bei gleichzeitig sinkender Geburtenrate und steigendem Staatsdefizit Herr werden? Um diese Probleme zu analysieren, sollten wir uns zuerst mit den unterschiedlichen Wirtschaftsformen auseinandersetzen.

Material

1 Was ist nur geschehen?

Mut und Fortune scheinen Deutschland zu verlassen. Die Wirtschaft stagniert, die Hiobsbotschaften häufen sich. Monat für Monat gibt es neue Pleitenrekorde, viele Unternehmen stecken in einer schweren Krise, die Arbeitslosigkeit nimmt immer bedrohlichere Ausmaße an, und dennoch drängen die Armen der Welt in unser Land. Ein europäischer Nachbar nach dem anderen zieht beim Pro-Kopf-Einkommen an uns vorbei. Deutschland ist der kranke Mann Europas, ist nur noch Schlusslicht beim Wachstum. War da nicht mal ein Wirtschaftswunder? Das muss lange her sein.

Der Tanz auf dem Vulkan geht aber weiter. Beim Tourismus bleiben die Deutschen Weltmeister, und ihre Kreuzfahrtschiffe durchpflügen die Ozeane trotziger denn je. Das Rentensystem wird verteidigt, obwohl die Kinder, die es finanzieren könnten, fehlen. Die jungen Leute haben den Kinderwagen gegen den Zweitwagen eingetauscht. Die Rente kommt vom Staat und der Strom aus der Steckdose.

Die Politik blendet die Probleme aus, denn die Wähler mögen aus ihrem Traum von der heilen Welt nicht erweckt werden. Die Arbeitslosigkeit wird in Frühverrentungsmodellen versteckt, der von Deutschland geforderte Stabilitätspakt wird uminterpretiert, und Steuererhöhungen werden als Steuervergünstigungsabbau kaschiert.

[...] Schuld an der Misere hat nicht nur die herrschende Regierung. Auch ihre Vorgänger tragen ein gerüttelt Maß an Mitverantwortung. Die sozial-liberale Koalition der siebziger Jahre hat den Sprung in den Schuldenstaat getan, die Regierung Kohl hat die wirtschaftliche Vereinigung des Landes mit absurden Versprechungen und irrealen Politikprogrammen vergeigt, und der Bundesregierung fehlt die Kraft für die notwendigen Reformen. Die Agenda 2010 zupft zaghaft am Steuerrad, ohne es wirklich herumzudrehen.

Wir brauchen eine ähnlich radikale Kulturrevolution, wie England sie unter Margaret Thatcher erlebt hat, wenn auch nicht die gleiche, denn irgendwie unterscheiden wir uns von den Manchester-Liberalen in England schon.

(aus: Hans-Werner Sinn, „Ist Deutschland noch zu retten?", Econ, Oktober 2003)

2 Die freie Marktwirtschaft – Kapitalismus

Einer der geistigen Väter des Modells der freien Marktwirtschaft war der schottische Nationalökonom Adam Smith (1723–1790). Ausgangspunkt seiner Überlegungen war der Egoismus und Eigennutz eines jeden Menschen. In der Vorteilssuche des Einzelnen läge jeweils seine Chance: Unternehmer wollen hohe Gewinne, Arbeitnehmer hohe Löhne, Verbraucher preiswerte Waren. Der aus Angebot und Nachfrage entstehende Wettbewerb bringt nach Smith für alle Beteiligten das Optimum: Die „unsichtbare Hand" des freien Marktes könne alle Verteilungsfragen lösen. Wer Waren anbietet, die zu teuer sind, scheidet aus. In diesem idealen Modell zwingt die Konsumfreiheit die Unternehmen, das Interesse der Käufer zu wecken und durch die Konkurrenz die Qualität zu steigern.

Die Wirtschaft steuert sich nach Smith durch Angebot und Nachfrage selbst, der Staat hat lediglich die Rahmenbedingungen zu schaffen. Der Staat verzichtet also auf den Eingriff in den Wirtschaftsablauf. Er sichert lediglich die Vertragsfreiheit, garantiert das Privateigentum, sorgt für den persönlichen Schutz, regelt das Geldwesen, ermöglicht die Bildung und übernimmt die Rechtspflege. Sämtliche wirtschaftlichen Entscheidungen trifft der Bürger selbst.

… „Jeder Einzelne wird sich darum bemühen, sein Kapital so anzulegen, dass es den höchsten Wert erzielen kann. Im Allgemeinen wird er weder darauf aus sein, das öffentliche Wohl zu fördern, noch wird er wissen, inwieweit er es fördert. Er interessiert sich lediglich für seine eigene Sicherheit und seinen eigenen Gewinn. Und dabei wird er, wie von einer unsichtbaren Hand geleitet, ein Ziel fördern, das keineswegs in seiner Absicht gelegen hatte." [aus: Adam Smith: Der Wohlstand der Nationen, 1776, übersetzt von H. C. Recktenwald, München, Beck, 1988]

Wirtschaftliche Macht kann zum Nachteil der Schwächeren missbraucht werden. Die Vertragsfreiheit ermöglicht Preisabsprachen. Ruinöse Konkurrenz kann zur Monopolbildung und damit zur Kontrolle des Marktes durch einzelne Monopole führen. Verbraucher sind benachteiligt, da Güter, die nicht „profitabel" sind, nicht angeboten werden. Menschliche Arbeit wird wie Ware gehandelt.

Mitte des 19. Jahrhunderts löste der Kapitalismus im Zuge der Industrialisierung den Feudalismus ab.

Es kam zu langen Arbeitszeiten, Kinderarbeit, unmenschlichen Arbeitsbedingungen. Hunger und Armut beherrschten den Alltag. Es gab keine soziale Sicherung. Große Konjunkturschwankungen führten zu extremer Arbeitslosigkeit und Elend. Auch ungleiche Einkommensverhältnisse und Vermögensverteilung waren die Folge.

(Autorentext)

Adam Smith (1723–1793)

Aufgaben

1. Stelle fest, welche Rolle in der freien Marktwirtschaft der Staat übernimmt. Begründe!
2. Welche Folgen hätte die sofortige Einführung der freien Marktwirtschaft in Deutschland?
3. Worin siehst du die Vorteile einer freien Marktwirtschaft?

Material

3 Die Zentralverwaltungswirtschaft

Wirtschaftsordnung: Art und Weise, wie in einer Volkswirtschaft Produktion und Verteilung von Gütern und Dienstleistungen organisiert sind

In einer Planwirtschaft wird im Gegensatz zur Marktwirtschaft ein zentraler Wirtschaftsplan entwickelt, der regelt, wie die vorhandenen Bedürfnisse befriedigt werden sollen.
Zur Beschreibung der Planwirtschaften des 20. Jahrhunderts (z.B. in der DDR) wurde der Begriff der Zentralverwaltungswirtschaft entwickelt. In ihr lenkt der Staat den Ablauf des Wirtschaftsprozesses. Der Staat gibt den Produktionseinheiten ein so genanntes Plansoll vor. Die Einhaltung der Planvorgaben wird von einem hierarchisch gegliederten, bürokratischen Lenkungsapparat überwacht. Die Planungsbehörde bestimmt, was, wie und für wen produziert wird.

Auch wird verfügt, wem die Waren geliefert, welche Preise dafür verlangt werden, welche Löhne die Beschäftigten erhalten und was ein- und ausgeführt werden darf. Selbst der individuelle Bedarf wird durch den Staat geplant.

Eine abgewandelte Form der Zentralverwaltungswirtschaft war die Planwirtschaft in den ehemaligen sozialistischen Staaten, z. B. in der Volksrepublik Polen oder der Deutschen Demokratischen Republik. Dort zeigten sich die Schwachstellen dieser Wirtschaftsordnung. Besonders die langfristige Planung erwies sich als problematisch: Wie kann der Verbrauch der Haushalte auf Jahre hinweg geplant werden? Innovationen gab es nicht, da sie nicht im „Plan vorgesehen waren". Durch Planungsfehler konnte das ganze Gefüge zum Stillstand kommen. Betriebe, die starr an Planvorgaben gebunden waren, ein riesiger Verwaltungsapparat, und mangelnde Versorgung der Bevölkerung gehörten zum Alltag. Arbeitnehmer waren nicht zur Höchstleistung bereit, da sie keinen persönlichen Gewinn erzielten, auch wenn die Staatsführung versuchte, sie durch Belobigungen oder Auszeichnungen zu motivieren. Niedrige Produktivität und geringe Effizienz von Unternehmen waren die Folgen.

(Autorentext)

4 Die soziale Marktwirtschaft – der dritte Weg?

Mit dem Konzept der sozialen Marktwirtschaft wurde in der Bundesrepublik Deutschland in den 50er Jahren gleichsam ein dritter Weg beschritten zwischen dem freien Walten der Marktgesetze einerseits und zentraler Planung und Lenkung andererseits: Aus der schweren Weltwirtschaftskrise von 1929 zogen Ludwig Erhard und seine Berater die Lehre, dass die Selbstheilungskräfte des Marktes ohne Hilfe des Staates Krisen von katastrophalem Ausmaß nicht verhindern können.

Mit der sozialen Marktwirtschaft wollte man die Antriebskräfte des Marktes für die Belebung der Wirtschaft in den Westzonen nutzen, zugleich die Aufrechterhaltung des Wettbewerbs gewährleisten sowie krasse Benachteiligungen und soziale Ungerechtigkeiten ausgleichen.

Die soziale Marktwirtschaft ist seit dem 1. Juli 1990 auch die „Geschäftsgrundlage" der deutschen Einheit und die zusammenfassende

Bezeichnung für die Grundsätze, nach denen die Wirtschaft in Deutschland geordnet ist.

Die soziale Marktwirtschaft beruht auf dem freien Wettbewerb zwischen Unternehmen, auf Privateigentum und Vertragsfreiheit. Der Staat hat dabei nicht nur die Aufgabe, die Marktkräfte durch einen staatlichen Ordnungsrahmen – insbesondere durch Wettbewerbsregeln (z. B. Kartellverbot) – zu stärken, er muss auch soziale Härten durch seine Sozialpolitik zu korrigieren suchen. Das bedeutet u. a.: Über seine Steuerpolitik kann der Staat eine gezielte Einkommensumverteilung von „oben“ nach „unten“ vornehmen. Die Bezieher niedriger Einkommen werden dabei niedriger besteuert als „Besserverdienende“. Ein breites soziales Netz (Arbeitslosen-, Kranken-, Renten-, Pflegeversicherung, Sozialhilfe, Familien- und Ausbildungsförderung) soll zur Herstellung von Chancengleichheit beitragen und eine Absicherung in individuellen Notlagen gewährleisten. Diese Selbstverpflichtung des Staates zu sozialstaatlichem Handeln kann mit den Mitteln des Rechtsstaats eingefordert werden.

Wirtschaftspolitik ist immer Teil der Gesamtpolitik des Staates. Wirtschaftspolitische Entscheidungen sollen dazu beitragen, gesellschaftspolitische Ziele zu verwirklichen und zu sichern, z. B. wirtschaftliche Freiheit, sozialen Frieden, soziale Gerechtigkeit, soziale Sicherheit und allgemeinen Wohlstand.

Allerdings hat das Prinzip des „sozialen Ausgleichs“ zu einer starken Ausweitung des Sozialstaats geführt.

Entsprechend ist die Belastung der privaten Haushalte und der Unternehmen mit Steuern und Sozialabgaben progressiv angestiegen. Heute wird deswegen versucht, eine „neue soziale Marktwirtschaft“ zu schaffen, – mit weniger Sozialstaat und mehr Eigenverantwortung der Wirtschaftsbürger.

Die soziale Marktwirtschaft trat ihren Siegeszug ausgehend von Deutschland durch Europa an. Heute sind Länder wie Schweden, Dänemark oder die Niederlande mit dieser Wirtschaftsform erfolgreich, ja erfolgreicher als Deutschland, da in den anderen Ländern bereits dringend nötige Reformen realisiert wurden.

Die soziale Marktwirtschaft war nie eine statische Ordnung, sondern ist ein dynamisches System mit hoher Anpassungsfähigkeit. Diese Veränderungen stehen jetzt für Deutschland an.

(Autorentext)

Ludwig Ehrhard (1897–1977)

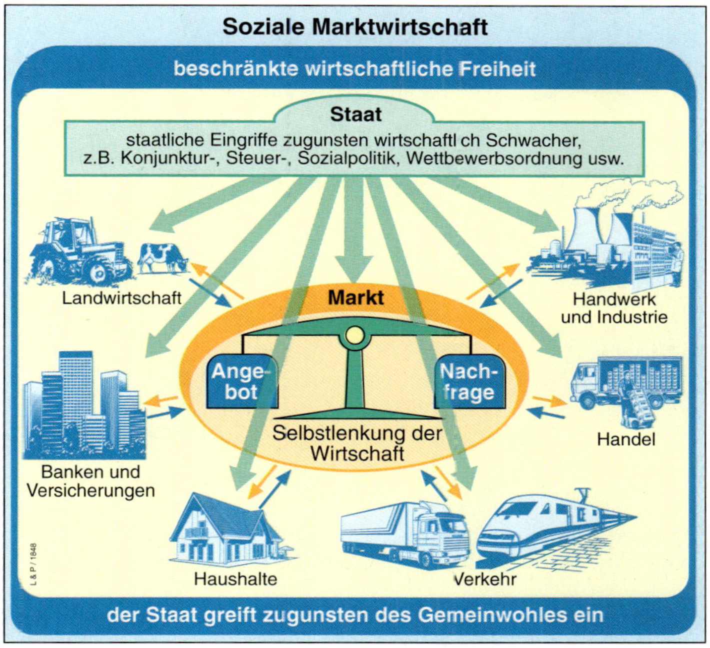

Aufgaben

1. Zeige die Gemeinsamkeiten von freier und sozialer Marktwirtschaft auf.
2. Erläutere die Vorteile der Zentralverwaltungswirtschaft. Warum gibt es heute kaum noch diese Wirtschaftsform?
3. Recherchiert die sozialen Verhältnisse in Deutschland zwischen 1870 und 1933 in euren Geschichtsbüchern.
4. Nenne Beispiele für den Missbrauch sozialer Leistungen. Wie könnte man das verhindern?

2. Der Staat in der sozialen Marktwirtschaft

Material

5 Nicht nur ein Einzelschicksal

7 748 junge Leipziger, fast 2 400 mehr als im Vorjahr, waren im August arbeitslos gemeldet. „Die Situation hat sich dramatisch verschärft", betonte der Jugend-Beigeordnete Burckhardt Jung (SPD) gestern auf einer Konferenz im Congress Center. [...] Auch die Zahl der Jugendlichen, die in Bedarfsgemeinschaften leben und somit einen Anspruch auf Arbeitslosengeld II haben, sei gestiegen. [...]
Brisant: Unter den 7 748 jungen Arbeitslosen sind auch 4 250 junge Leute mit Ausbildung, allein in diesem Jahr sind knapp 3 000 nach der Lehre nicht übernommen worden.

(aus Leipziger Volkszeitung, 16. 9. 2005, Seite 13)

Mit Maschen schöne Kleidungsstücke zaubern, das hat Anja Hattendorf gelernt und damit will sie nun ihr Geld verdienen. Als sie mit dieser Idee zum Arbeitsamt ging, stieß sie auf offene Ohren. Eigentlich wollte die studierte Pädagogin Unterricht auf Honorarbasis geben. „Das Arbeitsamt schlug mir aber vor, mich selbstständig zu machen und eine Ich-AG zu gründen", erinnert sich die Baden-Württembergerin. [...] Dass sie ihr Hobby jedoch mal beruflich machen würde, hätte sich die Lehrerin nie träumen lassen.
Hattendorf gehört zu den 8 238 Existenzgründer, die im IHK-Kammerbezirk Dresden im Juni registriert waren. „Wir erwarten zwar erst im nächsten Jahr eine Analyse über den Bestand der Ich-AG, doch schon jetzt zeichnet sich ab, dass sich deutlich mehr am Markt halten, als anfangs vermutet wurde", sagt IHK-Pressesprecher Lars Fieler auf DNN-Anfrage.

(aus: Dresdner Neueste Nachrichten, 7.10.2005)

Jeder sechste Leipziger erhält laut der jüngsten Arbeitsmarktstatistik staatliche Unterstützung.
Einer von ihnen ist Wolfgang G., [...], Hartz IV-Empfänger. Seit 1997 hat sich der studierte Ingenieur 1 500-mal beworben – vergeblich. [...] Seit Inkrafttreten von Hartz IV erhält der inzwischen 55-Jährige Monat für Monat 298 Euro, seine Frau ist ebenfalls erwerbslos. Im fünfzehnten Jahr der Einheit als Sozialfall zu gelten, das hätte sich der Ingenieur für Lederverarbeitung nie und nimmer träumen lassen. [...] Bald nach der friedlichen Revolution im Herbst 1989 war's vorbei, das Werk wurde abgewickelt – und G. stand auf der Straße. Zunächst der Schock, dann das Aufbäumen. Verschiedene andere Jobs und stetige Weiterqualifizierungsmaßnahmen brachten nicht den gewünschten Erfolg. G. steckte nicht auf. Bewerbungen von ihm gehen bis heute fast täglich per Post oder via Internet ins ganze Land. „Bei der Zahl 1 500 hab ich aufgehört zu zählen", sagt er. Die Absagen füllen längst dicke Aktenordner. [...] Der Frust sitzt tief, die Politik hat an Ansehen verloren. [...]

(aus: Leipziger Volkszeitung, 13. 9. 2005)

6 Zwei wirtschaftspolitische Grundideen

Wie muss, wie kann ein Staat, der sich der Marktwirtschaft verschrieben hat, eingreifen? Die Finanzierbarkeit des sozialen Netzes hängt nicht zuletzt von der Funktionsfähigkeit des Wirtschaftssystems ab. Um genau dies zu gewährleisten, haben sich zwei unterschiedliche Theorien herausgebildet, die die Rolle des Staates in einer Volkswirtschaft definieren.

A) Nachfrageorientierte Wirtschaftspolitik (Keynesianismus)

Der Engländer John Maynard Keynes (1883–1946) hatte die Idee, dass der Staat in der Phase der Rezession (s. Konjunkturzykluss) durch niedrige Steuern und erhöhte Staatsaufträge die Wirtschaft ankurbelt. In der Phase des Aufschwungs drosselt der Staat dann wieder die Staatstätigkeit. Die Hauptlast der Maßnahmen trägt die Finanzpolitik. Deshalb spricht man auch vom „Fiskalismus". Es handelt sich um eine nachfrageorientierte Politik, da die Nachfrage gesteuert wird. So wird z. B. durch Staatsaufträge (Autobahnen o. ä.) die Baubranche unterstützt. Auch soll z. B. durch Lohnerhöhungen die Kaufkraft gesteigert werden, damit die Wirtschaft mehr Absatz hat. Der Staat verschuldet sich dadurch zwar vorübergehend, dies soll in der Phase des Aufschwungs wieder ausgeglichen werden. Hintergrundüberlegung ist, dass der Markt bestimmte Probleme nicht lösen kann, hier greift der Staat mit einer antizyklischen Wirtschaftspolitik gezielt ein.

„Die wichtigsten Agenden des Staates betreffen nicht die Tätigkeiten, die bereits von Privatpersonen geleistet werden, sondern jene Funktionen, die über den Wirkungskreis des Individuums hinausgehen, jene Entscheidungen, die niemand trifft, wenn der Staat sie nicht trifft. Nicht das ist wichtig für den Staat, dass er die gleichen Dinge etwas besser oder etwas schlechter ausführt, sondern dass er die Dinge tut, die heute überhaupt nicht getan werden. […]"

(Zitat: John Maynard Keynes, „Allgemeine Theorie der Beschäftigung, des Zinses und des Geldes", Berlin 1955, (engl. Original 1936), S. 321)

B) Angebotsorientierte Wirtschaftspolitik (Monetarismus)

Der US-Amerikaner Milton Friedman (geb. 1912) hatte demgegenüber folgende Grundüberlegungen: Die Geldmenge bestimmt das Wirtschaftswachstum entscheidend. Der Staat hat die Aufgabe, die Geldmenge zu steuern. Bei einer Konjunkturflaute soll der Staat die Zinsen senken. In der Hochkonjunktur hingegen soll das Geld verteuert werden. Wegen der zentralen Bedeutung der Geldpolitik spricht man auch vom „Monetarismus". Der Markt wird allein über die Geldversorgung beeinflusst. Es handelt sich um eine angebotsorientierte Politik, die Nachfrage wird von den Anbietern geschaffen. Hintergrundüberlegung ist, dass Störungen der Wirtschaftsentwicklung staatlichen Eingriffen anzulasten sind. Der Markt verfügt über Selbstheilungskräfte. Staatliche Eingriffe sind – mit Ausnahme der Geldpolitik – schädlich.

„Es ist vor allem wünschenswert, dass die Regierung einen festen Geld- und Finanzrahmen für die freie Wirtschaft liefert – als einen Teil ihrer Funktion, einen festen gesetzlichen Rahmen zu schaffen. Wir sollten von der Regierung einen legalen und ökonomischen Rahmen verlangen, der die einzelnen Menschen befähigt, wirtschaftliches Wachstum zu produzieren. Die Hauptgebiete der Regierungspolitik in Bezug auf wirtschaftliche Stabilität sind Geldpolitik und Finanzpolitik. […]"

(Zitat: Milton Friedman, „Kapitalismus und Freiheit", Frankfurt a. M. 1984, (amerik. Original 1962), S. 62–64)

(Autorentext)

Aufgaben

1. Wie kann ein Staat in den Fällen M 5 theoretisch eingreifen? Gibt es die Möglichkeit einer direkten Hilfe?
2. Nenne Möglichkeiten nach Keynes oder nach Friedman, hier die Voraussetzungen zu verbessern.
3. Welche Gefahren bestehen bei der Umsetzung von angebots- oder nachfrageorientierter Wirtschaftspolitik?

3. Das Sozialprodukt als wirtschaftliche Messgröße

Wie kann man feststellen, wie stark eine Volkswirtschaft ist? Um die Wirtschaftskraft eines Landes zu messen, rechnet man alle Sachgüter und Dienstleistungen zusammen, die innerhalb eines Jahres erbracht werden. Einheitlicher Maßstab ist dabei der Marktpreis. Das Ergebnis dieser Addition nennt man Sozialprodukt (Nationaleinkommen). Dabei unterscheidet man das Bruttosozialprodukt (BSP) vom Bruttoinlandsprodukt (BIP). Beim BSP handelt es sich um den Wert aller Sachgüter und Dienstleistungen, die von Inländern in einem Jahr erwirtschaftet werden, gleichgültig ob im In- oder Ausland. Unter BIP versteht man den Wert aller Dienstleistungen und Sachgüter, die innerhalb eines Jahres im Inland erwirtschaftet worden sind. Diese können auch von Ausländern erbracht worden sein. Zunehmend wird das BIP wegen der internationalen Vergleichbarkeit als Gradmesser für den Wohlstand einer Nation verwendet.

Die in Bratislava gefertigten Karossen für die Geländewagen von VW und Porsche zählen folglich nicht zum BIP, wohl aber zum BSP.

Das Werk vom amerikanischen Großkonzern Dow Chemical in Sachsen-Anhalt erwirtschaftet Werte, die für das BIP zählen, nicht aber für das BSP.

Material

7 Konjunkturflaute

[...] Die deutsche Wirtschaft ist im Frühjahr nicht gewachsen.

Die reale Wirtschaftsleistung blieb im zweiten Quartal saison- und kalenderbereinigt auf dem Niveau der ersten drei Monate, wie das Statistische Bundesamt heute mitteilte. [...] Das Wachstum im ersten Vierteljahr revidierten die Statistiker zudem leicht nach unten: Das Bruttoinlandsprodukt (BIP) wuchs um 0,8 Prozent und nicht wie bislang gemeldet um ein Prozent. Im Vergleich zum Vorjahr erhöhte sich die Wirtschaftsleistung im zweiten Quartal um 1,5 Prozent, nachdem sie zu Jahresanfang noch um 0,3 Prozent gesunken war. 2005 standen allerdings im zweiten Vierteljahr zwei Arbeitstage mehr zur Verfügung als im Vorjahr. Kalenderbereinigt wäre die Wirtschaftsleistung im zweiten Quartal nur um 0,6 Prozent zum Vorjahr gestiegen, hätte allerdings auch im ersten Quartal 0,8 Prozent höher gelegen. Angesichts einer Reihe günstiger Konjunkturdaten und der besseren Stimmung der Unternehmen sehen viele Ökonomen die deutsche Wirtschaft aber bereits wieder auf Erholungskurs. So prognostiziert das Deutsche Institut für Wirtschaftsforschung für das dritte Quartal ein Wachstum von 0,5 Prozent.

(nach www.spiegel.de, 11. 8. 2005)

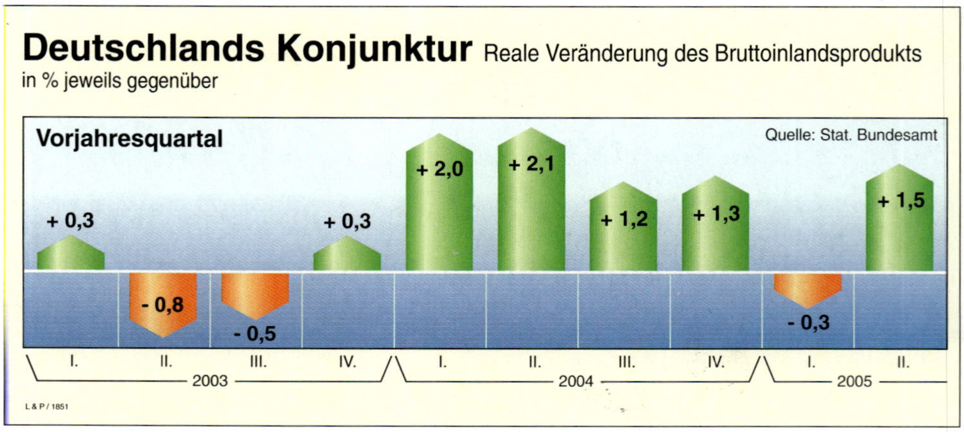

8 Was sagt das BIP über den Wohlstand einer Nation aus?

Das Bruttoinlandsprodukt für das Jahr 2004 betrug in Deutschland 2 178,21 Milliarden Euro. Davon entfielen auf den privaten Konsum 1 271,01 Milliarden Euro, auf den Konsum des Staates immerhin 406,80 Milliarden Euro.

Gemessen an anderen Volkswirtschaften ist das BIP in Deutschland hoch, jedoch gibt es beispielsweise keine Auskunft über die Verteilung des Wohlstandes. Eine Zunahme des realen BIP bringt nicht notwendigerweise eine Erhöhung des allgemeinen Lebensstandards mit sich. Wichtig ist hierbei das reale BIP pro Kopf der Bevölkerung. Wächst dies, führt dies auch zu mehr Wohlstand. Jedem Einwohner stehen dann mehr Sachgüter und Dienstleistungen zur Verfügung. Wächst dagegen die Bevölkerung schneller als das BIP, so verschlechtert sich der Lebensstandard. Weitere Schwachpunkte in der Aussagekraft sind u. a.:

- Das BIP enthält Leistungen, die den Lebensstandard mindern, so z. B. bei der Schadensbehebung (Verkehrsunfall, Flutkatastrophe – beschäftigt Ärzte, Krankenhäuser, Versicherungen, Baufirmen) Das BIP steigt, der Lebensstandard sinkt.
- Der Staat kann große Teile des BIP für z. B. die Bundeswehr oder die Verwaltung verbrauchen.
- Viele Leistungen sind nicht enthalten: z. B. Tätigkeit von Heimwerkern, Hausfrauen, Kleingärtnern. Auch die Schwarzarbeit ist nicht erfasst; diese wird auf circa 15 Prozent des BIP geschätzt!

(Autorentext)

9 Schuldenberg

Mit einem Zuwachs von 1 714 Euro pro Sekunde rast die Verschuldung Deutschlands in Schwindel erregende Höhen. Heute Mittag erreichte sie einen Stand von über 1,45 Billionen Euro. Rechnerisch wäre heute jeder Steuerzahler mit über 17 600 Euro verschuldet. [...] Würden die öffentlichen Haushalte ab Ende 2005 keine neuen Schulden mehr aufnehmen und jeden Monat eine Milliarde Euro Schulden tilgen, würde es über 122 Jahre dauern, bis der Staat schuldenfrei ist.

(aus: Pressemitteilung des Bundes der Steuerzahler 10.10.2005)

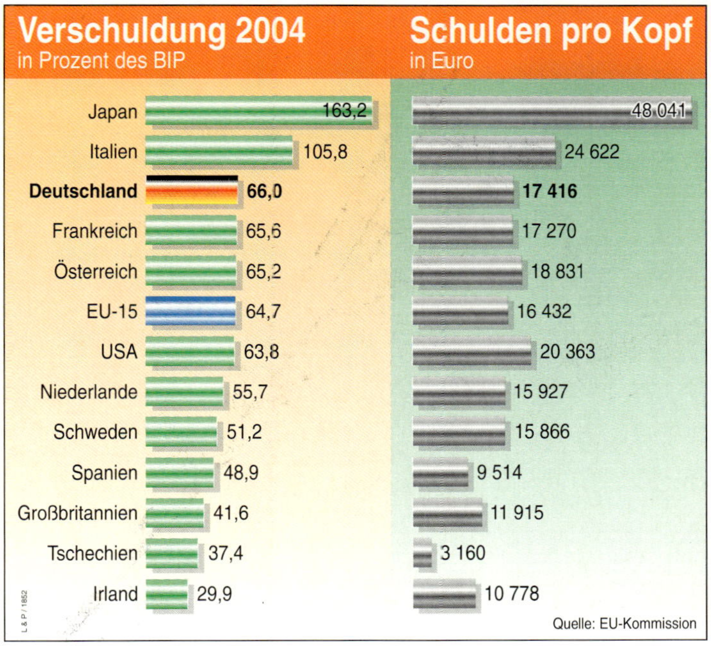

Aufgaben

1. Erläutere den Unterschied von BSP und BIP an realen Gegebenheiten und Firmen in deiner Umgebung.
2. Begründe, warum in Entwicklungsländern das BIP im Vergleich zum Vorjahr schneller steigt als in Deutschland.
3. Erläutere, wie Ölknappheit, veränderte Kaufkraft und Wechselkursschwankungen (z. B. Euro/Dollar) das Wachstum des BIP beeinflussen können.
4. Was müsste deiner Ansicht nach getan werden, um Schwarzarbeit einzuschränken? Suche in der Klasse nach Lösungsansätzen.
5. Wertet die Grafik M 9 aus. Warum sollte der Finanzminister eines Landes bestrebt sein, die Verschuldung zu reduzieren?

4. Probleme der sozialen Marktwirtschaft

Deutschland hat enorme Probleme mit der sozialen Marktwirtschaft: hohe Arbeitslosigkeit, geringes Wachstum, teure Sozialversicherungen. Die Finanzierung gerät aus dem Gleichgewicht. Staatsschulden engen den Handlungsspielraum der Regierung fast völlig ein. Je Einwohner haben sich die Staatsschulden seit 1983 verdreifacht. Im Jahr 2004 betrugen sie 17 416 Euro für jeden Bundesbürger.

Material

10 Der Nanny-Staat: Mit schlechtem Beispiel voran

Neulich hat der Bundeskanzler Gerhard Schröder den Deutschen ihre Mitnahmementalität vorgehalten. Überall griffen sie zu, meinte er, verlangten Hilfen, Zuschüsse und Beistand von oben, auch da, wo sie es gar nicht nötig hätten, weil sie allein, auf sich gestellt, ganz gut zurechtkämen. Die Mahnung war berechtigt, richtete sich allerdings an die falsche Adresse. Denn mitnehmen kann man ja nur, was angeboten wird. Und angeboten wird vom Staat, von seinen Ämtern und Behörden, und zwar im Überfluss. Namens des Staates kritisierte der Kanzler eine Verhaltensform, die dieser Staat selbst angeregt, gepäppelt und großgezogen hat. Getrieben von dem Ehrgeiz, alle seine Wohltaten in Rechtsansprüche zu verwandeln, hat der überbordende Sozialstaat deutscher Machart eine Bedürftigkeitsindustrie hervorgebracht, die Rechte auch ohne Pflichten ausgibt. Um hierzulande etwas darzustellen, muss man seine Ansprüche bis zum letzten ausreizen. [...] Die Bürger haben das begriffen – und verhalten sich danach. Sie leben so, wie es ihnen der große Bruder vormacht, von der Hand in den Mund also. Der Staat ist der letzte und wirksamste von allen Erziehern, sein schlechtes Beispiel macht Schule, und wie! Der Finanzminister schiebt eine Schuldenlast von mittlerweile 1,2 Billionen Euro vor sich her? Dann können wir es doch genauso machen, das Konto überziehen und einen größeren Anschaffungskredit aufnehmen! Die Pflegeversicherung soll geplündert werden, um den maroden Krankenkassen aus der Patsche zu helfen? Dann sollten auch wir auf die private Altersvorsorge pfeifen und uns darauf verlassen, dass die öffentliche Hand für uns aufkommt. Die Sozialministerin nimmt es hin, dass die gesetzlich vorgeschriebene Mindestdeckung der staatlichen Rentenversicherung unterschritten wird? Dann wollen wir es auch so machen und nach der Devise leben: Genieße jetzt und zahle später! Richtiger gesagt: Wir genießen jetzt und lassen die anderen, die Kinder und die Kindeskinder, später zahlen.

Der Wohlfahrtsstaat kümmert sich um alles Mögliche, um die schmerzfreie Geburt genauso wie um die standesgemäße Beerdigung; und leider kümmert er sich schlecht genug. Indem er ein Alterssicherungssystem betreibt, das auf den Nachwuchs keine Rücksicht nimmt, hat er auf seine Weise dazu beigetragen, dass dieses System zahlungsunfähig wird; die Beitragszahler bleiben aus. Ohne die üppigen Zuschüsse des Staates, jährlich rund 80 Milliarden Euro, wäre die Rentenversicherung längst bankrott. [...]

(nach: www.dradio.de, Konrad Adam, 2. 11. 2004)

STAATLICHE BRUTALITÄT AUCH IN DEUTSCHLAND !

11 Deutschlands dringendste Probleme

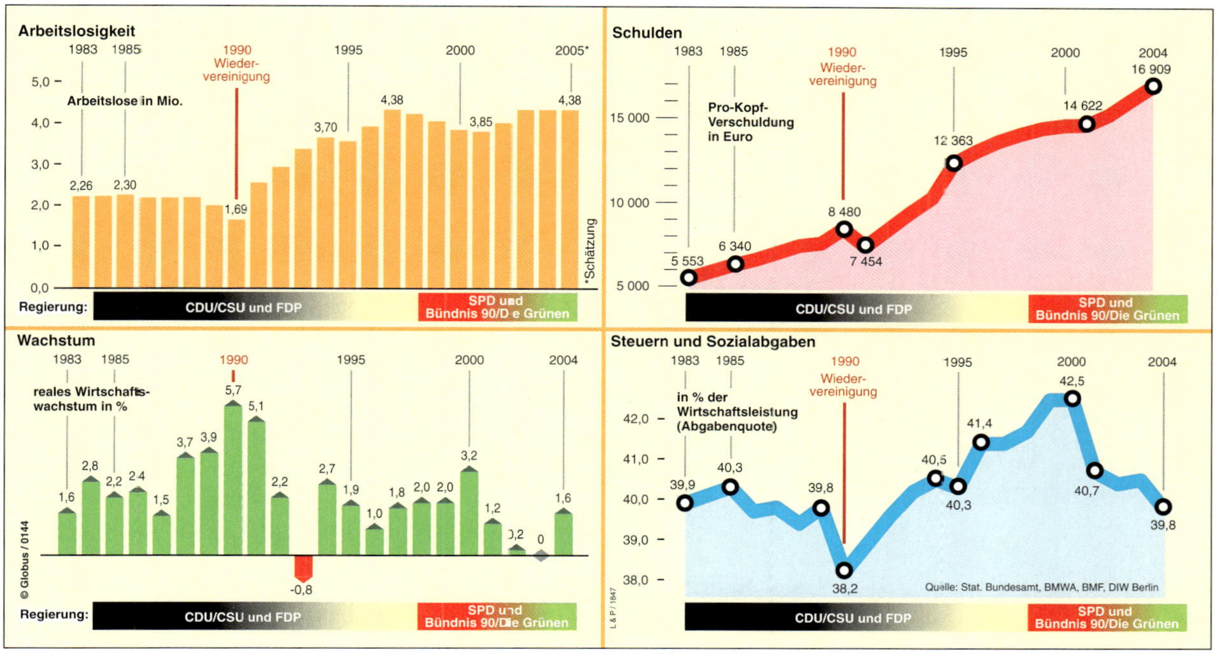

12 Schulden

Gesamtverschuldung der Bundesrepublik Deutschland, Stand: 24. Juni 2005, 20.00 Uhr:

1.457.804.885.839 Euro

Staatsschulden je Bundesbürger 2004:

17.416 Euro

Staatsschulden je Bundesbürger 2020 (Szenario bei Fortbestand der vorliegenden Rahmenbedingungen):

42.217 Euro

Quelle: Dresdner Bank, Oktober 2004

Aufgaben

1. Analysiert die Grafik M 11 und den Text M 10. Leitet daraus die Probleme der sozialen Marktwirtschaft ab. Wie sollte die Regierung reagieren? Entwickelt Lösungsszenarien.
2. Interpretiert die Karikaturen. Welche Problematiken werden dargestellt?
3. Ist die Thematik der Karikatur (S. 46) generalisierbar? Warum (nicht)?
4. Recherchiert die gegenwärtige Finanzlage der Rentenversicherung.

5. Das soziale Netz in Deutschland

Material

13 Sozialleistungen* in Deutschland 2005

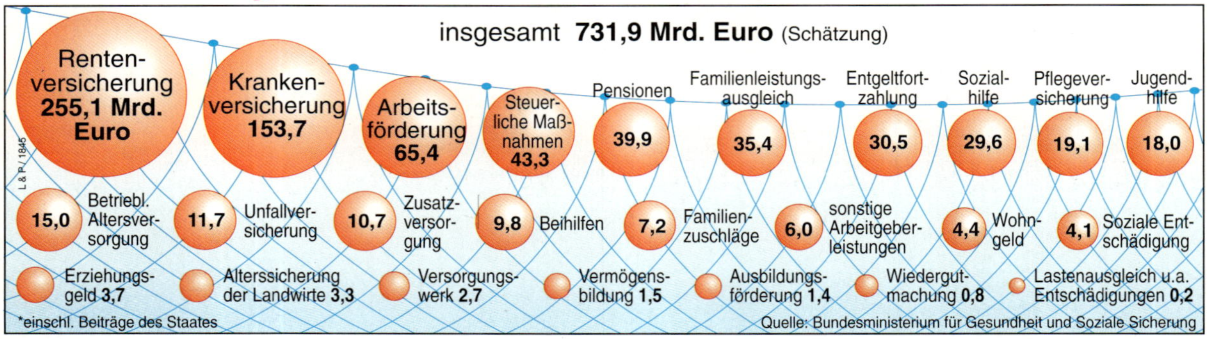

14 Prinzipien der sozialen Sicherung

Leistungen nach dem …		
Versicherungsprinzip	**Versorgungsprinzip**	**Fürsorgeprinzip**
durch …		
Sozialversicherung	Staat	Staat
erhalten …		
Mitglieder, die Beiträge gezahlt haben	Bevölkerungsgruppen, die besondere Opfer oder besondere Leistungen für das Gemeinwesen erbracht haben	alle Bürger, bei individueller Notlage, unabhängig von persönlichem Verschulden
in folgenden Fällen …		
bei Eintritt des Versicherungsfalles, wenn Versicherungsbeiträge gezahlt wurden	bei Vorliegen bestimmter Merkmale	bei Bedürftigkeit
Leistungshöhe		
allgemein festgelegt nach Art des Versicherungsfalles	allgemein festgelegt nach Art des Versorgungsfalles	entsprechend Art und Umfang der persönlichen Bedürftigkeit
Bedürftigkeitsprüfung		
nein	nein	ja
finanziert durch …		
Versicherungsbeiträge und Staatszuschüsse	Steuern	Steuern
Beispiele		
• Krankenversicherung • Unfallversicherung • Rentenversicherung • Pflegeversicherung • Arbeitslosenversicherung	• Beamtenversorgung • Kindergeld • Kriegsopferversorgung	• Sozialhilfe • Jugendhilfe • Wohngeld • Resozialisierung
Grundgedanke		
Die gesetzliche Sozialversicherung deckt allgemeine Lebensrisiken ab.	soziale Versorgung aus Steuermitteln für die oben genannten Gruppen auf Grund einer Selbstverpflichtung des Staates	Die Fürsorge des Staates greift auch dann, wenn in Notlagen die anderen Teile des Sozialsystems versagen.

21 Parteien und Wirtschaft

SPD

Die SPD fordert die Tarifvertragsparteien auf, bundesweit einheitliche tarifliche Mindestlöhne in allen Branchen zu vereinbaren – andernfalls soll der gesetzliche Mindestlohn eingeführt werden. Sie ist dagegen, den Kündigungsschutz aufzuheben und per Gesetz in die Tarifautonomie einzugreifen. Die paritätische Mitbestimmung, das heißt die gleichstarke Vertretung von Arbeitnehmern und Arbeitgebern im Aufsichtsrat – steht laut Wahlprogramm nicht zur Diskussion. Das Gefälle zwischen dem Arbeitslosengeld II im Osten und im Westen Deutschlands soll aufgehoben werden: Künftig soll ein einheitlicher Betrag von monatlich 345 Euro gezahlt werden. Ältere Arbeitslose bekommen zwei Jahre Aufschub: Sie sind erst ab dem 1. 2. 2008 – und nicht wie geplant ab dem 1. 2. 2006 – davon betroffen, dass der Anspruch auf Arbeitslosengeld I nach zwölf Monaten erlischt. Für regionale Beschäftigungspakte für ältere Arbeitnehmer will die SPD 250 Millionen Euro zur Verfügung stellen. […]

Die Mehrwertsteuer ist ein Reizthema in diesem Wahlkampf. Sie zu erhöhen, das ist für die SPD zwar ein Schritt in die „falsche Richtung“. Allerdings findet sich im SPD-Programm auch keine explizite Ablehnung einer Erhöhung. Die Sozialdemokraten planen eine „Reichensteuer“: Auf Jahreseinkommen von mehr als 250 000 Euro – bei Verheirateten 500 000 Euro – soll ein Zuschlag erhoben werden: die Einkommenssteuer würde dann 45 statt 42 Prozent betragen. […]. Handwerker-Rechnungen für private Haushalte sollen in den kommenden zwei Jahren von der Einkommenssteuer abgezogen werden können, und zwar Beträge bis zu 600 Euro jährlich.

Ziel ist das faktische Renteneintrittsalter von 65 Jahren. Der Aufbau einer zusätzlichen kapitalgedeckten Altersvorsorge soll weiter gefördert werden.

CDU

Die Union will die Lohnnebenkosten senken. Zu diesem Zweck soll der Beitragssatz zur Arbeitslosenversicherung von 6,5 auf 4,5 Prozent reduziert werden, und zwar ab dem 1. 1. 2006. Ein ehemaliger Empfänger des Arbeitslosengeld II kann in den ersten zwei Jahren an einer neuen Arbeitsstelle untertariflich bezahlt werden: Der Lohn darf bis zu 10 Prozent unter dem Arbeitstarif liegen und soll ein Anreiz für Arbeitgeber sein, mehr Menschen einzustellen. Bei Neueinstellungen in Betrieben bis zu 20 Beschäftigten soll der bisher gesetzlich vorgesehene Kündigungsschutz ausgesetzt werden. In Betrieben mit mehr als 20 Beschäftigten wird der Kündigungsschutz für Neuangestellte erst nach zwei Jahren wirksam. Befristete Arbeitsverträge dürfen in Zukunft nicht mehr nur bei Neueinstellungen, sondern auch mit bereits eingestellten Arbeitnehmern geschlossen werden. Wenn der Betriebsrat zustimmt und Zweidrittel der Belegschaft, sollen Arbeitnehmer und Arbeitsgeber einzelvertragliche Vereinbarungen schließen können, die vom Tarifvertrag abweichen. Die Union will die Ich-AGs abschaffen – mit Ausnahme bereits genehmigter Ich-AGs.

CDU und CSU wollen die Mehrwertsteuer ab 1. 1. 2006 von 16 auf 18 Prozent erhöhen. Damit soll die Senkung der Lohnnebenkosten finanziert werden. In der Einkommenssteuer soll der Eingangssteuersatz von 15 auf 12 Prozent sinken, der Spitzensatz sinkt von 42 auf 39 Prozent. Die Gewerbesteuer soll bleiben, die Körperschaftssteuer soll von 25 auf 22 Prozent sinken. Im Gegenzug werden Steuervergünstigungen mittelfristig abgebaut, wie zum Beispiel die Pendlerpauschale und die Sonn-, Feiertags-, und Nachtzuschläge. […] Die Union will kürzere Ausbildungszeiten und einen früheren Berufseintritt. Und mittelfristig soll das Renteneintrittsalter schrittweise erhöht werden.

→

Die Grünen möchten „regional und branchenspezifisch differenzierte" Mindestlöhne einführen. Die Lohnnebenkosten sollen in den unteren Einkommensklassen gesenkt werden. Mit zunehmendem Gehalt sollen sie langsam ansteigen – gegenfinanziert durch eine stärkere Besteuerung von privaten Spitzeneinkommen. Die Tarifautonomie, der gesetzliche Kündigungsschutz und das Prinzip der paritätischen Mitbestimmung sollen nicht eingeschränkt werden. Die Regelsätze des Arbeitslosengeldes II sollen erhöht werden, und zwar im Einklang mit den Lebenshaltungskosten. Die Partei möchte eine neue Arbeitszeitpolitik: In Tarifverhandlungen soll geprüft werden, wie die Arbeitszeit bei anteiligem Lohnverzicht reduziert werden könnte. Bei der Schaffung von Arbeitsplätzen für Langzeitarbeitslose setzen die Grünen auf privat-wirtschaftliche Integrationsfirmen.
Die Grünen lehnen eine Erhöhung der Mehrwertsteuer ab. Sie planen den Abbau von Steuervergünstigungen und Steuersubventionen wie zum Beispiel Agrar- und Kohlesubventionen. Der Mittelstand soll Steuern auf niedrigem Niveau zahlen, die Steuern von Spitzenverdienern sollen erhöht werden – um wie viel, bleibt offen. Außerdem wollen die Grünen eine Vermögenssteuer auf privates Vermögen einführen. Die Besteuerung von Unternehmen und von Privatpersonen soll unterschiedlich ausfallen. Die Einnahmen aus der Körperschaftssteuer sollen durch die Ausweitung der Mindestbesteuerung stabilisiert werden. Die Gewerbesteuer soll zu einer kommunalen Wirtschaftssteuer entwickelt werden, unter anderem indem Zinsen, Mieten und Pachten stärker ins Gewicht fallen. Die Ökosteuer soll nicht erhöht werden. Die private Rentenvorsorge soll staatlich gefördert werden. Die Grünen wollen einen neuen Generationenvertrag, nennen im Wahlprogramm aber keine konkreten Details.

Die Linkspartei will die Zusammenführung von Arbeitslosenhilfe und Sozialhilfe in das Arbeitslosengeld II (Hartz IV-Reform) rückgängig machen. Stattdessen soll das Geld, das Langzeitarbeitslose jetzt in Form von Arbeitslosengeld II, Mietzuschüssen und „Ein-Euro-Job"-Zuverdienst erhalten, als Nettolohn mit Arbeitsvertrag ausgezahlt werden.
Die Partei will einen gesetzlichen Mindestlohn von mindestens 1400 Euro brutto im Monat einführen und den Kündigungsschutz beibehalten. Die Gegenfinanzierung bleibt offen. Die durchschnittliche, gesetzliche Arbeitszeit soll auf 40 Stunden pro Woche begrenzt werden.
Die Mehrwertsteuer soll laut Linkspartei bei 16 Prozent bleiben, für Medikamente und Handwerksleistungen sollen nur noch 7 Prozent Mehrwertsteuer anfallen. Der Eingangssteuersatz für die Einkommenssteuer soll bei 15 Prozent bleiben, der Grundfreibetrag wird auf 12 000 Euro pro Jahr erhöht. Der Spitzensteuersatz soll hingegen erhöht werden, auf 50 Prozent ab einem Jahreseinkommen von 60 000 Euro. Die Pendlerpauschale soll auf 40 Cent pro Entfernungskilometer angehoben werden, Zuschläge für Sonn- Feiertags- und Nachtarbeit sollen weiter bestehen. […] Um die Lohnnebenkosten zu senken, sollen die Unternehmen künftig nicht nach der Zahl der Beschäftigten und der Höhe der Bruttolöhne in die sozialen Sicherungssysteme einzahlen, sondern nach ihrer „Wertschöpfung", das heißt nach ihrer tatsächlichen wirtschaftlichen Leistungsfähigkeit.
Die Mindestrente für jeden soll monatlich 800 Euro betragen. Die Linkspartei will die gesetzliche Rentenversicherung in eine Erwerbstätigenversicherung für alle Berufsgruppen umwandeln. Menschen mit höherem Einkommen sollen aus Solidaritätsgründen mehr Rentenbeiträge zahlen, ohne damit ihre Ansprüche proportional zu steigern.

FDP – Die Liberalen

Die FDP will betriebliche Bündnisse für Arbeit in Konkurrenz zu Flächentarifverträgen stellen: Es soll möglich sein, dass vom Flächentarif abweichende Regelungen verabschiedet werden, wenn 75 Prozent der Belegschaft zustimmen. Betriebsräte sollen erst in Betrieben mit mehr als 20 Beschäftigten eingerichtet werden, die Aufsichtsräte sollen verkleinert werden. Der gesetzliche Kündigungsschutz soll erst nach vier Jahren Betriebszugehörigkeit und nur in Betrieben mit mindestens 50 Mitarbeitern gelten. Die FDP will die Bundesagentur für Arbeit (BA) auflösen und deren Aufgaben stattdessen auf eine Versicherungsagentur, eine Arbeitsmarktagentur für Überregionales und Internationales, und auf die Job-Center in den Kommunen aufteilen.

Die FDP will die Mehrwertsteuer nicht erhöhen. Sie plant ein dreistufiges Steuermodell mit Steuersätzen von 15, 25 und 35 Prozent. Der Steuerfreibetrag soll bei 7700 Euro liegen. Es soll außerdem eine Reform der Unternehmenssteuer geben: der Höchstsatz beträgt 25 Prozent und die Gewerbesteuer fällt weg. Als Ersatz sollen die Kommunen einen höheren Anteil an der Umsatzsteuer erhalten und mit einem Zuschlag auf Einkommens- und Körperschaftssteuer entschädigt werden. Langfristig ist ein Einstufentarif für alle Einkunftsarten geplant.

Die FDP will das gesetzliche Renteneintrittsalter von 65 Jahren beibehalten. Der Rentenbeitrag soll nicht höher sein als 19 Prozent, die Renten sollen nicht gekürzt werden.

(Alle Aussagen zu den Parteien – SPD, CDU, Bündnis 90/Die Grünen, Die Linke. PDS und FDP – aus: www.dw-world.de, Wahl 2005, Tina Gerhäusser)

NPD – Nationaldemokratische Partei Deutschlands

Die NPD bekennt sich zu einem freien und sozial verpflichteten Unternehmertum. Die Führung der Volkswirtschaft ist jedoch ihrer Ansicht nach Aufgabe des Staates und unterliegt dessen letzter Verantwortung. Die NPD lehnt die Internationalisierung der Volkswirtschaften entschieden ab, sie ist der Meinung, dass Globalisierung zu unmittelbarer Massenarbeitslosigkeit führt. Änderungsvorschläge bzw. Alternativen bietet sie nicht. Die NPD fordert Arbeit zuerst für Deutsche. Insbesondere sollen bei gleicher Qualifikation Deutsche Ausländern vorgezogen werden. Die NPD will Arbeitsplätze schaffen, indem Sozial- und Umweltabgaben ausländischen Importen auferlegt werden sollen. Des Weiteren fordert die NPD die Entflechtung internationaler Konzerne und die Wiedereinführung der DM, ebenso gleiche Löhne für gleiche Arbeit. Eine Umsetzung dieser Vorschläge wird nicht angeboten.

Eine sozial gerechte Steuerpolitik ist Ziel der NPD, so müssen mühelose Einkommen (z. B. Spekulationsgewinne) deutlich höher versteuert werden als Einkommen aus Arbeit. Das Steuersystem soll sozial gerecht reformiert werden, die NPD will 500 Euro Kindergeld für jedes deutsche Kind finanzieren, Realisierungsvorschläge finden sich nicht.

Die NPD will das Rentensystem durch Geburtenanstieg sichern, bei der Rentenbemessung soll die Anzahl von Kindern in der Familie berücksichtigt werden. Wer seiner Verpflichtung zum Erhalt seines Volkes nicht nachkommt, sollte nicht von den sich ihrer Verantwortung bewussten Familien und deren finanziell und ideell erbrachten Leistungen profitieren dürfen.

(Autorentext aus den Aussagen der Aktionsprogramme, NPD-Parteiprogramm und Aussagen führender Parteimitglieder)

Wirtschaft –

konkret

„Wirtschaft ist nicht alles – aber ohne Wirtschaft ist alles nichts."

Walter Rathenau

1. Arbeit – mehr als ein Job

Die Gesellschaft in Deutschland wird unter anderem als **Arbeitsgesellschaft** bezeichnet. Mit Arbeit ist in diesem Falle Erwerbsarbeit gemeint, also z. B. nicht die Arbeit der Familienmitglieder in ihrem Haushalt oder die unbezahlte Arbeit für einen Verein.

Zufriedenheit und Erfolg im Beruf haben für die Menschen in Deutschland einen hohen Stellenwert. So ist die Teilnahme am Erwerbsleben in unserer Gesellschaft maßgeblich für Ansehen, hohen Lebensstandard und für die Versorgung im Ruhestand.

In Umfragen bezeichneten junge Leute zwischen 14 und 29 Jahren neben Einsamkeit die **Arbeitslosigkeit** als das größte Unglück. Bei einer Arbeitslosenzahl von offiziell über vier Millionen Menschen haben viele schon persönlich oder in ihrer Umgebung Arbeitslosigkeit erfahren.

Die Entscheidung für den „richtigen" Beruf wird daher als lebenswichtig empfunden – und manch einer möchte sie möglichst lange vor sich herschieben. Die Entscheidungsunsicherheit wird durch pessimistische Aussagen über die Aussichten für verschiedene Berufe erhöht – auch für solche, die bisher hohes Einkommen und soziales Ansehen zu garantieren schienen. Zugleich wächst der Entscheidungsdruck, wenn sich das Verhältnis von Ausbildungsstellen und Bewerbern zu Lasten der Bewerber verschlechtert.

Glücklicherweise ist die Berufsentscheidung aber nicht ein einziger schicksalsschwerer Schritt in ein Land ohne Wiederkehr. Sie ist ein Prozess, dessen Beginn nicht eindeutig feststeht: Manch einer weiß früh, was er werden will, manch einer ist spät berufen. Einmal getroffene Entscheidungen sind zu überprüfen, weil Berufspraxis und Karrierechancen sich anders darstellen als erwartet, weil der gewählte Beruf verschwindet oder sich neue Möglichkeiten eröffnen.

Schülerinnen und Schüler der Sekundarstufe I können erste Entscheidungen in dem Gefühl treffen, nichts Unwiderrufliches zu tun und höchstens Umwege zu riskieren. Denn es kann als sicher gelten, dass die Menschen in Zukunft in ihrem Berufsleben mehrere berufliche Tätigkeiten nacheinander oder gar gleichzeitig ausüben werden und sich selbst innerhalb ihres Berufes ständig weiterbilden müssen. Eine Entscheidung dieser Art ist die, ob man nach Klasse 10 eine berufliche Ausbildung oder weitere schulische Abschlüsse auf dem Gymnasium anstreben soll. Als nächstes fallen mit der Wahl der Leistungskursfächer für die Klasse 11 Entscheidungen, die den Zugang zu bestimmten Ausbildungsgängen erleichtern oder erschweren.

Material

1 Prognose zum Wandel der Arbeitswelt in Deutschland

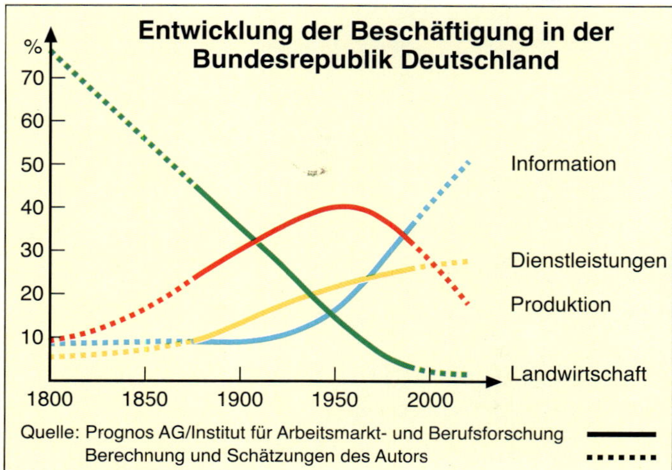

Erwerbstätige in Deutschland nach Wirtschaftsbereichen
(in Millionen, Stand 2004)

Land- und Forstwirtschaft; Fischerei	873	2,2 %
Produzierendes Gewerbe Baugewerbe	8018 2251	20,6 % 5,8 %
Handel, Gastgewerbe und Verkehr Finanzierung, Vermietung und Untern. Dienstleistungen Öffentliche und private Dienstleistungen	9789 6309 11628	25,2 % 16,2 % 30,0 %
Erwerbstätige insgesamt	38868	100,0 %

Quelle: Statistisches Bundesamt

L&P/1870

2 Der Schlüssel zum Erfolg

Von unseren Mitarbeiterinnen und Mitarbeitern erwarten wir:

- **soziale Kompetenz,** insbesondere Kooperationsbereitschaft, Integrationskraft, Kommunikations- und Teamfähigkeit, die Fähigkeit Mitarbeiterinnen und Mitarbeiter zu motivieren, Konflikte anzusprechen und lösen zu können sowie mit Kritik konstruktiv umzugehen
- **persönliche Eigenschaften,** wie Eigeninitiative, Kreativität und Flexibilität, ausgeprägtes Verantwortungsbewusstsein, Überzeugungskraft, innovatives und vernetztes Denken
- **methodische Kompetenz,** vor allem konzeptionelles Denken, Koordinationsvermögen, Organisationsgeschick, zielsicherer, rationeller und wirkungsvoller Ressourceneinsatz wie auch Bereitschaft und Fähigkeit, Veränderungsprozesse zu fördern.

(Autorentext)

3 Das wollen junge Leute

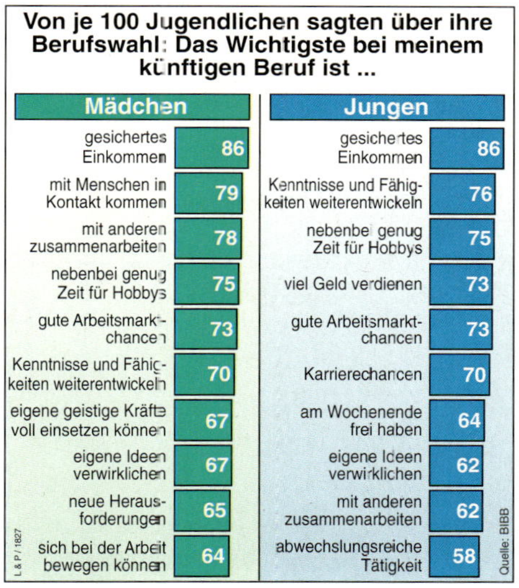

4 Fähigkeiten, Erwartungen

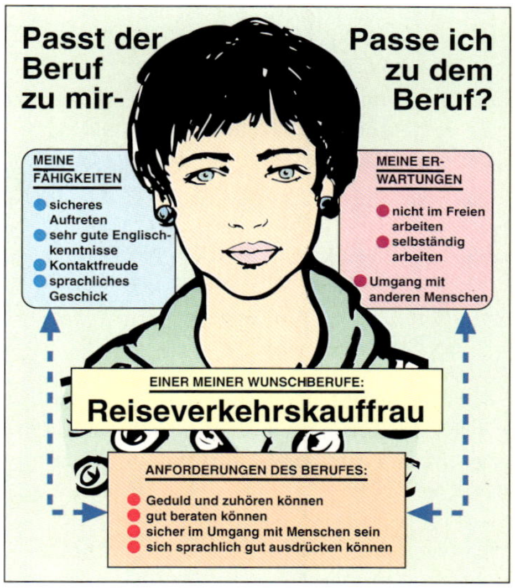

www.

www.bibb.de
www.berufenet.de
www.berufswahl.de
www.arbeitsagentur.de

Aufgaben

1. Welche Erwartungen hast du an deinen Beruf (s. M 3)? Sprecht in der Klasse über eure Erwartungen.
2. Wie schätzt du deine Interessen, wie deine Fähigkeiten für einen bestimmten Beruf ein? Orientiere dich an M 2–4.
3. Erkundung
   a) Bildet kleine Gruppen mit ähnlichen Interessen und verabredet euch im Berufsinformationszentrum (BIZ) eurer Arbeitsagentur. Lasst euch Material über einzelne Berufsfelder aushändigen (auch Filme). – Wertet es gemeinsam aus. – Fragt, welche Ausbildungsplätze in der Nähe eures Wohnortes zur Verfügung stehen.
   b) Stellt die Ergebnisse in einer Wandzeitung zusammen.

2. Verträge regeln Arbeitsbeziehungen

Schon bevor ein neuer Arbeitsvertrag unterzeichnet wird, stellen sich für beide Vertragsparteien ein paar wichtige Fragen, die oft in Form eines Personalfragebogens zur Sprache gebracht werden.

Der Arbeitgeber möchte sich einen Eindruck von der Eignung des Bewerbers für die vorgesehene Tätigkeit machen. Der Bewerber um den Arbeitsplatz empfindet die eine oder andere Frage als überflüssig oder unangenehm.

Die Nichtbeantwortung von Fragen kann ein schlechtes Bild vom Bewerber erzeugen, falsche Antworten können zur Aufhebung eines Vertrages führen.

Material

5 Personalfragebogen/Einstellungsgespräch

Frage nach ...	Nichts als die Wahrheit?	Konsequenz bei Lüge:
Schwangerschaft	Bei unbefristeten Verträgen ist die Frage unzulässig.	Keine Konsequenz bei unbefristeten Verträgen
Gesundheitszustand	Nur wenn durch die Krankheit die Eignung für die vorgesehene Tätigkeit eingeschränkt wird; wenn eine längere Arbeitsunfähigkeit absehbar ist.	Anfechtung des Vertrages, wenn durch die Krankheit die Eignung für die vorgesehene Tätigkeit eingeschränkt wird; wenn eine längere Arbeitsunfähigkeit absehbar ist.
Schwerbehinderteneigenschaft	Ja, in jedem Fall. Es gelten bei Schwerbehinderung Sonderrechte bei Kündigung und den Arbeitszeiten, so dass der Arbeitgeber unbedingt informiert sein muss.	Anfechtung des Vertrages, wenn durch die Schwerbehinderung die Eignung für die Tätigkeit eingeschränkt ist.
Vorstrafen	Nur für Vorstrafen, die für das Arbeitsverhältnis von Bedeutung sind. Als unbestraft kann sich bezeichnen, wer keine Eintragung im Führungszeugnis hat.	Anfechtung des Vertrages bei Vorstrafen, die Bedeutung für die zu besetzende Stelle haben.
Höhe der bisherigen Vergütungen	Nur wenn dies ersichtlich Bedeutung für die künftige Vergütung hat und vom Bewerber als Mindestvergütung gefordert wurde.	Anfechtung des Vertrages, wenn die Falschangabe zu einer überhöhten Vergütung führte. Sonst keine Konsequenzen
Pfändungen	Die Frage wird für unzulässig gehalten.	Bei aktuellen Pfändungen evtl. verpflichtet entstehende Kosten zu tragen. Sonst keine Konsequenzen
Religions-/ Parteizugehörigkeit	Nur bei so genannten Tendenzbetrieben, wie kirchlichen Einrichtungen, Parteien, Gewerkschaften.	Anfechtung des Vertrages bei Tendenzbetrieben. Sonst keine
Vermögensverhältnisse	Nur wenn Gefahr der Bestechung besteht oder Geldvollmachten für den Betrieb erteilt werden sollen. Nein für alle anderen Tätigkeiten.	Anfechtung des Vertrages bei besonderen Vertrauensverhältnissen (siehe links). Sonst keine Konsequenzen

(Quelle: www.damm-pp.de/Dschungel/Arbeitsrecht/Arbeitsrecht Neuanfang.htm)

Arbeitsrecht – wo steht das geschrieben?

Arbeitsrecht findet sich in zahlreichen Gesetzen und Verordnungen sowie in Tarifverträgen, Betriebsvereinbarungen und den einzeln abgeschlossenen Arbeitsverträgen. Arbeitsrecht existiert zudem als ungeschriebenes Recht, nämlich dann, wenn die so genannte „betriebliche Übung" ein gewisses Gewohnheitsrecht begründet hat. Für das Arbeitsrecht gibt es eine gewisse Hierarchie:

Regeln mehrere Quellen des Arbeitsrechts denselben Sachverhalt (z. B. Urlaub), gilt grundsätzlich die höherrangige Rechtsquelle (z. B. Gesetz vor Vertrag).

Im Arbeitsrecht gilt aber eine Ausnahme: Ist die Rechtsquelle mit dem niedrigeren Rang für den Arbeitnehmer günstiger (z. B. Vertrag besagt 30 Tage Urlaub und das Gesetz nur 24), dann gilt die günstigere Quelle (Günstigkeitsprinzip).

Material

6 Beispiele für Gesetze, Verordnungen, Verträge

Arbeitssicherheitsgesetz	Regelt die Umsetzung des Arbeitsschutzes und der Unfallverhütung unter Einbeziehung von Betriebsärzten
Arbeitszeitgesetz	Regelt z. B. die Obergrenzen der Arbeitszeit, Ausgleich für Nachtarbeit
Betriebsverfassungsgesetz/ Personalvertretungsgesetz	Regelt die Arbeitnehmervertretung gegenüber dem Arbeitgeber
Jugendarbeitsschutzgesetz	Mindestbedingungen für alle jugendlichen Arbeitnehmer
Kündigungsschutzgesetz	Regelt den Kündigungsschutz in Betrieben mit in der Regel mehr als 5 Arbeitnehmern
Mutterschutzgesetz	Schutzbestimmungen u. a. für Schwangere
Tarifvertragsgesetz	Regelt den möglichen Inhalt und die Ausgestaltung von Tarifverträgen
Tarifverträge	Tarifverträge können nur zwischen so genannten Tarifvertragsparteien abgeschlossen werden. Das sind die Gewerkschaften und die Arbeitgeberverbände. Die Verträge gelten nur für die Mitglieder der betreffenden Gewerkschaft und die Mitglieder des betreffenden Arbeitgeberverbandes oder wenn die Geltung im Arbeitsvertrag vereinbart ist. Tarifverträge gelten in der Regel für alle Beschäftigten und Arbeitgeber einer Branche.
Betriebsvereinbarungen	Die Betriebsvereinbarung ist ein Vertrag zwischen Betriebsrat und Arbeitgeber. Sie muss schriftlich verfasst sein und gilt dann für alle Beschäftigten im Betrieb. Meist enthält sie Bestimmungen zur Ausgestaltung z. B. der Mitbestimmung, der Arbeitsabwicklung, der Kündigung oder der Arbeitszeit.
Arbeitsverträge	Regeln das Vertragsverhältnis zwischen zwei Einzelnen – dem Arbeitgeber und dem Arbeitnehmer.
Ausbildungsverträge	Sie regeln insbesondere die Ausbildungsdauer, die Ausbildungsvergütung und sonstige Leistungen, Möglichkeiten der Kündigung sowie die Probezeit und den Urlaub.

Aufgaben

1. Erklärt Beweggründe für die in M 5 formulierten Fragen und diskutiert sie.
2. Informiert euch in einem Betrieb über die konkrete Ausgestaltung einzelner Regelungen aus M 6.

3. Geld und Urlaub – alles Verhandlungssache

Die Verhandlungen über Entlohnung und Arbeitsbedingungen werden in der Bundesrepublik nach festen Regeln geführt (Tarifverhandlungen), ihre Ergebnisse werden in Tarifverträgen festgelegt. Das Recht der Tarifvertragsparteien (Tarifvertragspartner), Arbeits- und Wirtschaftsbedingungen ohne Eingriffe des Staates auszuhandeln, wird im Grundgesetz in Art. 9 Abs. 3 anerkannt (Tarifautonomie).

In der Bundesrepublik konnten die Tarifparteien über viele Jahre durch den Flächentarifvertrag eine für alle verbandsgebundenen Betriebe einer Branche gleichermaßen geltende Basis schaffen.

Angesichts der konjunkturellen Lage häufen sich die Stimmen in Deutschland, die die Tarifpartner per Gesetz verpflichtet wollen, in ihren Tarifverträgen wirksame Öffnungsklauseln vorzusehen. Der Belegschaft eines Betriebes soll ermöglicht werden, auf dem Wege der freiwilligen betrieblichen Vereinbarung mit der Unternehmensleitung vom Flächentarifvertrag abzuweichen. Dabei kann auch eine Abweichung nach unten möglich sein. So würde die Zustimmung von zwei Dritteln der Arbeitnehmer für ein Lohnzugeständnis reichen.

Material

7 Tarifkonflikt

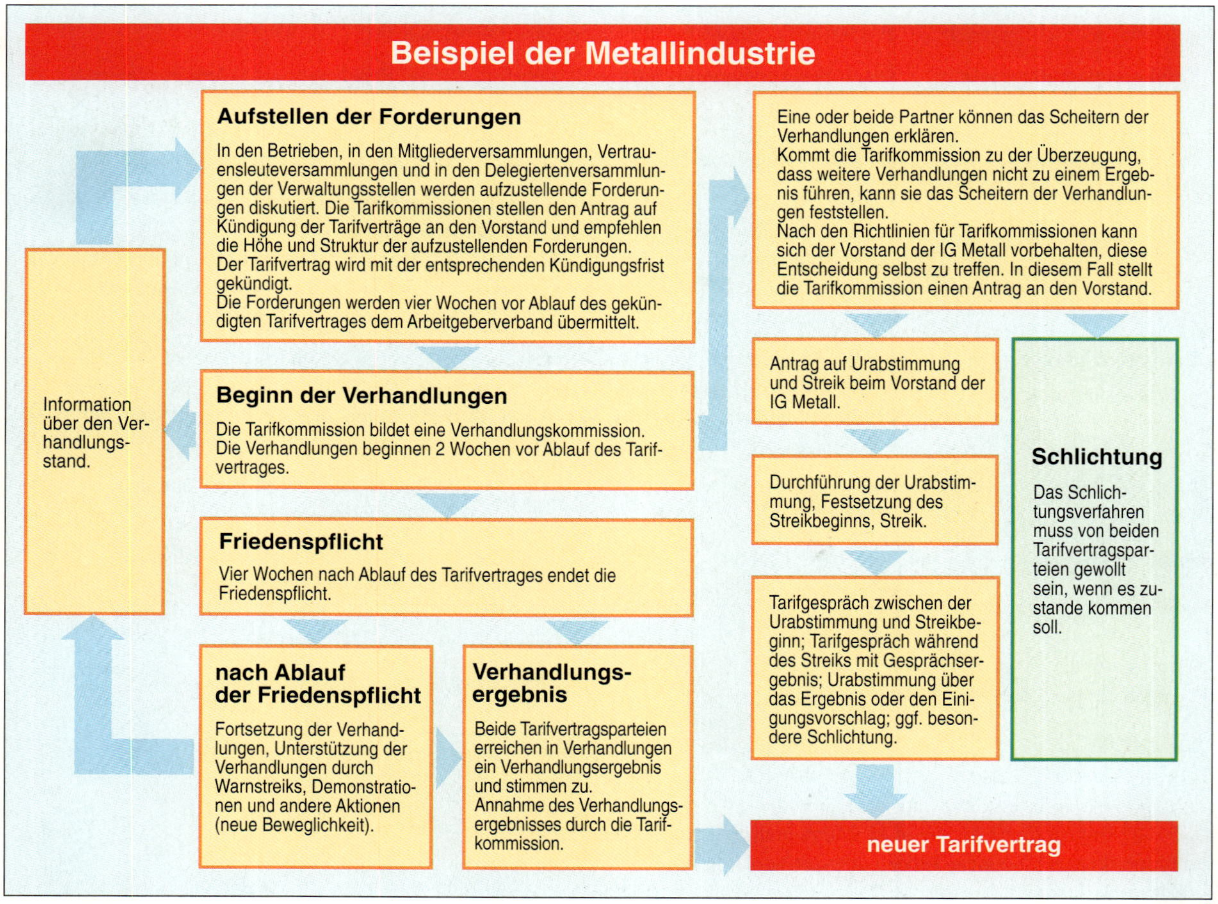

8 Ablauf eines Schlichtungsverfahrens

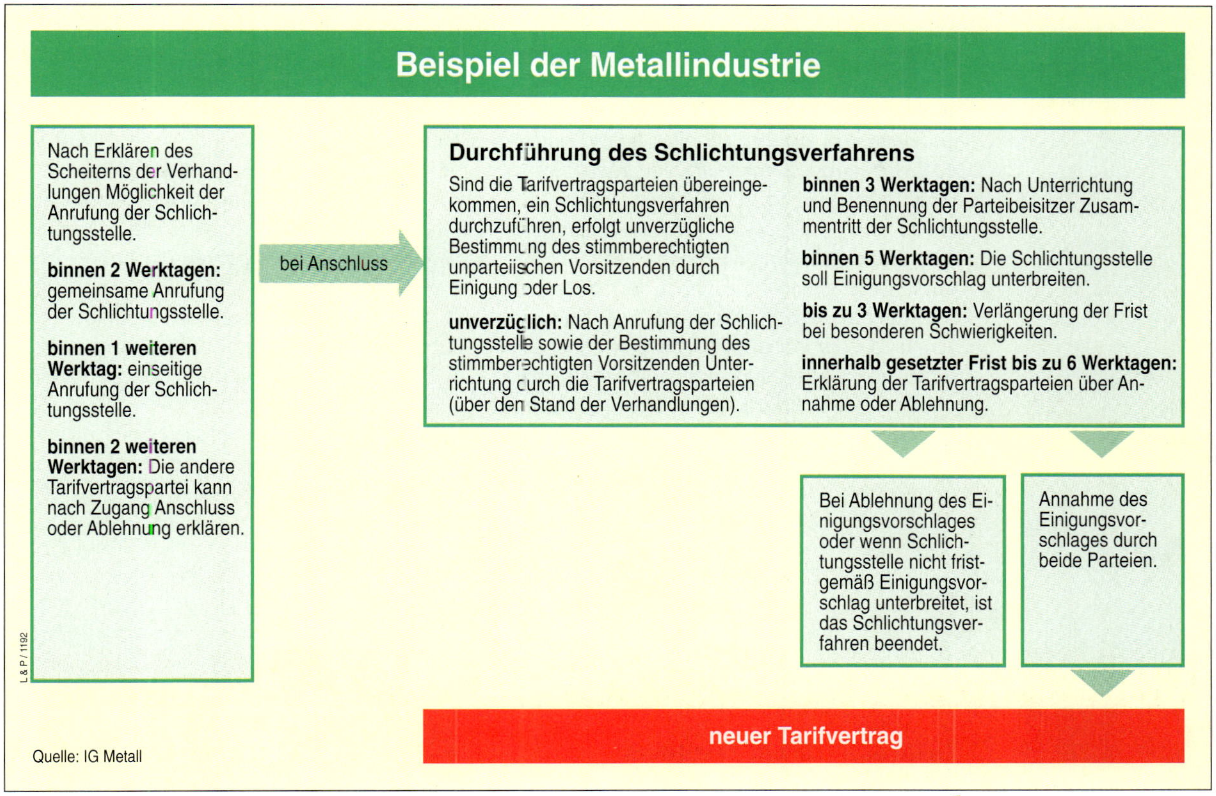

Quelle: IG Metall

9 Tarifrunde Stahl 2005

Die IG Metall und die Stahlarbeitgeber haben sich heute auf die Übernahme des westdeutschen Tarifergebnisses für die ostdeutsche Stahlindustrie verständigt. Demnach erhalten die 8000 Beschäftigten der Branche ab dem 1. April 2005 eine Einmalzahlung von 500 Euro für fünf Monate. Ab 1. September 2005 werden die Einkommen um 3,5 Prozent für weitere zwölf Monate erhöht. Den Auszubildenden werden einmalig 100 Euro gezahlt. Die Unternehmen verpflichten sich, zehn Ausbildungsplätze zusätzlich zu schaffen. Die Laufzeit des Tarifvertrages soll bis zum 31. August 2006 gelten. [...] Die Tarifkommission der IG Metall hat die Annahme des Tarifergebnisses einstimmig beschlossen.

(nach: www.igmetall.de, 19.05.2005)

Aufgaben

1. Beschreibt die einzelnen Stationen der Tarifauseinandersetzung. Benennt dabei die jeweiligen Akteure und ihre Aufgaben.
2. Findet heraus, welchem Zweck die exakte Abfolge der einzelnen Schritte und die zeitlichen Festlegungen dienen.
3. Diskutiert die Auswirkungen flexibler Tarifverträge auf Betriebe und Beschäftigte.

4. Wirtschaft im globalen Wettbewerb

Vor einigen Jahren noch weit gehend unbekannt, ist der Begriff Globalisierung mittlerweile in aller Munde. Meist wird von „der“ Globalisierung gesprochen; in Wirklichkeit aber ist es kein einheitlicher Prozess, denn in Folge kommt es zu Umgestaltungen in Gesellschaft, Politik und Wirtschaft. Als Beispiel für Veränderungen kann man u. a. die Öffnung der Finanz- und Informationsströme nennen, die rasant fortschreitende Technisierung der Infrastruktur sowie zahlreiche Veränderungen in den politischen Systemen, der Organisation von Unternehmen, den gesamtgesellschaftlichen Wertevorstellungen und dem Verbraucherverhalten. Begünstigt und vorangetrieben wurde die **Globalisierung** durch Entwicklungen in den Bereichen Politik, Technik, Gesellschaft und Wirtschaft.

- **Politik:** Mit dem Ende des Kalten Krieges ist die Bewegungsfreiheit auf der Welt gestiegen, Staatsgrenzen verlieren vielfach ihre Bedeutung.
- **Technik:** Revolutionäre Fortschritte in der Kommunikationstechnik und ein umfassender Ausbau weltumspannender Verkehrssysteme beschleunigen die Verbreitung von Ideen und Produkten.
- **Gesellschaft:** Tradition und soziale Beziehungen (Familie, Heimat, Brauchtum, Normen) verlieren an Bindungskraft, was die Mobilität fördert.
- **Wirtschaft:** Offene und deregulierte Kapital- und Gütermärkte verstärken den Trend zum grenzenlosen Weltmarkt.

Material

10 Arbeitsplätze werden verlagert

Steilmann schließt Textilwerk in Cottbus

Cottbus (dpa) – Der Bekleidungskonzern Steilmann schließt zum 30. April 2004 sein Textilwerk in Cottbus. Davon seien 161 Arbeitsplätze betroffen, sagte die Betriebsratsvorsitzende Petra Klos am Freitag und bestätigte damit einen Bericht der Lausitzer Rundschau. Die überwiegend weiblichen Mitarbeiter erhielten im Januar ihre Kündigung. Zwischen Betriebsrat und Geschäftsführung sei ein Sozialplan ausgehandelt worden, der auch Abfindungen vorsehe. Das Unternehmen war 1990 aus dem Textilkombinat Cottbus entstanden. Die Produktion werde von Cottbus nach Osteuropa verlagert, sagte der Geschäftsführer der Steilmann Cottbus GmbH, Rüdiger Knaup, der Zeitung. Die Herstellung von Textilien sei in Deutschland nicht mehr wirtschaftlich. Cottbus ist der letzte von einst 47 deutschen Standorten der Wattenscheider Steilmann-Gruppe.

(dpa, 29. 11. 2003)

11 Die Qualität des Standorts Deutschland

Vorzüge	Nachteile
Hervorragend ausgebildete Arbeitskräfte	Investitionen hemmende staatliche Bürokratie
Hohes technisches Know-how	Spontanität hemmende Regulierungen
Hohe Produktivität	Hohe Löhne und Lohnnebenkosten
Politische Stabilität	Hohe Energiekosten
Flexible mittelständisch geprägte Wirtschaft	Enge Arbeitszeitregelungen
Gute Verkehrs- und Nachrichtennetze	Strenge Umweltschutzauflagen

12 Wichtigste Welthandelsländer 2003

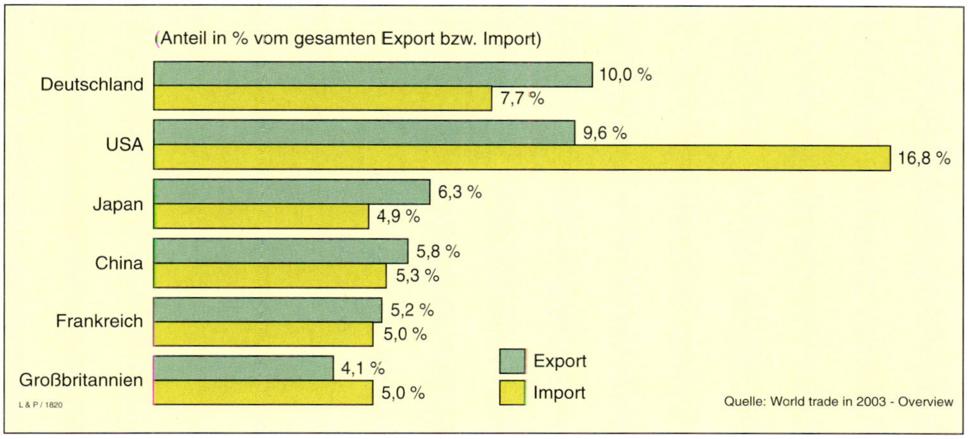

13 Handelspartner Deutschlands im Jahr 2004

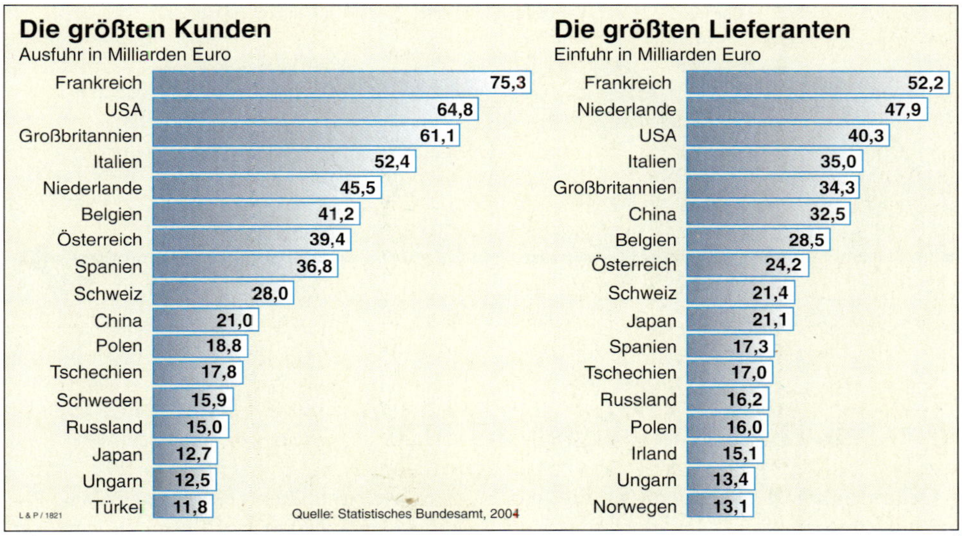

www.

www.bdi-online.de

Aufgaben

1. Suche in deinem alltäglichen Umfeld Beispiele der Globalisierung und bewerte sie.
2. Formuliere ausgehend von M 11 Vorschläge zur Aufwertung des Wirtschaftsstandorts Deutschlands.
3. Untersuche mithilfe des Internets, in welchem Umfang Afrika und Südamerika in den Welthandel eingebunden sind. Entwickle unter Einbeziehung dieser Informationen ein neues Material (vgl. M 12).
4. Werte M 13 daraufhin aus, welchen Anteil die EU-Staaten und die USA am deutschen Außenhandel haben.

5. Zukunftstechnologien

Von Nikolai Kondratjeff (1892-1938) wurden lange Konjunkturwellen nachgewiesen, deren Zykluslänge bei 50 oder mehr Jahren liegen kann. Diese besonders langen Wellen scheinen stets mit grundlegenden technologischen Neuerungen verknüpft zu sein. Der lange Aufschwung mündet in ein Abflachen der Welle, sobald der Durchdringungsgrad der neuen Technologie an die 100 Prozent heranreicht.

Material

14 Wann kommt die nächste Welle?

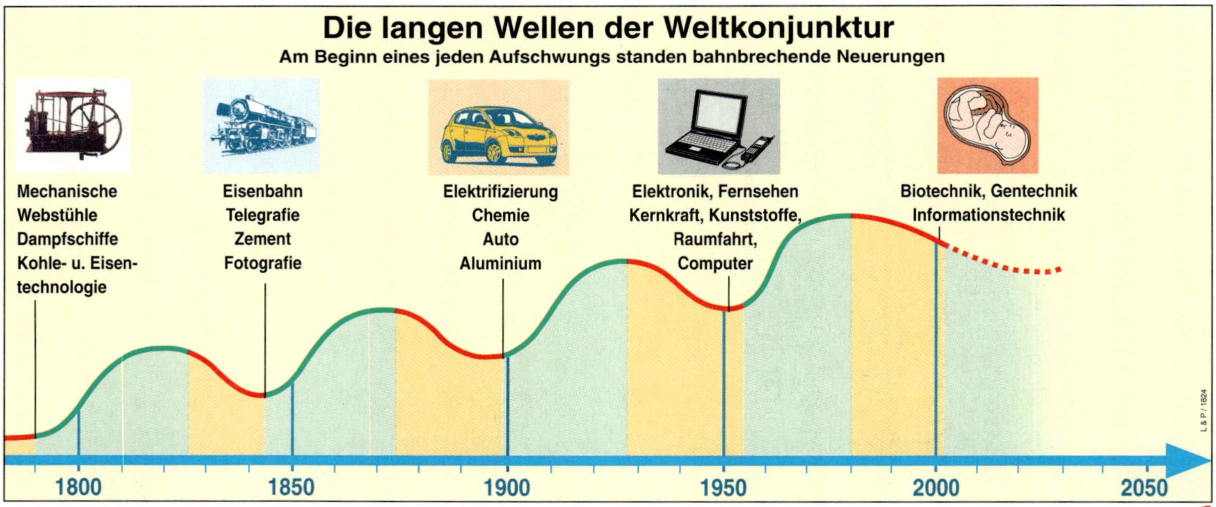

15 Zehn Leittechnologien bis 2020

- **Gentechnik-gestützte Medizin und Gesundheitsvorsorge:** Die Genforschung wird eine medizinische Technik hervorbringen, die es uns erlaubt, genetisch bedingte Krankheiten festzustellen und zu behandeln, noch bevor sie aufgetreten sind, vielleicht sogar schon im Mutterleib. In zwanzig Jahren wird es möglich sein, menschliche Organe zu klonen, die sich für Transplantationen eignen.
- **Hochenergie-Speicher:** Hoch entwickelte Batterien, billige Brennstoffzellen und Mikro-Generatoren für elektrische Energie werden elektronische Erzeugnisse und Anwendungen mobil machen. Dezentrale Energiequellen werden weit verbreitet sein und Energie erschwinglich und umweltverträglich machen.
- **Umwelttechniken:** Neue Materialien, Produktionstechniken und Energiesysteme werden die Wüsten verschwinden lassen und helfen, die Klimaprobleme zu lösen.
- **Allgegenwärtige Computerleistungen:** Computer werden überall sein und wir werden die Möglichkeit haben, ständig und auf den verschiedensten Wegen zu kommunizieren.
- **Nanotechnik:** (auf der Milliardstel-Ebene) Mikroskopisch kleine Apparate werden unseren Alltag revolutionieren und viele Arbeitsplätze schaffen.
- **Optimierte Leitsysteme für den Individualverkehr:** Technische Systeme sollen die Aufgabe meistern, den Individualverkehr (Autos) in einen optimierten öffentlichen Verkehr zu integrieren.

- **Synthetisch hergestellte Lebensmittel:** (Designer-Foods) Gentechnisch hergestellte Nahrungsmittel werden umweltfreundlich und nährstoffreich sein. Beim Pflanzenschutz wird man dank der Gentechnik auf Pestizide verzichten können.
- **Intelligente Gebrauchsgüter:** Im Haushalt werden raffinierte Geräte und Anwendungen uns viele Funktionen abnehmen, um die wir uns jetzt selbst kümmern müssen: z. B. „denkende Toaster".
- **Preiswertes und sauberes Wasser weltweit:** Es gilt als technologische Herausforderung, durch Filterprozesse, Aufarbeitung oder Entsalzung bezahlbares Trinkwasser für die wachsende Weltbevölkerung bereitzustellen.
- **Entwicklung der Supersinne:** Sensoren und implantierte Geräte können dafür sorgen, dass wir besser hören als je zuvor, dass wir weiter oder gar im Dunkeln sehen. „Wir können Krankheiten heilen und Leiden bessern", sagt der Forscher Stoke, „aber warum sollen wir uns darauf beschränken? Warum nicht das Gehör besser machen als es jemals war?" *ob*

Quellen: Battelle-Technology Forecasts

16 Gentechnisch veränderte Lebensmittel

67.1 *Fotomontage*

67.2

Aufgaben

1. Beschreibt und diskutiert mögliche gesellschaftliche Veränderungen, die mit der wirtschaftlichen Nutzung der modernen Technologien verbunden sind (M 14–16).
2. Informiert euch über die Problematik gentechnisch veränderter Lebensmittel und ihre Verbreitung.
3. Informiert euch über Grundlagenforschung (M 15) in Deutschland und diskutiert ihre Bedeutung für den Wirtschaftsstandort Deutschland.

6. Globalisierung und Wertewandel

Material

17 Sozialstandards in Europa

Da Investitionen und Kapital mobil sind und sich jeweils – unabhängig von nationalstaatlichen Grenzen – ihre rentabelste Verwendung suchen, besteht die Gefahr, dass sie genau dorthin gehen, wo Löhne möglichst tief und Umwelt- und Sozialstandards möglichst niedrig sind. Dieses beinhaltet die Gefahr, dass die Staaten […] ihre Sozialstandards senken und eine soziale Marktwirtschaft langfristig immer schwerer haltbar ist.

Unter Hinweis auf globale ökonomische Sachzwänge, auf Standortprobleme und Wettbewerbsfähigkeit können die Nationalstaaten immer mehr unter Druck gesetzt werden, die Sozialordnungen in eine [Bewegung] nach unten zu treiben, deren Resultat nicht mehr der Umbau des Sozialstaates, sondern dessen Abbau wäre. Dies würde das Ende der sozialen Marktwirtschaft bedeuten.

Die Handlungsspielräume für Nationalstaaten werden in jedem Falle immer kleiner, ihre sozialstaatlichen, solidarischen Ausgestaltungen in eine globale Ökonomie zu integrieren. Diese Logik der Globalisierung legt die Notwendigkeit nahe, auf supranationaler Ebene – für uns bedeutet dies zunächst auf europäischer Ebene – effiziente Einrichtungen zu schaffen, die stark genug sind eine Marktwirtschaft mit solidarischer Komponente auch über die nationalstaatliche Ebene hinaus zu gewährleisten.

Dabei darf die EU nicht nur eine Wirtschaftsunion bleiben. Sie muss sich zu einer politischen Union mit sozialer Komponente und einer Wertegemeinschaft weiterentwickeln. […]

(Bischof Dr. Walter Kasper: Soziale Marktwirtschaft auf dem Prüfstand – Wirtschaftsethik in der Zeit der Globalisierung. Vortrag vor der Württembergischen Arbeitgebervereinigung am 3. 7. 1997.)

68.1

Aufgaben

1. Erarbeitet aus M 17 Herausforderungen, die nach Meinung des Autors auf die soziale Marktwirtschaft zukommen. Vergleicht diese Aussagen mit aktuellen politischen Stellungnahmen zu dieser Thematik.
2. Interpretiert die Karikatur.
3. Diskutiert unter Berücksichtigung von M 17 und der Karikatur die Aussage: „Zur Jahrtausendwende leben die Menschen in der Spannung zwischen alten Werten und neuen Märkten." (Horst W. Opaschowski, 2000)

Methode

Internetrecherche

Das Internet bietet zahlreiche Möglichkeiten der Informationsbeschaffung, die ihr auch für den Unterricht nutzen könnt. Die Recherche zu einem bestimmten Thema mithilfe des Word Wide Web ist ein klassischer Anwendungsbereich des Internets im Unterricht.
Bei der Internetrecherche sollt ihr nach einem vorgegebenen Stichwort oder aufgrund einer definierten Themenstellung mit geeigneten Suchmaschinen Informationen im Internet suchen. Neben der Inhaltsvermittlung erlernt ihr den Ablauf einer gezielten Recherche sowie die Auswahl und Strukturierung der Informationen.
Bei der Suche im Netz solltet ihr kritisch sein: Zu viele Informationen können auch verwirren und nicht immer findet ihr die wirklich wichtigen und relevanten Informationen.

So könnt ihr vorgehen:

1. Einigt euch auf einen Themenschwerpunkt, damit ihr nicht unnötig Zeit durch zielloses Surfen verliert.
2. Die Internetadresse des Deutschen Bundestages lautet: www.bundestag.de
3. Ihr könnt aber auch mit Hilfe von Suchmaschinen Internetadressen finden. Diese Methode verspricht den größten Erfolg, denn Suchmaschinen sind dazu da, in der Vielfalt des Internets durch die Eingabe von Schlüsselbegriffen euch weiterzuhelfen. Manchmal ergeben sich jedoch so viele Treffer, dass ihr die Suche durch weitere Begriffe eingrenzen müsst.
4. Wichtige Suchmaschinen sind: **Altavista, Fireball, Google, Lykos** und **Yahoo.** Eine Suchmaschine für Suchmaschinen ist **Metager.** Sie zeigt euch an, bei welcher Suchmaschine mit besonders großer Erfolgsaussicht ihr beginnen solltet.
5. Die Internetrecherche ist erst dann abgeschlossen, wenn ihr das Gefundene eingeordnet und bewertet habt. Dabei müsst ihr folgendes beachten:
   - Anders als bei einer Zeitung können sich im Internet die Texte und Bilder jederzeit ändern. Manchmal verschwinden eine Seite, eine komplette Seitenfolge oder sogar die gesamte Internetadresse auch gänzlich.
   - Um später auf die gefundenen Informationen zurückgreifen zu können, solltet ihr die Adresse oder auch die gefundene Seite speichern.
   - Sucht nach Hinweisen, die euch helfen, die Glaubwürdigkeit der gefundenen Informationen bewerten zu können. Ins Internet kann alles gestellt werden, auch Lügen, Gemeinheiten und Unfug. Verantwortlich ist die jeweilige Institution oder wer sonst auf das Internet Zugriff hat.
6. Recherchiert in Kleingruppen zu den Sozialstandards (z. B. Rente, Kinderbetreuung, etc.) in Deutschland, Schweden, den USA, China, Polen und Kuba.
7. Die Ergebnisse eurer Internetrecherche können anschließend in Präsentationen oder Diskussionen weiter bearbeitet werden.

Material

18 Chancen der Globalisierung

Nach wie vor gilt die fortschreitende Globalisierung vielen als wesentliche Ursache für hohe Arbeitslosigkeit, als Auslöser der Krise der sozialen Sicherungssysteme sowie der öffentlichen Haushalte und als Bedrohung für die soziale Marktwirtschaft. Diese häufig undifferenzierte und daher pessimistische Sichtweise ist unangebracht. Die Globalisierung birgt große Chancen für eine Mehrung des Wohlstandes und neue Beschäftigung in Deutschland.

Der Prozess der Globalisierung besteht in der weltweiten Öffnung und Verschmelzung von Märkten, in der Auflösung geschlossener Volkswirtschaften. Mit der Globalisierung wird das weltwirtschaftliche Beziehungsgeflecht größer und engmaschiger. […] Für den Ökonomen stellt die Globalisierung einen gewaltigen Schritt zum Ideal der perfekten Konkurrenz dar: Die Transparenz der Märkte wird bei erfolgreicher Globalisierung nahezu vollkommen, und Anbieter wie Nachfrager können sehr schnell aufeinander reagieren.

(Wilhelm Bürklin, Globalisierung als Chance für Wohlstand und Arbeitsplätze, in: Aus Politik und Zeitgeschichte 48/2000)

19 Eine Politik der Sachzwänge

Was könnte exportstarken Industrieländern eigentlich Besseres passieren als ein rasant wachsender Weltmarkt, der ihnen weltweit Absatzmärkte erschließt? So könnte man fragen und daraus schließen, dass die Globalisierung wenigstens für die reichen Industrieländer die Pforte zum Paradies öffnet. In der Tat profitiert die exportstarke deutsche Wirtschaft von den neuen Perspektiven. […]

Und dennoch enthält die Globalisierung auch für den reichen Norden große Risiken. Denn: Durch die technologische Entwicklung können die Unternehmen nicht nur Waren und Dienstleistungen exportieren, sondern ganze Fabriken. Dies hat Rückwirkungen auf den Standort Deutschland: Die Konkurrenz nimmt zu; die Unternehmen ersetzen immer mehr Arbeitskräfte durch Kapital; […] der Arbeitsdruck in den Belegschaften wächst.

Vor allem Beschäftigte, die nicht zwischen 20 und 40 Jahre alt, gut ausgebildet, mobil und flexibel sind, müssen um ihre Arbeitsplätze fürchten. Die Gesellschaft spaltet sich in Globalisierungsgewinner, die sich vor Arbeit kaum retten können, und jene, die sich um Billigjobs streiten oder erwerbslos bleiben.

Gleichzeitig verstärkt die Globalisierung die Macht der transnationalen Konzerne – mit schwer wiegenden politischen Konsequenzen. […] Mit ihrer Macht, Arbeitsplätze zu schaffen oder zu vernichten, können sie die Politiker(innen) unterschiedlicher Länder gegeneinander ausspielen. Unter diesem Druck ordnen die Regierungen der meisten Industrieländer ihre Politik mehr und mehr den Interessen der Konzerne unter. In Deutschland erbrachten die Steuern auf Kapitaleinkommen 1960 noch fast die Hälfte des gesamten Steueraufkommens – im Jahre 2000 waren es nur noch 15 Prozent. Dies ist auch die Folge eines Steuersenkungswettbewerbs als Folge der Globalisierung.

(Publik-Forum 50/2002, S. 2)

70.1 Zeichnung: Plaßmann

20 Keine Aushöhlung des Sozialsystems

Für die Gegner der offenen, globalen Märkte ist die Sache klar: Wie schon die Steuersätze durch die harte Konkurrenz der Standorte ins Rutschen gekommen seien, gebe es auch bei der sozialen Versorgung einen Wettlauf nach unten – die Billiglohnländer würden die Industriestaaten dazu zwingen. Die Globalisierungskritiker fordern daher soziale Mindeststandards.

Tatsache ist, dass zwar im weltweiten Wettbewerb tatsächlich Volkswirtschaften, deren Bevölkerung relativ jung ist, mit Staaten konkurrieren, die wie die Bundesrepublik eine immer alterslastigere Struktur aufweisen. Insofern ist die Ausgestaltung des Sozialsystems durchaus ein wichtiger Standortfaktor […].

Von einer Aushöhlung des Sozialsystems kann aber weder hierzulande noch im übrigen Europa bislang die Rede sein: Die Ausgaben für den Sozialschutz sind in der EU zwischen 1980 und 1997 von 24 auf 28 Prozent des Bruttoinlandsprodukts gestiegen.

(iwd – Informationsdienst Nr. 18/2000)

21 Globalisierung und Sozialbereich

Die negativen Folgen der ökonomischen Globalisierung betreffen den Sozialbereich in vielerlei Hinsicht:

- Die Arbeitsmärkte sind nicht länger voneinander abgeschottet. Die billige Arbeit im Ausland bedingt Arbeitslosigkeit im Inland.
- Die nationale Sozialpolitik erscheint als Kostenbelastung der Wirtschaft, die deshalb die „Standortfrage“ stellt.
- Die Tarifpolitik im Beschäftigungssystem unterliegt ebenfalls dem Wettbewerb günstiger Standortbedingungen.
- Unterschiede im System der sozialen Sicherung führen zu Wanderungsbewegungen, die am Zielort die Kosten steigen lassen und Abwehrmaßnahmen erforderlich machen.

(http://www.fh-fulda.de, 2004)

Tarifpolitik: Aushandlung von Löhnen und Arbeitsbedingungen

22 Eine Rückkehr ist nicht möglich

Realistischerweise kann es keine Rückkehr zur „guten alten Zeit“ geben, weder kann die Globalisierung umgekehrt noch wirtschaftliches Handeln wieder auf einen nationalstaatlichen Rahmen zurückgestutzt werden. […]

Der Globalisierung der Wirtschaft kann nur eine entschiedene Globalisierung der Politik entgegentreten. Dies beinhaltet nicht notwendigerweise die Forderung nach einer Weltregierung – auch wenn dies von vielen als Endpunkt dieser Entwicklung gesehen wird. Es bedeutet aber im ersten Schritt eine Zusammenarbeit zwischen bzw. einen Zusammenschluss von Ländern in verschiedenen Teilen der Welt.

(Christine Buchholz u. a., Unsere Welt ist keine Ware. Köln 2002, S. 255 f.)

Aufgaben

1. Stellt die Merkmale der Globalisierung aus M 18 und M 19 zusammen.
2. Wie bewerten die Materialien 18 bis 22 jeweils die Folgen der Globalisierung für den Staat und das Sozialsystem?
3. Welche Möglichkeiten, den negativen Folgen entgegenzuwirken, werden in den Texten (M 20 bis 22) angesprochen?
   Diskutiert: Wie beurteilt ihr diese Möglichkeiten?

7. Aktien, Chancen und Risiken

Material

23 Börse und Aktie

Die Börse ist ein Markt, an dem bestimmte austauschbare Güter (Waren, Wertpapiere, Edelmetalle, Devisen usw.) gehandelt werden. Die wichtigste Börse ist die New York Stock Exchange an der Wall Street. Danach folgen London und Tokio. In Deutschland gibt es acht Börsenplätze. Führend ist Frankfurt. Zudem gibt es noch die weniger wichtigen Regionalbörsen in Berlin, Bremen, Hamburg, Hannover, Stuttgart, Düsseldorf und München.

Aktie

Bei einer Aktiengesellschaft gehört das Unternehmen den Aktionären, die Aktien besitzen. Eine Aktie hat in der Regel einen Nennwert. Dieser gibt an, mit welchem Anteil eine Aktie am Grundkapital einer AG beteiligt ist. Ein Aktionär haftet in Höhe des Nennwerts seiner Aktien und wird durch die Dividende am unternehmerischen Erfolg (Gewinn) der AG beteiligt. Im Rahmen der ordentlichen Hauptversammlung hat ein Aktionär die Möglichkeit, über die Gewinnverwendung etc. zu entscheiden. Während Stammaktien (Stämme) dem Besitzer ein Stimmrecht pro Aktie zusichern, haben Vorzugsaktien (Vorzüge) kein Stimmrecht, bekommen jedoch eine etwas höhere Dividende als Stammaktien.

(nach: http://boersenlexikon.faz.net/aktie.htm)

24 Ohne Eigenkapital geht es nicht

Jedes Unternehmen braucht Eigenkapital, um arbeiten zu können. Das Eigenkapital einer Aktiengesellschaft (kurz AG) besteht im Wesentlichen (neben Rücklagen und Gewinn) aus dem von Aktionären eingezahlten Aktienkapital, das im Aktiengesetz Grundkapital genannt wird. Dieses Grundkapital ist in kleine, gleiche Anteile, nämlich die Aktien, zerlegt und muss mindestens 50 000 Euro betragen, wobei eine Aktie mindestens 1 Euro betragen muss. Eigenkapital ist unverzichtbar für jeden Geschäftsbetrieb. Es wird grundsätzlich von den Eigentümern eingezahlt oder aus Gewinn aufgebaut, wird nicht verzinst und bleibt auf Dauer im Unternehmen. Es haftet außerdem für Verpflichtungen des Unternehmens Dritten gegenüber, was im Krisenfall dazu führen kann, dass das gesamte Eigenkapital verloren geht. Je höher die Eigenkapitalquote (Anteil des Eigenkapitals am gesamten Kapital) eines Unternehmens daher ist, desto standfester zeigt dieses sich im wirtschaftlichen Umfeld und bleibt länger resistent gegenüber externen Gefahren. Deutsche Unternehmen weisen seit Jahrzehnten im internationalen Vergleich eine geringe Eigenkapitalquote auf, wodurch sie leicht krisenanfällig werden und ihre Wettbewerbsfähigkeit beeinträchtigt wird. Die Stärkung der Eigenkapitalausstattung deutscher Unternehmen steht daher seit langem im Mittelpunkt der Wirtschaftspolitik.

Der Aktionär

Warum gibt jemand einem Unternehmen Geld, wenn er es verlieren kann und noch nicht einmal Zinsen erhält? Der Grund liegt in der Gewinnbeteiligung, durch die er sein Vermögen mehren will. Ein Aktionär wird – wie ein Unternehmer – an der wirtschaftlichen Entwicklung des Unternehmens, im Guten, wie im Schlechten, beteiligt. Obwohl er weiß, dass er im schlimmsten Fall sein eingesetztes Kapital verlieren kann, glaubt er zu wissen oder hofft, dass nur der Gewinnfall eintritt. Da das Risiko des Aktionärs im Gegensatz zu anderen Rechtsformen nur auf den Einsatz begrenzt bleibt, erscheint vielen dieses Risiko tragbar. Die Aktionärsstellung beginnt mit dem Kauf und endet mit dem Verkauf der Aktie.

(aus: Themenblätter im Unterricht Nr.27, Frühjahr 2003, Bundeszentrale für politische Bildung, Dorothea Hoffmann)

25 Heißgelaufen

„Der neue Markt ist heißgelaufen, eine Korrektur wäre sehr gesund und ist sehr wahrscheinlich.“ Christoph Benner, einer der Leiter der Mid Cap Gruppe bei Deutsche Bank Research und damit auch zuständig für die Werte des neuen Marktes, rechnet noch im ersten Quartal mit einer deutlichen Konsolidierung der Kurse in dem Wachstumssegment und rät den Anlegern zur Vorsicht. Mit einem Kursrutsch um durchschnittlich 15 bis 20 Prozent müsse gerechnet werden. „Die Kurse sind seit Oktober fast pausenlos gestiegen“, sagt Benner.

(Frankfurter Allgemeine Zeitung, 4.2.2000)

73.1 Bär und Bulle als Symbole für das Auf und Ab an der Börse.

26 Der Handel mit Aktien

Aktien und Börse gehören als Begriffe jedoch nicht automatisch zusammen. Von den vielen tausend deutschen Aktiengesellschaften sind nur ca. 1000 an der Börse notiert (Quelle: Finanzplatz e.V., 1.7.2002, www.finanzplatz.de). Man nennt diese Publikums-AGs. Die nicht börsennotierten AGs sind überwiegend familiengeführt oder befinden sich in der Hand einiger weniger Aktionäre. Die Börse funktioniert wie ein organisierter Marktplatz. [...]. Immer wenn Angebot und Nachfrage übereinstimmen, kommt es zum Wechsel der Aktie vom Verkäufer zum Käufer zum festgestellten Kurs. Während sich jedoch auf dem Wochenmarkt Anbieter und Käufer direkt gegenüberstehen, treffen sich Aktienverkäufer und -käufer an der Börse nicht direkt. Börsenteilnehmer sind grundsätzlich nur die zum Börsenhandel zugelassenen Banken oder Makler. Durch diese Struktur können sehr große Stückzahlen bewegt werden. An einem durchschnittlichen Börsentag (Stand: 1/2003) werden alleine bei den 30 größten deutschen AGs („DAX 30“) rd. 100 bis 140 Millionen Stück Aktien umgesetzt. Man unterscheidet Parkett- und Computerbörsen. Bei den Parkett- oder Präsenzbörsen werden die Wertpapiergeschäfte in einem Börsensaal abgeschlossen. Bei der Computerbörse kommen Käufe und Verkäufe ausschließlich elektronisch und automatisch zustande.

(aus: Themenblätter im Unterricht Nr. 27, Frühjahr 2003, Bundeszentrale für politische Bildung, Dorothea Hoffmann)

Aufgaben

1. Erläutert, ob bzw. warum die Aktiengesellschaft gerade für Großunternehmen die richtige Rechtsform ist.
2. Stell dir vor, du hast 1000 Euro zu deinem 10. Geburtstag erhalten, die deine Eltern in Form von Aktien für dich angelegt haben: Variante a) Sie kauften im Jahr 2000 für die Summe Aktien der Sportartikelfirma adidas. b) Sie kauften zum gleichen Zeitpunkt Aktien der Firma EM-TV. Recherchiere in den Medien, wie sich die Kurse der Aktien entwickelt haben.
3. Untersucht, von welchen Faktoren die Kursentwicklung einer Aktie abhängt.
4. Diskutiert den Satz von André Kostolany: „Wer viel Geld hat, kann spekulieren; wer wenig Geld hat, darf nicht spekulieren; wer kein Geld hat, muss spekulieren.“

Material

27 Spekulationsblasen

Es war schon spät am Abend des 19. Oktober 1592 als Carolus Clusius an seinem neuen Wohnort eintraf. Mehrere Tage hatte seine Reise von Wien nach Leiden gedauert. Hier sollte sich für den 66-Jährigen doch noch der Traum von akademischer Würdigung seiner lebenslangen botanischen Forschungen erfüllen. Zahnlos, krank und gebrechlich würde der Gelehrte in den kommenden Tagen eine Stelle an der hiesigen Universität antreten – die Krönung eines Lebenswerks. Was Clusius nicht ahnen konnte: Der Inhalt der Kästchen und Schächtelchen, die er in seinem neuen Studierzimmer verstaute, würde die Ursache für den ersten Börsenkrach der Wirtschaftsgeschichte sein. Sorgfältig sortierte der alte Mann die Behältnisse, auf denen in präziser Schrift Namen wie Semper Augustus, Paragon van Delft oder auch Admirael van der Eijck geschrieben standen: Zwiebeln. Schnöde Zwiebeln hatte Clusius in den vergangenen Jahrzehnten durch halb Europa transportiert, an seinen Aufenthaltsorten gezüchtet, beobachtet, klassifiziert, ja auch verkauft, nachdem er vor 30 Jahren bei einem befreundeten Kaufmann mit der Leidenschaft für Tulpen angesteckt worden war. Damals kamen die ersten Tulpenzwiebeln als freundliche Dreingaben per Schiff mit den Handelswaren aus der Türkei. Oft wurden sie gegessen. Kein Mensch wunderte sich, dass sie selbst mit Essig und Öl nicht recht schmecken wollten. Auch Clusius, der schon damals bekannte Botaniker, wunderte sich darüber nicht. Natürlich galt für ihn das Verspeisen der eigenartigen Knollen ausschließlich Forschungszwecken. Immerhin war die Botanik eine Hilfswissenschaft der Medizin. Die suchte immerzu aufs Neue nach Arzneien und machte auch vor Tulpenzwiebeln nicht Halt. Inzwischen war Clusius der Tulpenexperte Europas geworden. In seinem Reisegepäck an seine letzte Station Leiden befanden sich das gesamte Wissen und auch das gesamte Repertoire der Tulpenzucht des ausgehenden 16. Jahrhunderts. Es sollte nur noch ein paar Jahrzehnte dauern, bis sich die Tulpenzwiebeln als Keimlinge einer kolossalen Spekulation erweisen würden.

In einem Interview im Jahr 2002 sagte Nobelpreisträger Vernon Smith lakonisch: „Wenn dennoch eine Blase entsteht, dann deshalb, weil zumindest einige Teilnehmer glauben, schlauer zu sein als der Markt." Smith muss es wissen. Er hat ungezählte Marktsituationen unter den Laborbedingungen der experimentellen Ökonomik analysiert. Und in seinen Experimenten zum Finanzmarkt immer wieder festgestellt: Je mehr die Probanden über den Markt wussten, desto schwieriger ließ sich ein Gleichgewicht herstellen. […]

Bald war aus dem Inhalt von Clusius' Kistchen und Kästchen eine ganz besondere Saat aufgegangen. Die scheue und bescheidene Bewunderung der damals in Holland noch seltenen Tulpen war einer Mode gewichen. Die farbigen Blüten, denen ein Parasit mitunter zu bezaubernden Zeichnungen verhalf, waren durch Züchtung verfeinert und veredelt und somit zu einem Luxusgut, einem Statussymbol geworden. Zudem ließ sich dieses Statussymbol mit relativ einfachen Mitteln vervielfältigen. In jedem Vorgarten konnte der Nährboden für kommenden Reichtum warten. Die erwarteten Chancen schienen unermesslich. Und so begab sich der Tulpenmarkt in eine Aufwärtsbewegung, die so schnell kein Ende finden sollte.

20 Jahresgehälter für eine Tulpenzwiebel

Die Preistreiberei begann schleichend. In den ersten Jahrzehnten des 17. Jahrhunderts tauschten die Gärtner ihre Zwiebeln noch dutzendweise und zu akzeptablen Preisen. Im Jahr 1634 änderte sich die freundliche Praxis. Tulpenzwiebeln wurden im wahrsten Sinne des Wortes auf die Goldwaage gelegt und nach Gewicht verkauft. Das weckte findige Händler, die in der damit einhergehenden rasanten Preisentwicklung eine Möglichkeit sahen, Gepflogenheiten der schon seit dem 15. Jahrhundert in Amsterdam bestehenden Börse auf das Auktionieren von Zwiebeln zu übertragen. Prompt wurde jeder Dorfgasthof zur Börse, und im allgemeinen Tulpenrausch versuchten sich Handwerker und Bauern, Knechte und Mägde, Trödler und Hirten als Börsianer. Der Tulpenhandel lockte all diejenigen, die sofort und ohne zu arbeiten reich werden wollten. Juristen klamüserten Regeln und Gesetze zur Tulpenspekulation aus. Auktionatoren und Schreiber tingelten durchs Land, um den Tulpenhandel mehr oder weniger fachgerecht abzuwickeln und dafür Provisionen zu kassieren. Niemand schien ein Ausstiegsszenario zu haben. Längst hatte sich der Zweck der

Tulpe auf die reine Möglichkeit, sie zu verkaufen, reduziert. Und keiner konnte mehr die Frage beantworten, was mit einer so teuren Tulpe denn anderes anzustellen sei, als sie noch teurer werden zu lassen. Die Handelsspirale kreiste einzig um sich selbst. Natürlich gab es einen Tulpenkurszettel: Wohl dem, der eine Admirael van der Eijck, eine Paragon van Delft oder gar eine Semper Augustus sein Eigen nannte – er erzielte traumhafte Gewinne. Doch auch der kleine Handel der kleinen Leute warf genügend ab. Mitunter war auch in diesem Marktsegment anständig zu verdienen. Einzelne Tulpenzwiebeln erzielten Preise von 2 500 Gulden. Geld genug, um zwei Wagenladungen Weizen, vier Wagenladungen Heu, vier Mastochsen, acht Mastschweine, ein Dutzend schlachtreife Schafe, vier Fässer Bier, zwei Fässer Butter, 1 000 Pfund Käse, ein Bett, einen Anzug und einen Silberbecher zu bezahlen. Der höchste jemals für eine Tulpenzwiebel gezahlte Preis waren 5 200 Gulden. Für damalige Verhältnisse ein Vermögen: Ein reicher Großkaufmann verdiente im Jahr etwa 3 000 Gulden. Das Jahreseinkommen eines Zimmermanns lag bei rund 250 Gulden. Rembrandt bekam für sein Bild „Nachtwache" 1 600 Gulden; eine Tonne Heringe war gerade 13 Gulden wert. 1637 platzte die Blase. Längst hatte der Tulpentaumel auf die übrigen Märkte übergegriffen. Längst wurden fast alle anderen Waren zu Gunsten weiterer Investments in Tulpen verramscht. Die Hausse ernährte die Hausse, es wurde auf Kredit spekuliert, was angesichts der zu erwartenden Gewinne im Verhältnis zu den Kreditkosten auf der Hand lag. Längst war die Mode ein volkswirtschaftlicher Irrsinn geworden. Und längst lauerte in der Blase der Knall. Als erste Tulpenzwiebelbesitzer sich fragten, was sie mit den teuer erworbenen Zwiebeln anderes anfangen sollten, als sie teurer zu verkaufen, setzte zunächst leise und unmerklich das Trudeln ein. Die Käufer blieben aus – und die Händler auf ihren Zwiebeln sitzen. Jetzt merkten plötzlich alle, dass die Tulpen nicht annähernd den Wert hatten, der ihnen zugemutet wurde. Dass Illusionen die Kurse angetrieben hatten. Das eigentliche Objekt der Spekulation, die Tulpenzwiebel, war der irrationalen Vorstellung vom Reichtum ohne Arbeit gewichen. Unter der Ernüchterung, die sich breit machte, sollten die Märkte noch lange leiden.

(aus: McK Wissen 11, Axel Nixdorf, 2004)

Aufgaben

1. Recherchiert: Wo führten Spekulationsblasen zu Marktzusammenbrüchen? War die Weltwirtschaftskrise 1929 auf den Aktienhandel zurückzuführen?
2. Erkundigt euch, welche Auswirkungen der Zusammenbruch der „New Economy" im März 2000 mit sich brachte (vgl. auch M 25).

8. WAHLPFLICHT: Unternehmen in der Marktwirtschaft, Teil II, Schülerfirma

Was ist ein Schülerunternehmen?
Es ist eine Chance, eine eigene Geschäftsidee fast wie erwachsene Existenzgründer zu entwickeln und umzusetzen. Fähigkeiten und Fertigkeiten werden erworben und angewendet, die im späteren Berufsleben von Nutzen sind.

Material

28 Aller Anfang ist leicht

in der Gruppe eine Geschäftsidee festlegen	Stammkapital einbringen	über die Verteilung der erwirtschafteten Gewinne entscheiden
Organisationsform des Unternehmens bestimmen	Dienstleistungen anbieten oder Produkte herstellen und verkaufen	neue Mitarbeiter einarbeiten
Unternehmen mit seinen Abteilungen und Funktionen organisieren	Kosten berechnen und Preise kalkulieren	Treffen organisieren
Marktlücken entdecken	Geschäftsbeziehungen aufbauen und unterhalten	Sponsoring und Werbung organisieren

29 Geschäftsidee

Eltern, Bekannte oder die Schule selbst können zu einer Geschäftsidee inspirieren.
Folgende Fragen zu den favorisierten Geschäftsideen sollten gestellt werden:

- Welche räumlichen und materiellen Voraussetzungen brauchen wir dafür?
- Was davon gibt es in der Schule schon?
- Wer sind unsere Kunden?
- Besteht die Gefahr, dass wir jemanden ernsthaft Konkurrenz machen?
- Können wir mit der Idee einen Gewinn erzielen?
- Wann wollen wir das Produkt oder die Dienstleistung anbieten? Über das ganze Schuljahr oder nur zu bestimmten Zeiten (Weihnachten, Ostern usw.)?
- Woher bekommen wir günstig weiteres Material oder Geräte?
- Wie können wir Fehler vermeiden?
- Welche Folgen hat es, wenn wir unser Produkt oder unsere Dienstleistung nicht pünktlich oder genau anbieten?
- Welche rechtlichen Aspekte müssen wir berücksichtigen?

Was fällt Euch noch ein?

30 Schülerfirmen

- Schülercafe
- PC-Hilfsdienstunternehmen
- Schülerreisebüro
- Schülermediendesign
- Schülerproduktverkauf in Kooperation mit ausländischen Partnerschulen
- Schülerfahrradwerkstatt
- Schulbistro
- Schülergästeführer/Reiseleiter
- Schul-Entertainment
- Schülerproduktion und Verkauf ökologischer Produkte

31 Schülerfirma in Sachsen

Ein Beispiel für eine erfolgreiche Schülerfirma ist der Schulclub der Neuen Nikolaischule in Leipzig:

Was ist „der Club“?

Der Club, seit Jahren fester Bestandteil der Neuen Nikolaischule, ist eine Schülerfirma, die sich um eine bei den Schülern sehr beliebte Pausenversorgung bemüht und damit eine Alternative zur herkömmlichen Schulspeisung bietet.

Die Clubphilosophie

Montags bis freitags werden in der großen Pause (11.40 bis 12.15Uhr) im Schulclub Speisen und Getränke verkauft. Die Preise sind moderat, da der Club von Schülern für Schüler organisiert wird. Durch preisbewussten Einkauf und einen durchdachten Speiseplan ist es uns möglich, diese so schülerfreundlich zu halten und trotzdem schwarze Zahlen zu schreiben. Bequeme Sofas und Sessel laden zum Verweilen ein, denn im Club herrscht stets eine entspannte Atmosphäre.

Wir als Schülerfirma

Seit dem 1. März 2004 existieren wir als Schülerfirma, d. h. wir dürfen jetzt offiziell, natürlich auf begrenzter Basis, Gewinn erzielen. Als eigenständiges Unternehmen können wir wirtschaftliche Erfahrungen sammeln, was später bei Bewerbungen von Vorteil sein kann, müssen uns dafür aber z. B. intensiver mit der Buchführung beschäftigen. Zudem haben wir nun die Chance unser Taschengeld etwas aufzubessern.

So sind wir organisiert

Eine täglich wechselnde Schicht, bestehend aus drei bis fünf Schülern, ist für Einkauf, Vorbereitung (in den kleinen Pausen), Verkauf und Nachdienst, wozu leider auch Saubermachen und Aufräumen bis in den Nachmittag gehört, verantwortlich. Monatlich treffen sich alle Clubmitglieder, die den Clubrat bilden, zu einer Sitzung, in der aktuelle Angelegenheiten besprochen werden. Hinzu kommt jedes Jahr die Wahl von Club- und Finanzchef sowie deren Stellvertreter und der Marketingabteilung, die für Werbung und die Ausgestaltung der Clubräumlichkeiten zuständig ist.

Wer kann mitmachen?

Grundsätzlich kann jeder Schüler ab der 7. Klasse bei uns mitwirken, der zuverlässig und teamfähig ist und die Bereitschaft für etwas Engagement hat, das über den Unterricht hinausgeht. Zurzeit sind wir 20 Mitglieder aus den Klassen 7–12. […]

(aus: www.nikolaigymnasium.de)

77.1 Beliebtes Pausenziel

Aufgaben

1. Erstellt gemeinsam eine Mind-Map zum Thema Schülerfirma.
2. Überlegt, was eine Schülerfirma an eurer Schule machen könnte. Welche Rechtsform wäre dabei sinnvoll?
3. Wer käme bei eurer Firma als Kunde in Frage, wer als Konkurrent?
4. Wie können Eltern und Bekannte euch unterstützen? (Material, Logistik)

Material

32 Rechtsfragen für Schülerfirmen

Wenn ihr an eurer Schule eine Schülerfirma gründen wollt, müssen verschiedene rechtliche Rahmenbedingungen vorher geklärt werden. Schülerfirmen sind Schulprojekte und keine realen Firmen. Ein Schülerunternehmen verfolgt in erster Linie ein pädagogisches Anliegen, das heißt, ihr lernt dadurch Dinge, die für euer späteres Leben sehr wichtig sind. Die Grundlage für den Start einer Schülerfirma ist die Anerkennung des Projektes als schulische Angelegenheit durch die Schulleitung. Alle Fragen, die die Rahmenbedingungen der Arbeit eines Schülerunternehmens betreffen (Nutzung von Räumen, Geräten, Werkzeugen) müssen mit der Schulleitung geklärt werden.

Organisationsform
In jedem Fall benötigt ihr als Firmengründer Startkapital. Entweder ihr verkauft Aktien (Anteilsscheine am Unternehmen) zu einem bestimmten Preis pro Stück oder ihr sucht Gesellschafter (d.h. Personen, die bereit sind Geld in eurer Unternehmen zu investieren) oder gründet mit Hilfe von vorhandenem Geld oder Spenden einen Verein. Über die Vor- und Nachteile der einzelnen Organisationsformen müsst ihr euch schlau machen. In jedem Fall bedarf es mindestens einmal im Jahr einer Versammlung. In dieser legt ihr gegenüber Aktionären, Gesellschaftern oder Vereinsmitgliedern Rechenschaft über eure Geschäfte ab.

Geldangelegenheiten
Um euer Kapital und die Einnahmen und Ausgaben zu verwalten, ist die Führung eines Kassenbuches erforderlich. Alle Ausgaben und Einnahmen werden darin sorgfältig gebucht. Zur Abwicklung der Geldgeschäfte ist es sinnvoll, ein Girokonto auf den Namen der Schülerfirma einzurichten und zu vereinbaren, dass ein Lehrer (aufgrund der Anforderung der Volljährigkeit) und ein Schüler (damit der Lehrer Dinge nicht ohne Rücksprache mit den Schülern veranlassen kann) gemeinsam unterschriftsberechtigt sind.

Verträge
Rechtsgeschäfte (z.B. Verträge, auch Kaufverträge) werden am besten mit einem Erwachsenen (Lehrer, Schulsozialarbeiter, Eltern) gemeinsam getätigt. Bei größeren privatrechtlichen Geschäften ist es erforderlich, dass ein Erwachsener diese für euch tätigt.

Hygiene
Besonders im Umgang mit Lebensmitteln – z.B. auch im Schulkiosk – müsst ihr auf besondere Hygieneverordnungen achten. Hier gibt es sehr strenge Vorschriften! Ihr müsst prüfen, ob bei euren Aktivitäten eine besondere Arbeitskleidung getragen werden muss oder ob ein Gesundheitszeugnis des Gesundheitsamtes gefordert ist.

Rechenschaftsbericht
In jedem Geschäftsjahr (z.B. jedes Schuljahr) müsst ihr eine Hauptversammlung der Aktionäre, Gesellschafter bzw. Mitglieder einberufen. Ihr legt den Geschäftsbericht vor, d.h. ihr informiert die Beteiligten über Gewinne und Verluste des Unternehmens. Die Aktivitäten des laufenden und geplante Aktivitäten für das kommende Geschäftsjahr werden vorgestellt.

Jugendschutz
Bei der Planung von Tätigkeiten und Aktivitäten müsst ihr überprüfen, ob diese nicht dem Jugendschutzgesetz widersprechen.

Steuern
In der Regeln müssen Schülerfirmen keine Steuern zahlen, weil sie unter den Geringfügigkeitsgrenzen für Umsatz und Gewinn bleiben. Wenn ihr unsicher seid, erkundigt euch beim Finanzamt.

Handelsregister
Als Teil einer Schule (so genannte „Körperschaft des öffentlichen Rechts“) müssen Schülerfirmen nicht ins Handelsregister eingetragen werden.
(Autorentext)

33 Welche Unternehmensform wählen wir?

Firmengründer im realen Geschäftsleben bringen das Startkapital in ihre Firma ein, indem sie versuchen, eigenes Geld aufzubringen, finanzkräftige Teilhaber zu finden oder Kredite aufzunehmen. Dies hat eng mit der Unternehmens- oder Rechtsform zu tun. Rechtsformen sind Strukturen und Regeln, nach denen ein Unternehmen organisiert ist. Ein Schülerunternehmen sollte sich an realen Strukturen orientieren. Im Wesentlichen gibt es drei Möglichkeiten: Schüler-GmbH, Schüler-Verein und Schüler-AG.

Die Form einer Schüler-Aktiengesellschaft ist sehr zu empfehlen. Ein Vorteil ist, dass an einer Aktiengesellschaft mehr Schüler als bei anderen Unternehmensformen beteiligt sein können. Denn es gibt nicht nur die unmittelbar im Unternehmen aktiven Mitarbeiter, sondern auch die Aktionäre (Anteilseigner), die über den Kauf von Aktien am Unternehmen beteiligt sind. Dadurch gewinnt eine Schülerfirma mehr Aufmerksamkeit und Interesse in der Schule. Ein anderer Vorteil ist, dass durch den Aktienverkauf meist mehr Startkapital zur Verfügung steht als z. B. bei einer Schüler-GmbH, wo nur die tatsächlich im Unternehmen arbeitenden Schüler als Gesellschafter Geld einbringen. Startkapital kann man unter Umständen auch über Förderprogramme von Stiftungen u. ä. bekommen. Informationen bietet hierbei beispielsweise die Deutschen Kinder- und Jugendstiftung.

Um das Startkapital zu erhöhen bzw. eine Erstausstattung anzulegen, sollte man sich mit Sponsoring beschäftigen. Sponsoren können alle Firmen, Banken und andere Einrichtungen sein, die in irgendeiner Weise daran interessiert sind, zu helfen. Meistens wird die Gegenleistung in der Werbung für das entsprechende Unternehmen in der Schule bestehen. Dazu ist es aber dringend geboten, im Vorfeld das Einverständnis des Schulleiters einzuholen. Eine andere gute Idee ist es zu versuchen, eine einflussreiche Persönlichkeit in der Region für das Schülerunternehmen zu gewinnen. Dadurch steigt das öffentliche Ansehen und es ist leichter, weitere Kontakte zu Mäzenen zu knüpfen. Mäzene verlangen im Gegensatz zu Sponsoren keine Gegenleistungen.

(nach: www.schuelerfirmen.de)

34 Förderprogramme

Die Deutsche Kinder- und Jugendstiftung Berlin (DKJS) fördert seit 1994 im Rahmen Ihres Programms „Erziehung zu Eigeninitiative und Unternehmensgeist" die Gründung von Schülerunternehmen. Großer Wert wird dabei insbesondere auf langfristig ausgerichtete und Klassen(-stufen) übergreifende Projekte gelegt.

„JUNIOR Junge Unternehmer initiieren – organisieren – realisieren" ist ein Projekt des Instituts der deutschen Wirtschaft Köln und ist Mitglied der internationalen Dachorganisation „Young Enterprise Europe".
Hier werden ca. 10 bis 15 Schüler einer Klasse für genau ein Schuljahr kleine Unternehmer. Danach muss das gegründete Unternehmen aufgelöst werden.

Das britische Projekt „Achievers International" unterstützt weltweit die Gründung von so genannten „Youth Companies", wobei diese dann internationale Import/Export-Beziehungen zu britischen Juniorfirmen aufbauen. Korrespondiert wird ausschließlich in englischer Sprache.

(nach: www.schuelerfirmen.de)

Deutsche Kinder- und Jugendstiftung

Heute ist Frieden

– heute ist Krieg

Auf den ersten Blick ist die Sache einfach. Ein illegaler Krieg bleibt ein völkerrechtswidriger Akt, auch wenn er zu Erfolgen führt, die normativ erwünscht sind. Aber ist das die ganze Geschichte? Schlechte Konsequenzen können eine gute Absicht delegitimieren. Können gute Konsequenzen nicht doch eine nachträglich legitimierende Kraft entfalten?

(aus: Jürgen Habermas, Verschließen wir nicht die Augen vor der Revolution der Weltordnung: Die normative Autorität Amerikas liegt in Trümmern. In: FAZ, 17. 4. 2003.)

rechts: durch Luftangriff der Nato zerstörtes Wohnhaus in Cacak (Serbien), 1999

1. Was bedeutet Frieden?

Picassos Friedenstaube ist eines der bekanntesten Friedenssymbole. In der Bibel kündigt eine Taube mit einem Ölzweig im Schnabel Noah an, dass das Wasser der Sintflut zurückgeht und Erde erneut zu leben beginnt.
Frieden ist ein Begriff, der sich nicht eindeutig definieren lässt. Theoretiker haben sich seit Jahrhunderten Gedanken über die Beschreibung dieses Begriffes gemacht. Eine kleine Auswahl dieser Erklärungen ist Gegenstand dieses Kapitels.

Die Abbildung zeigt Picassos Entwurf für ein Plakat des Pariser Weltfriedenskongresses 1949. Seither gilt die weiße Taube welweit als Symbol des Friedens.

82.1 Pablo Picasso, Taube, © Succession Picasso/ VG Bildkunst

Material

1 Erklärungsversuche

Frieden ist der Zustand sozialer Gerechtigkeit.

Frieden ist „Nicht-Krieg“.

Frieden bedeutet Sicherheit im Alltag.

Frieden ist die Abwesenheit von Gewalt.

Frieden bildet die Grundlage der Freiheit.

Wo Frieden herrscht, werden die Menschenrechte geachtet.

Methode

Sprechmühle

Ihr wollt mit euren Mitschülern über das Material 1 ins Gespräch kommen. Dazu bietet die Sprechmühle eine Gelegenheit.

Voraussetzungen:
Zunächst schafft ihr Platz im Klassenraum. Ihr braucht eine Fläche zur freien Bewegung.
Jeder hat das Material 1 gelesen und durchdacht.
Wenn ihr wollt, schreibt die Aussagen auf ein Plakat, vergrößert die Darstellung und hängt alles im Raum auf.
Schafft mithilfe der notwendigen Technik die Möglichkeit zur musikalischen Umrahmung.

Es kann beginnen:
Der Spielleiter gibt durch das Einschalten der Musik das Signal zum Beginn. Ertönt die Musik, bewegt ihr euch, spazierend wie bei einem Stadtbummel durch den Raum.

Wichtig: Ihr bleibt in Bewegung, solange die Musik ertönt. Verstummt die Musik, wendet ihr euch dem nächsten Passanten zu.

Wichtig: Ihr sucht nicht nach Freund oder Freundin, sondern versucht mit dem Nächststehenden ein Team zu bilden. Nach einer vom Spielleiter vorgegebenen Bedingung wird Partner A und Partner B gefunden.

Beispiel:
Der, dessen Anfangsbuchstabe des Vornamens zuerst im Alphabet erscheint, ist Partner A.
Danach begründet Partner A, welcher der vorgegebenen Erklärungen zum Friedensbegriff er sich anschließt.

Wichtig: Partner B übt aktives Zuhören und unterbricht Partner A nicht.

83.1 Wahlplakat, Bundestagswahl 2005

Nach einem Signal des Spielleiters wechseln Partner A und B die Rollen. Partner A hört zu und Partner B begründet.

Sobald wieder Musik ertönt, bewegt ihr euch wieder in beschriebener Weise im Klassenraum. Verstummt die Musik, wendet ihr euch dem nächsten Gesprächspartner zu.

Tipp: Sprecht mit Mitschülern, deren Meinung ihr sonst eher weniger hört.

Auswertung: Ihr solltet in der Sprechmühle mit 3–4 Partnern arbeiten. Um die Ergebnisse der Gespräche in der Sprechmühle festzuhalten, könnt ihr eine der unten angegebenen Aufgaben nutzen.

(Autorentext nach einer Methode von Bernd Janssen in Kreativer Politikunterricht, Wochenschau Verlag)

Aufgaben

1. Diskutiert die verschiedenen Friedensbegriffe in wechselnden Kleingruppen. Welcher Definition schließt du dich an? Fertige einen Text mit deiner eigenen Erklärung. Beginne mit: Frieden ist …
2. Zeichne einen Comic zum Thema Frieden, in dem du deinen Erklärungsansatz deutlich machst.
3. Schreibe ein Gedicht, in dem deine Begriffsklärung zum Ausdruck kommt.

Material

2 Friedensbegriffe

Frieden … ist der Zustand eines vertraglichen und gesicherten Zusammenlebens der Menschen sowohl innerhalb sozialer Einheiten als auch im äußeren Verhältnis von Gruppen, Gesellschaften und Organisationen. Im Gegensatz zum Frieden stehen der Krieg als ein Zustand fortwährender und Gewalt als eine zum Teil temporäre Form der Lebensbedrohung. Da Frieden ohne ein Minimum an Ordnung und Einvernehmen nicht lange bestehen kann, ist der Begriff des Friedens eng mit dem des Rechts verknüpft, der seinerseits Freiheit voraussetzt.

(Aus: Der große Brockhaus, Mannheim, 1988)

Thomas Hobbes
(1588–1679)

Hobbes geht von einem negativen Menschenbild aus. Für ihn ist der „Mensch des Menschen Wolf". Würde der Staat nicht regulierend eingreifen, würde ein „Kampf aller gegen alle" stattfinden. Er fordert daher die absolute Unterwerfung aller unter die staatliche Gewalt.

Auch zwischenstaatliche Konflikte können nur durch glaubhafte Abschreckung verhindert werden.

Immanuel Kant
(1724–1804)

Immanuel Kant sieht für die Menschheit nur die Alternative zwischen einer Friedensordnung oder dem Verlust jeglicher Friedenshoffnung.

In seiner Schrift „Zum ewigen Frieden" beschreibt er einen positiven Friedensbegriff, der geprägt ist durch rechtsstaatliche Demokratie und dem Entstehen eines Bundes freier Völker.

Negativer Frieden
Negativer Frieden wird erklärt mit der Abwesenheit von Krieg bzw. dem Fehlen personeller Gewalt.

Dieser Begriff wird in Verbindung mit Gebieten gesehen, in denen zwar Waffenruhe, doch ungelöste politische, soziale oder kulturelle Konflikte herrschen.

Positiver Frieden
Positiver Frieden ist eng mit Demokratie und so mit der Verwirklichung der Menschenrechte verbunden. Bestandteil dieser Auffassung ist das aktive Individuum, das für sich Entwicklungschancen gemäß seiner Fähigkeiten sehen muss.

Voraussetzung für die Gestaltung des positiven Friedens ist ein moderner Rechtsstaat.

Methode

Präsentation

Wie präsentiert man die Ergebnisse einer Schülerarbeit? Ihr habt viel Arbeit in eine Aufgabe investiert, aber wie vermittelt ihr eure Arbeitsergebnisse den Mitschülern?

Folgende Hinweise solltet ihr im Vorfeld durchdenken:

Sprecht nur über Fakten, die ihr auch selbst verstanden habt!

- Ladet euch z. B. keinen fertigen Vortrag aus dem Internet herunter, da dieser nicht euern Gedankengängen folgt.
- Schlagt unbekannte Fachwörter nach, bevor ihr sie verwendet.

Den Zuhörern ist euer Thema fremd. Um dem Vortrag zu folgen, braucht der Zuhörer Hinweise zur **Struktur eurer Präsentation:**
Wie werden die Ergebnisse festgehalten? Soll mitgeschrieben werden oder steht ein Arbeitsblatt zur Verfügung?

Zum Präsentieren ist Übung erforderlich. Ihr solltet jede Gelegenheit dazu nutzen.

Welches Ziel verfolgt eure Präsentation?
Sollen die Zuhörer

- informiert werden?
- überzeugt werden?
- interessiert werden?

1 Informationen sammeln

Zunächst solltet ihr alle Quellen der Informationsbeschaffung nutzen. Dazu zählen u. a. Bücher, das Internet und bei tagespolitischen Themen Zeitungen und Zeitschriften. Für ergänzende Informationen sind ein Atlas und ein politisches Wörterbuch nützlich.

2 Informationen auswählen

Aus der Fülle der gesammelten Informationen müssen nun wesentliche Inhalte ausgewählt werden.
Stellt euch also folgende Fragen:
Welche Inhalte sind für die Präsentation wirklich wichtig? Welche Inhalte sind schon bekannt? (Wiederholungen langweilen nur!)

3 Informationen für die Präsentation aufbereiten

Ihr solltet euch entscheiden, welche Form der Präsentation gewählt werden soll.
Die Möglichkeiten sind vielfältig. Oft ist in der Aufgabe eine Präsentationsform vorgegeben. Soll mündlich präsentiert werden, solltet ihr möglichst frei sprechen. Geht auf die Zuhörer ein. An ihrer Reaktion könnt ihr erkennen, ob ihr zu schnell oder zu langsam sprecht, verständlich oder unverständlich.

Möglichkeiten der Präsentation

- Gedicht
- Bericht
- Lernstationen
- Schülervortrag
- Flugblatt
- Film
- Fotodokumentation
- Artikel
- Power-Point-Präsentation
- Diskussion
- Talkshow
- Comic

2. Wozu sind Kriege da?

Auch in diesem Augenblick gibt es zahlreiche Kriege auf der Welt. Meist sind es innerstaatliche Auseinandersetzungen. Der klassische Krieg zwischen Nationalstaaten ist eher selten geworden. Das bedeutet nicht, dass wir in einer friedlichen Welt leben.

Material

3 Eine Welt ohne Krieg?

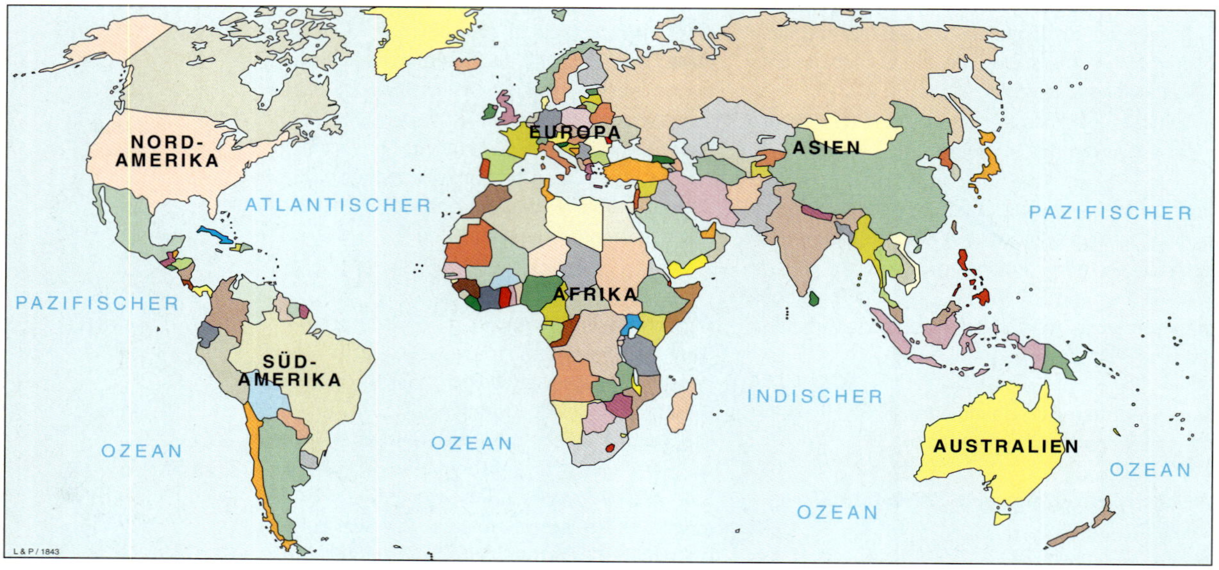

4 Ursachen von Krieg

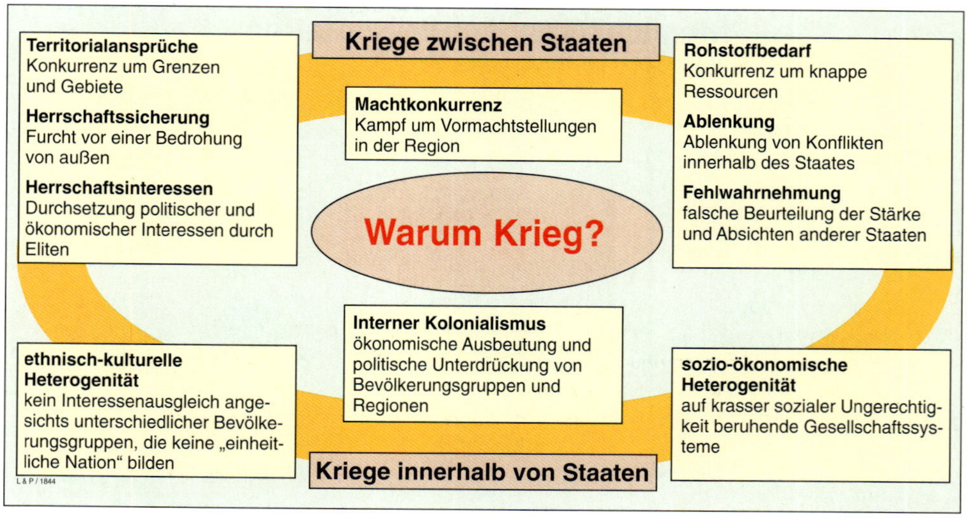

5 Heute ist Krieg?

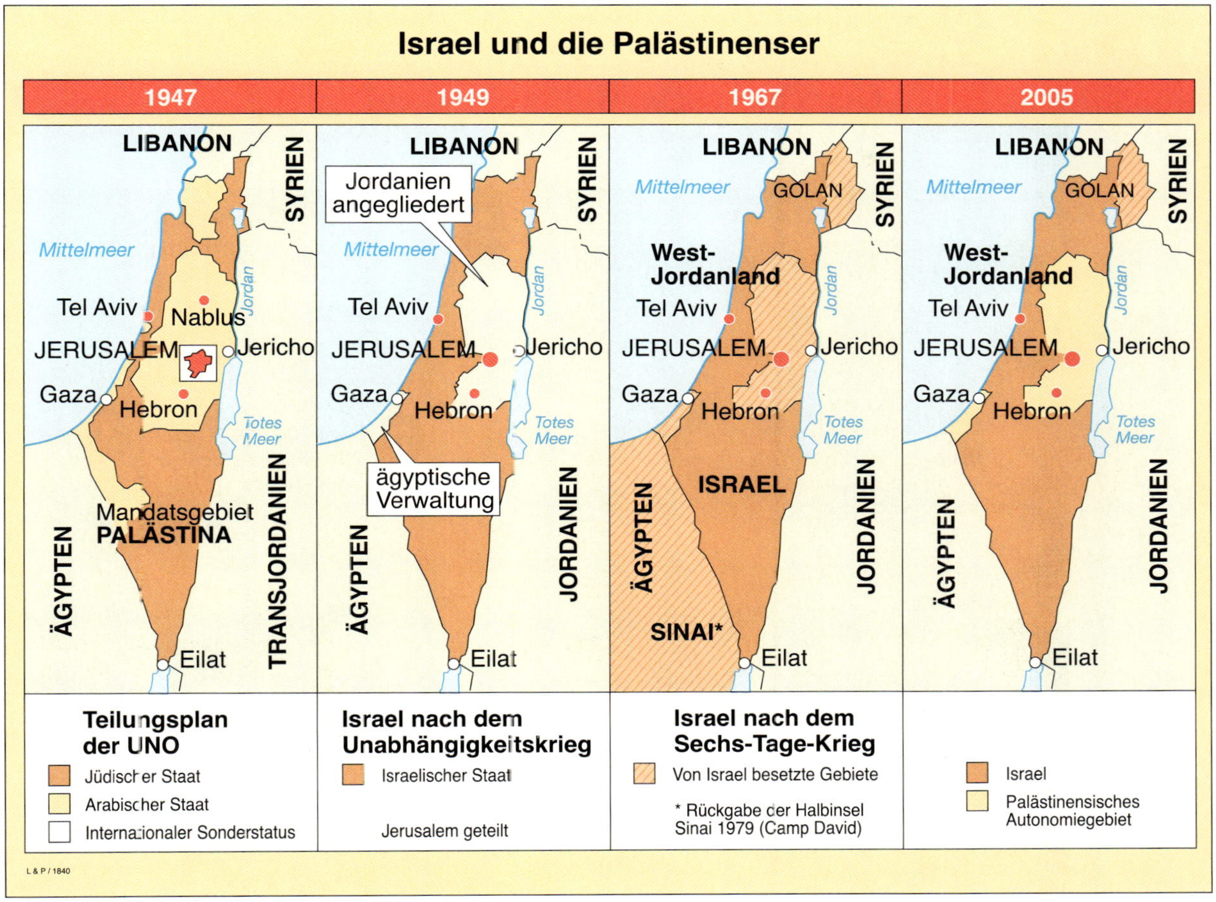

1. Die Vereinten Nationen treffen 1947 die Entscheidung zur Gründung eines jüdischen und eines arabischen Staates in Palästina.
2. Nach dem ersten jüdisch-arabischen Krieg 1949 wurde das Westjordanland durch Jordanien angegliedert, der Gazastreifen wurde ägyptisch verwaltet.
3. Im „Sechs-Tage-Krieg“ 1967 besetzt Israel das Westjordanland, Gaza und den Sinai. Nach dem Camp David Abkommen wird die Halbinsel Sinai wieder geräumt.
4. 8 000 jüdische Siedler haben 2005 auf Beschluss des israelischen Parlaments Gaza verlassen.

Aufgaben

1. Betrachtet die Karte auf der Seite 86. Sucht euch fünf Länder/Regionen in mindesten drei Kontinenten und betrachtet das Leben der Menschen unter dem Aspekt „Heute ist Frieden – heute ist Krieg“.
2. Unterscheide mithilfe eines politischen Wörterbuchs die Begriffe Krieg, Krise und Konflikt.
3. Recherchiere den aktuellen Stand des Nah-Ost-Konflikts. Ergänze die historischen Fakten unter M5.

3. Die Idee des gerechten Krieges

Material

6 Gerechtfertigte Militäraktionen?

1 Die USA greifen den Irak an, nachdem dessen Truppen in Kuwait einmarschiert sind.

2 Nachdem sie die irakischen Streitkräfte besiegt hat, bombardiert die US-Armee Bagdad.

3 Noch vor einem Vermittlungsversuch der UN im Streit um ein Grenzgebiet greift Pakistan Indien an.

4 Nach einem gescheiterten Vermittlungsversuch der UN im Streit um ein Grenzgebiet greift Pakistan Indien an.

5 Nachdem pakistanische Soldaten an der Grenze geschossen haben, antwortet Indien mit dem Abwurf einer Atombombe.

6 Weil in Nigeria Mädchen eine Schulbildung verweigert wird, erklären die USA Nigeria den Krieg.

7 Weil die serbische Regierung eine Minderheit im eigenen Land gewaltsam verfolgen lässt, greift die NATO Serbien an.

8 Weil eine militante Unabhängigkeitsbewegung in Teilen Serbiens Recht und Ordnung gewaltsam stört, kommt die NATO der serbischen Regierung militärisch zur Hilfe.

7 Den Verstand gebrauchen

8 Kann ein Krieg gerechtfertigt sein?

Damit die Anwendung militärischer Gewalt nicht leichtfertig für unumgänglich erklärt wird, wurde im Rahmen der „bellum iustum"-Lehre bereits im römischen Recht eine Reihe einschränkender Kriterien entwickelt. Danach sind Kriegshandlungen nur zur Verteidigung erlaubt. Aber auch dies nur unter bestimmten Bedingungen: Sie haben der Abwehr einer das Leben oder die Rechte Unschuldiger bedrohenden Aggression zu dienen und dürfen sich nicht ihrerseits in eine Aggression verwandeln. Bevor es zu kriegerischen Auseinandersetzungen kommt, müssen alle anderen Möglichkeiten, die Aggression abzuwehren, erschöpft sein. Entsprechend dem Grundsatz der Verhältnismäßigkeit der Mittel darf das Schadensrisiko der militärischen Verteidigung nicht größer sein als das einer hingenommenen Aggression. Dies schließt ein, die Wirkung der eingesetzten Waffen zu kontrollieren.

Aber ist ein militärisches Vorgehen auch erlaubt, wenn es sich nicht um einen Verteidigungskrieg handelt? Beispielsweise auf Grund schwerwiegender Verstöße gegen die Menschenrechte in einem Land?

Die Antwort kann „ja" lauten. Allerdings nur, wenn sich alle anderen politischen Bemühungen als ineffektiv erwiesen haben. Der eigentliche Grund für diese Berechtigung ist die globale Solidarität. Sie kann zur militärischen Abwehr einer massiven Aggression gegen das Leben und die Rechte Unschuldiger verpflichten. Wenn die Würde des Menschen und die sich aus ihr ergebenden angeborenen Rechte massiv verletzt werden und diplomatische Mittel versagen, dann ist die Gemeinschaft der Völker zu solidarischem Handeln verpflichtet. Dabei muss sich die Staatengemeinschaft bewusst sein, dass eine Intervention keine Garantie zur Friedenssicherung ist – und schon gar nicht zur Friedensförderung. Dazu gibt es auch schon eine Reihe ernüchternder Erfahrungen.

(nach: Spieker, Manfred: Kann ein Krieg „gerecht" sein? In: Die Tagespost, 11. 10. 2001)

bellum iustum: (lat.) gerechter Krieg

9 Krieg als Mittel der Politik?

„Krieg soll nach Gottes Willen nicht sein", bestritt die Gründungsversammlung des Ökumenischen Rates der Kirchen 1948, dass Krieg ein legitimes Mittel der Politik ist. 1945 schon hatte die Charta der Vereinten Nationen den Staaten und Völkern das Ziel gesetzt, internationale Streitigkeiten oder Situationen, die zu einem Friedensbruch führen könnten, durch friedliche Mittel nach den Grundsätzen der Gerechtigkeit und des Völkerrechts […] beizulegen." […] Krieg ist niemals ein unabwendbares Schicksal. Krieg bedeutet immer eine Niederlage für die Menschheit. […] An die Stelle des „gerechten Krieges" ist als Orientierung aller politischen Bemühungen der gerechte Frieden getreten. Diejenigen, die es […] für geboten halten, als „ultima ratio" auch militärische Gewalt zu befürworten, fordern wir auf, kritisch zu prüfen, ob die absolute Ausnahme der „ultima ratio" nicht zur Regel der Rechtfertigung des Krieges als „normalem" Mittel der Politik zu werden droht.

(http://www.asf-ev.de, 2003)

ultima ratio: (lat.) letztes Mittel (der Politik)

Aufgaben

1. Arbeitet aus M 8 die Hürden heraus, die der „bellum iustum"-Lehre zufolge übersprungen werden müssen, bevor Gewalt eingesetzt werden darf.
2. Welche der in M 8 genannten Kriterien haltet ihr für überzeugend, welche nicht, welche fehlen?
3. Stellt die Kritik aus M 9 heraus und überprüft ihre Berechtigung durch Rückgriff auf M 8.
4. Prüft anhand der in M 6 aufgeführten Situationen, ob es sich im jeweiligen Fall um eine gerechtfertigte Militäraktion handelt. Diskutiert die Fälle.

Frieden

in Europa

Zwei Weltkriege haben Europa verwüstet. Hass und Feindschaft haben zu furchtbarem Leid geführt. Erst nach dieser Epoche haben europäische Politiker die Voraussetzungen dafür geschaffen, dass immer mehr europäische Staaten sich im gemeinsamen Interesse zusammentun. Angesichts mancher Kritik am europäischen Einigungsprozess scheint es mir wichtig, in Erinnerung zu rufen: Ohne die europäische Einigung wäre der Friede auf unserem Kontinent nicht so sicher geblieben.

der ehemalige Bundespräsident Johannes Rau
am 16.4.2002 in Rom

1. Die deutsch-französische Freundschaft

In den letzten Jahrhunderten wurden die Beziehungen zwischen Deutschland und Frankreich mehr durch Krieg als durch Frieden bestimmt. Politiker beider Staaten nutzten alle sich bietenden Anlässe, dem Nachbarstaat zu schaden und ihn in seinem Ansehen herabzusetzen. Die Menschen beider Staaten haben dies leidvoll erfahren. Sie wurden – trotz ihrer kulturellen Beziehungen – als gefährlich und verabscheuungswürdig dargestellt, zu Feinden, ja zu Erbfeinden erklärt.

Dass sich diese Einstellung geändert hat und dass Deutschland und Frankreich heute partnerschaftlich miteinander umgehen, ist entscheidend von Konrad Adenauer und Charles de Gaulle geprägt worden. Als alte Herren, die während des Zweiten Weltkrieges Schreckliches erlebt hatten, schlossen sie am 22. Januar 1963 einen Vertrag, der die Grundlage für einen ungezwungenen und freundschaftlichen Umgang miteinander schuf. Bestandteil dieses Vertrages ist auch das **Deutsch-Französische Jugendwerk.**

www.

www.dfjw.org

Das Gründungsabkommen stellte ihm die Aufgabe, „die Bande zwischen der Jugend der beiden Länder enger zu gestalten und ihr Verständnis füreinander zu vertiefen" und zu diesem Ziel „die Jugendbegegnung und den Jugendaustausch anzuregen, zu fördern und gegebenenfalls selbst durchzuführen". Über fünf Millionen Menschen nahmen bisher an den deutsch-französischen Begegnungen und Austauschprogrammen teil, und derzeit kommen jährlich rund 150 000 Jugendliche hinzu, die auf diese Weise mehr über ihr Nachbarland erfahren können. Wie eng das Netz der Kontakte inzwischen ist, belegen auch die 3 500 Partnerschaften allgemein- und berufsbildender Schulen und die mehr als 2 000 Städtepartnerschaften, die zwischen Deutschland und Frankreich geschlossen wurden.
Die Arbeit des Deutsch-Französischen Jugendwerks erstreckt sich auf die Zielgruppen und Lebensbereiche Schule, berufliche Ausbildung, Studium, Berufstätigkeit, Sport, Kultur, Jugendverbände. Eine besondere Rolle spielt dabei die Vermittlung von Kenntnissen in der jeweils anderen Sprache.

Material

1 Lernen zwischen Leipzig und Lyon

Leipzig und Lyon sind seit 1981 Partnerstädte. Beide sind Universitätsstädte mit einer bewegten Vergangenheit. Als Symbol tragen die Städte einen Löwen in ihrem Stadtwappen. Leipzig und Lyon sind als bedeutende Handelsplätze in Europa bekannt geworden.

Marie Cécile berichtet:
„Warum ich nach Leipzig gekommen bin? Ich hatte von dem integrierten Studiengang, Leipzig und Lyon, gehört. Außerdem wollte ich für einige Zeit ins Ausland. Über die deutsch-französische Hochschule bekam ich die Möglichkeit, Deutsch und Französisch als Lehramt zu studieren. Der Studiengang schließt mehrere Semester in Deutschland und Frankreich ein. So konnte ich die Feinheiten der deutschen Sprache in Sachsen kennenlernen. Vorher hatte ich nur wenig von Ostdeutschland gehört. Ich dachte sogar, dass Leipzig in Thüringen liegt. Nach einem Studienjahr in Leipzig kenne ich Land und Leute schon ganz gut. Nach meinem Studium kann ich mich entscheiden, ob ich in Frankreich oder in Deutschland Lehrer sein will.
Im vergangenen Sommer habe ich zusammen mit meiner deutschen Freundin Julia und anderen französisch-deutschen Betreuern schon einmal meine pädagogischen Fähigkeiten in einem binationalen Feriencamp auf Borkum erproben können."

Julia berichtet:
„Schon in der 7. Klasse war in mir der Wunsch gereift, ein Jahr in Frankreich zur Schule zu gehen. Nach langer Suche fanden meine Eltern und ich eine Organisation, die mir diesen Wunsch erfüllen sollte. Ich hatte von der Partnerschaft zwischen Leipzig und Lyon gehört und so stand mein Wunschziel fest.
Im August 2001 fuhr ich mit einem dicken Wörterbuch und Gepäck für 10 Monate nach

Lyon. Meine Gastfamilie nahm mich herzlich auf. Anfangs schienen die sprachlichen Hürden unüberwindbar. Nach vier Wochen war das kein Problem mehr.
Neu war für mich auch die Bedeutung des Essens: Meine französische Gastmutter machte aus jedem Essen ein Fest. Die acht Kilo, die ich nach diesen 10 Monaten zugenommen hatte, sind heute zum Glück verschwunden. Ein Sack voll schöner Erinnerungen, viele Freunde und vor allem gute französische Sprachkenntnisse sind geblieben. Außerdem habe ich heute zwei Familien: eine französische und eine deutsche."

Marie-Cécile
geboren: *1982 in Paris*
heute: *Studentin im deutsch-französischen Studiengang, Lehramt Französisch/Deutsch der Universitäten Lyon/Leipzig*

Julia
geboren: *1984 in Leipzig*
2001/2002: *Schulbesuch in Lyon*
heute: *Studentin, Lehramt Französisch/Spanisch in Leipzig*

www.
www.Leipzig.de
www.Lyon.fr

Aufgaben

1. Berichtet von euren Erfahrungen beim Schüleraustausch.
2. Erkundigt euch nach Städtepartnerschaften bei eurer Stadt- oder Gemeindeverwaltung.
3. Welche Eindrücke des jeweils anderen Landes werden in den Texten wiedergegeben?
4. Recherchiert im Internet, welche Förderprogramme es für Aufenthalte von Schülern und Studenten im europäischen Ausland gibt.

2. Die deutsch-französische Zusammenarbeit

Mit dem Elysée-Vertrag von 1963 begründeten der französische Staatspräsident Charles de Gaulle und der deutsche Bundeskanzler Konrad Adenauer jene engen Beziehungen zwischen Deutschland und Frankreich, die bis heute Bestand haben. Nach der Unterzeichnung war die Stimmung euphorisch: Dies sei der Beginn der europäischen Einheit, vertraute der Präsident dem Kanzler an. Auf den sieben Vertragsseiten wurden keine Details vereinbart: Im Wesentlichen verpflichteten sich beide Seiten zu regelmäßigen Beratungen. Das Eurokorps, der Binnenmarkt und der Euro wären ohne den intensiven Austausch zwischen Bonn und Paris kaum denkbar.

www.

www.auswaertiges-amt.de
www.deutschland-und-frankreich.de
www.france-allemagne.fr

Material

2 Der Elysée-Vertrag

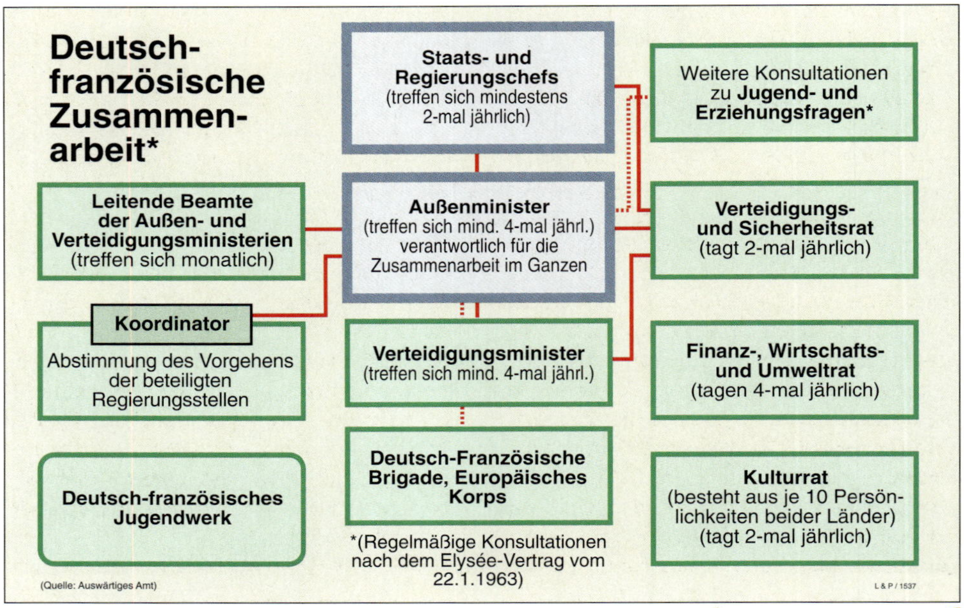

3 Frankreich ist der größte Handelspartner

Aventis, Michelin, Coface – das sind klangvolle Namen französischer Konzerne, die im Rhein-Main-Gebiet stark mit Niederlassungen oder Tochterunternehmen vertreten sind. […] Die wirtschaftlichen Beziehungen zwischen Frankreich und Deutschland sind über Jahrhunderte gewachsen und dementsprechend tief und breit gefächert. In ein und derselben Branche können sowohl die Einfuhren als auch die Ausfuhren sehr hoch sein. Beispiel Autoindustrie: Außer französischen Wagen werden in Frankreich mehr oder weniger nur noch deutsche Marken gefahren; sie kommen auf einen Marktanteil von 24 Prozent. […] Gleichzeitig schaffte Peugeot 2003 auf dem insgesamt schrumpfenden deutschen Markt ein Absatzplus von über 14 Prozent. Überhaupt sind Kraftwagen und Kraftwagenteile mit einem Anteil von deutlich über zehn Prozent die wichtigsten Handelsgüter.

(Mainzer Allgemeine Zeitung, 22.1.04)

4 Deutschreich, Frankland

Paris. Erst haben die europäischen Nachbarn das Stottern des deutsch-französischen EU-Motors beklagt, jetzt geht ihnen der deutsch-französische Führungsanspruch zu weit – über die deutsch-französischen Beziehungen, ihre Auswirkungen auf die EU und über die Nachbarschaft am Rhein sprachen wir mit Sorbonne-Professor Henri Ménudier. Henri Ménudier (63) ist einer der besten Deutschlandkenner Frankreichs.

95.1 Der frühere Bundeskanzler Schröder (links) und Staatspräsident Chirac bei der D-Day-Feier am 6. Juni 2004

Frage: Vor einem Jahr hat das deutsch-französische Verhältnis bei den Feiern zum 40. Jahrestag der Unterzeichnung des Elysée-Vertrags einen neuen Schub und eine neue Qualität bekommen. Teilen Sie diese Einschätzung?

Ménudier: Die Feiern in Versailles und Berlin waren einmalig und sehr beeindruckend. Sie haben eine enorme Resonanz in beiden Ländern gefunden. Viele Menschen haben sich direkt angesprochen gefühlt. Man kann in der Tat von einem wirklichen Schub sprechen. Allerdings haben wir einen Fehler gemacht: Wir hätten unsere europäischen Nachbarn an diesen Feiern beteiligen sollen.

Frage: Staatspräsident Chirac hat damals deutlich gemacht, dass er die Aussöhnung zwischen Deutschen und Franzosen als abgeschlossen ansieht. Wurzelt die Einladung des Bundeskanzlers in die Normandie zu den 60-Jahr-Feiern des D-Day in dieser Überzeugung?

Ménudier: Die Aussöhnung wurde schon unter de Gaulle und Adenauer abgeschlossen. Nachher kam die Zeit der Zusammenarbeit und die Freundschaft. Bundeskanzler Helmut Kohl hatte viel Verständnis für die französische Geschichte und es ist ein Jammer, dass er vor 10 Jahren nicht in die Normandie eingeladen wurde. Diesen Fehler wollte Jacques Chirac nicht wiederholen. Am 6. Juni 2004, in der Normandie, werden wir zeigen können, dass die Vergangenheit kein Streitthema mehr für uns darstellt. Und dass gemeinsames Gedenken möglich ist, ohne zu vergessen. [...]

Frage: In Frankreich hat man kürzlich sehr laut über eine Union Deutschland-Frankreich nachgedacht. Frankland, Deutschreich – reine Gedankenspiele, um widerspenstige EU-Partner in der Verfassungsfrage auf Linie zu trimmen?

Ménudier: Die Gedankenspiele unseres Außenministers Dominique de Villepin sollten gar nicht an die große Glocke gehängt werden. Es waren interessante Luftballons, die übrigens lehrreiche Reaktionen hervorgerufen haben. Deren Tenor lautete doch: „Warum nicht, aber es ist noch zu früh."

(Mainzer Allgemeine Zeitung, 22.1.04)

Aufgaben

1. Die Übersicht (M 2) informiert über organisatorische Vereinbarungen des Vertrages. Erkläre sie und fasse ihren Inhalt in Abschnitten zusammen.
2. Die Bedeutung des Vertragswerkes liegt in den „Mechanismen der Kooperation". Stelle fest, welche Gremien zuletzt getagt und worüber sie beraten haben.
3. Stellt die Probleme zusammen, die im Jubiläumsjahr des Elysée-Vertrags von den Autoren ausgemacht werden.
4. In einer Stellungnahme zum Vertragsjubiläum meint der französische Botschafter in Bonn: „So ist es für niemanden ein Geheimnis, dass die jeweiligen Kenntnisse der Sprache des Partners in unseren beiden Ländern sich nicht entwickeln oder sogar rückläufig sind." – Was sollte dagegen getan werden? Sammelt Vorschläge in eurer Klasse.

3. Europa wächst zusammen

Den Kontinent Europa eint eine gemeinsame Kulturgeschichte, in der die Insel Kreta eine entscheidende Rolle spielt.
Zeus, der Vater aller Götter und Menschen, soll einst der schönen Europe begegnet sein. In Gestalt eines Stiers trug er sie auf seinem Rücken zur Insel Kreta. Dort nahm er die Gestalt eines Jünglings an und begründete mit Europe das Geschlecht der Minoer. Europe wurde auf der Mittelmeerinsel als Göttin verehrt. Schließlich wurde nach ihr der Kontinent benannt.
Diese sagenhafte Geschichte bildet den Ausgangspunkt für unser heutiges Europa. Welchen Weg die Europäer zurückgelegt haben, seit die Zusammenarbeit bewusst vorangetrieben wurde, beschreibt das folgende Kapitel.

Material

5 Der Weg der europäischen Union

1951 Montanunion: Vertrag zur Gründung der Europäischen Gemeinschaft für Kohle und Stahl (EGKS)
1957 Vertrag von Rom: Gründung der Europäischen Wirtschaftsgemeinschaft (EWG) sowie der Europäischen Atomgemeinschaft (EURATOM)

1959 Beginn des Zollabbaus innerhalb der Gemeinschaft
1962 Einigung auf Grundsätze einer gemeinsamen Agrarpolitik (GAP)
1967 Zusammenfassung von EGKS, EWG, EURATOM zur Europäischen Gemeinschaft (EG)
1968 Zollunion
1972 Zusammenarbeit in der Außenpolitik
1975 Lomé-Abkommen: EG mit 46 Entwicklungsländern über entwicklungspolitische Kooperation
1979 erste Direktwahl des Europäischen Parlaments, Einführung des Europäischen Währungssystems (EWS)
1986 Reform der EG-Verträge
1990 Eingliederung der ehemaligen DDR in die EG
1992 Abkommen zur Bildung eines europäischen Wirtschaftsraumes
1993 Verträge von Maastricht: Gründung der Europäischen Union (EU) - Ziele: Währungsunion, gemeinsame Außen- und Sicherheitspolitik, Einbeziehung der Westeuropäischen Union (milit. Beistandspakt) in die EU, enge Zusammenarbeit in Justiz und Innenpolitik, EU-Staatsbürgerschaft
1994 Vollendung des europäischen Binnenmarktes
1998 Elf Staaten sind Teilnehmer der Währungsunion, Umtauschkurse nationaler Währungen in den Euro festgelegt, Präsident der Europäischen Zentralbank in Frankfurt ernannt
1999 Euro-Einführung – Agenda 2000, Vertrag von Amsterdam tritt in Kraft
2001 Vertrag von Nizza
2002 Euro-Bargeld-Einführung
2004 EU-Osterweiterung
2005 Beitrittsverhandlungen mit der Türkei, Beitritt frühestens 2014

Methode

Lernspiele

Lernspiele im politischen Unterricht verbinden politische Inhalte mit spielerischen Elementen. Sie sind eine Form des komplexen, selbst bestimmten Lernens. Lernspiele können zur Erarbeitung eines Themas genutzt werden oder, wie in diesem Fall, zur Überprüfung des (Vor)wissens. Der Wettbewerbscharakter stellt eine zusätzliche Motivation dar. Versucht selbst ein ähnliches Spiel zu entwickeln.

Wer wird Europameister(in)?

1 Bevor die EU gegründet wurde, gehörten einige europäische Staaten zur …?
a) AG
b) EG
c) OW
d) EW

2 Wie heißt der längste Sandstrand Europas?
a) Ballermann
b) Kurische Nehrung
c) Ostfriesland
d) Masuren

3 Wie heißt die bekannteste tschechische Automarke?
a) Lada
b) Skoda
c) Seat
d) Trabant

4 Welches Beitrittsland liegt südlicher?
a) Ungarn
b) Slowenien
c) Slowakei
d) Polen

5 Welche baltische Republik ist die nördlichste?
a) Lettland
b) Litauen
c) Estland
d) Polen

6 Welches Land grenzt nicht an Ungarn?
a) Slowenien
b) Slowakei
c) Tschechien
d) Deutschland

7 Welches der neuen Beitrittsländer hat als einziges kein Weiß in der Flagge?
a) Polen
b) Slowenien
c) Slowakei
d) Litauen

8 Welches Volk lebt neben den Esten vor allem noch in Estland (38 Prozent)?
a) Deutsche
b) Litauer
c) Letten
d) Russen

9 In welchen Wirtschaftszweig setzt Slowenien große Hoffnung?
a) Atomindustrie
b) Tourismus
c) Automobilindustrie
d) Lebensmittelindustrie

10 Wie heißt die Hauptstadt der EU?
a) Brüssel
b) Rom
c) Straßburg
d) Es gibt keine Hauptstadt der EU.

11 Welches Land gehörte nicht zu den Gründungsstaaten der EG?
a) Bundesrepublik Deutschland
b) Luxemburg
c) Großbritannien
d) Italien

12 In welchem Land ist der Zugang zum Internet gesetzlich garantiert?
a) Slowakei
b) Ungarn
c) Estland
d) Malta

Antworten von 1-12: 1b/2b/3b/4b/5c/6d/7d/8d/9b/10d/11c/12c

Material

6 Folgen der EU-Erweiterung

Folgen der Osterweiterung für mittelständische Unternehmen in Deutschland

Ernst & Young - Wirtschaftsprüfungsgesellschaft ließ im Frühjahr 2005 dazu 3000 mittelständische Unternehmen befragen.

Angaben in % der befragten Unternehmen

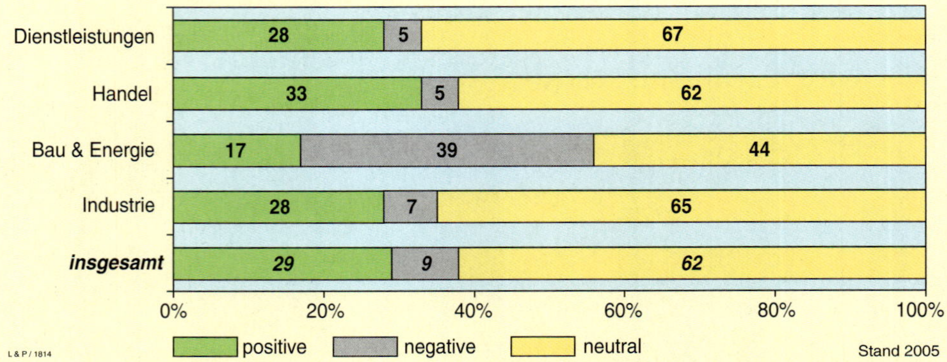

Folgen der Osterweiterung für Unternehmen im Kammerbezirk Leipzig

2005 hat die IHK zu Leipzig auf Basis einer Unternehmensbefragung des Deutschen Industrie- und Handelskammertages (DIHK) eine Umfrage unter 480 Unternehmen im Kammerbezirk Leipzig durchgeführt.

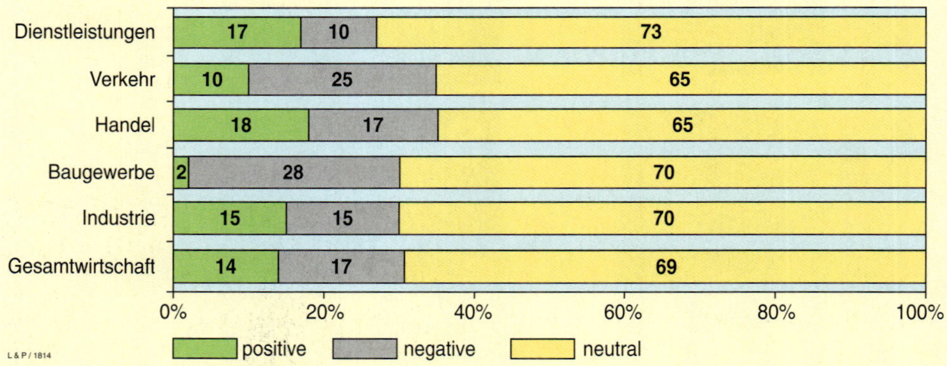

Aufgaben

1. Wie schätzen die befragten Unternehmen Chancen und Risiken der EU-Erweiterung ein? Worin siehst du Ursachen für diese Einschätzung? (M 6)
2. Gibt es unterschiedliche Sichtweisen in Leipzig und in Gesamt-Deutschland? Wie erklärt ihr euch das? (M 6)
3. Diskutiert auf Basis von M 7 Chancen und Risiken aus Sicht der neuen und der alten EU-Länder. Welche aktuellen Tendenzen sind seit dem Beitritt festzustellen?
4. Unter welchen Voraussetzungen darf ein Land der EU beitreten? (M 8)

7 Kosten, Risiken, Ängste

99.1 Zeichnung: Hanel

1. Den Beitrittsländern fällt es besonders schwer, eine Einschränkung der gerade erst (wieder-)gewonnenen nationalen Souveränität zugunsten einer Mitgliedschaft in der EU in Kauf zu nehmen.
2. […] Kurzfristig werden mehr Altmitglieder zu Nettozahlern, d. h., sie zahlen mehr ein, als sie an Strukturmitteln und Fördergeldern von der EU zurückbekommen. Bis 2006 gibt die EU jährlich 80 Mrd. Euro für die Erweiterung aus, ein Betrag, der nach Expertenmeinung nicht ausreichen wird.
3. Im Westen fürchtet man, dass das deutliche Lohngefälle zu einer Masseneinwanderung von Arbeitskräften von Ost- nach Westeuropa führen wird. In den Beitrittsländern dagegen regt sich Widerstand gegen den Ausverkauf an Land und Immobilien an die finanzstarken Westeuropäer.
4. In den Altländern befürchtet man, dass aus Kostengründen vermehrt Arbeitsplätze in die neuen Mitgliedstaaten verlegt werden könnten. Dagegen fürchten Unternehmen in den Beitrittsländern, dass sie dem Wettbewerb mit technologisch weiter fortgeschrittenen Produzenten im Westen nicht gewachsen sind.
5. Die größeren Interessensunterschiede (z. B. zwischen „armen" und „reichen" Mitgliedstaaten) werden die ohnehin komplizierte Entscheidungs- und Kompromissfindung innerhalb der Union noch mehr erschweren.

(Bundeszentrale für politische Bildung, Osterweiterung der Europäischen Union, Bonn 2002)

8 Wer soll dabei sein?

Jeder europäische Staat kann Mitglied der Europäischen Union werden. So besagt es der Amsterdamer Vertrag, in dem das heute gültige Gemeinschaftsrecht festgelegt ist (vgl. Artikel 49 EU-Vertrag). Fraglich ist jedoch, ob alle Staaten, deren Gebiet ganz oder wie im Falle Russlands oder der Türkei nur teilweise auf dem europäischen Kontinent liegen, auch der Europäischen Union angehören sollen oder können. Die geografische Zugehörigkeit zu Europa reicht allein nicht aus, um der Gemeinschaft beizutreten. Für die anstehende Erweiterungsrunde hat der Europäische Rat auf seinem Gipfeltreffen 1993 in Kopenhagen entschieden, 13 assoziierte Staaten aufzunehmen. Allerdings ist ihr Beitritt an bestimmte politische und wirtschaftliche Kriterien, die sog. „Kopenhagen-Kriterien" geknüpft.

Voraussetzungen für den EU-Beitritt

Die Mitgliedschaft in der EU erfordert …

… eine institutionelle Stabilität als Garantie für die demokratische und rechtsstaatliche Ordnung, für die Wahrung der Menschenrechte sowie die Achtung und den Schutz von Minderheiten.
= politisches Kriterium

… eine funktionsfähige Marktwirtschaft sowie die Fähigkeit, dem Wettbewerbsdruck und den Marktkräften innerhalb der Union standzuhalten.
= wirtschaftliches Kriterium

… die Übernahme, Anwendung und Durchsetzung des EU-Gemeinschaftsrechts, des sog. „Acquis Communautaire". Er umfasst die gesamte Gesetzgebung, die im Laufe der letzten 40 Jahre in der Europäischen Gemeinschaft erlassen wurde.
= gemeinschaftliches Kriterium

L&P/1384

99.2 Die Kopenhagen-Kriterien

Material

9 Soll die Türkei in die EU?

„Die Beitrittsperspektive hat einen enormen Reformprozess in der Türkei ausgelöst. Das kann eine große Chance sein, die wir nicht verspielen dürfen. Deshalb kann man nicht schon zum jetzigen Zeitpunkt Nein sagen. Wenn es uns gelänge, eine Gesellschaft von Muslimen in der Wertegemeinschaft der EU zu verankern, so wäre das der Beweis, dass die These der islamischen Fundamentalisten – wonach sich Islam und westliche Werteordnung ausschließen – nicht stimmt. Das wäre in der internationalen Situation ein entscheidender Punkt."

(Martin Schulz, MdEP der SPD, Redemanuskript v. 19. 2. 2004)

„Die Türkei ist durch ihre Reformpolitik einer EU-Mitgliedschaft näher gekommen. Meine wichtigste Botschaft ist, den Weg der Reformen fortzusetzen, weil beeindruckende Erfolge erzielt wurden.
Das Problem der Regierung bleibt aber, dass Staatsanwälte nach wie vor Foltervorwürfen nur widerwillig nachgehen und Richter fast immer zugunsten der angeklagten Polizisten entscheiden. Es ist auch klar, wie wichtig eine Lösung des Zypern-Problems ist."

(Romano Prodi, Eu-Kommissionspräsident, nach Frankfurter Allgemeine Zeitung, 16. 1. 2004)

Der deutsche Außenminister Joschka Fischer hat die Einigung der EU über Beitrittsverhandlungen mit der Türkei als „historischen Schritt" und großen Erfolg bezeichnet. Es sei gelungen, einen einstimmigen Beschluss in der EU herbeizuführen.
„Die Verhandlungen werden noch heute Nacht beginnen ... Europa hat heute gewonnen."

(Joschka Fischer, Bundesaußenminister nach NZ 3. 10. 2005)

„Aus Sicht der CDU/CSU wäre eine besondere Form der Verbindung der Türkei mit der EU die bessere Lösung.
Für die Vollmitgliedschaft in der EU sind auch eine gemeinsame Identität und das Gefühl der Zugehörigkeit notwendig. Das fehlt der Türkei, die nur teilweise zu Europa gehört. Deshalb halten wir, wenn Verhandlungen aufgenommen werden, eine privilegierte Partnerschaft mit besonderen Rechten für den geeigneten Weg. Sie würde auch der Brückenfunktion der Türkei zwischen Europa und der islamischen Welt besser gerecht werden."

(Wolfgang Schäuble, MdB der CDU, Wiesbadener Kurier, 17. 2. 2004)

Aufgaben

1. Stelle Pro- und Kontra-Argumente für den Beitritt der Türkei zur EU zusammen (M 9).
2. Recherchiere im Internet, welche Meinungen die im Bundestag vertretenen Parteien zum Beitritt der Türkei in die EU haben.
3. Formuliere deinen Standpunkt in einem Brief an deinen Abgeordneten im Deutschen Bundestag.

Methode

KARIKA–Tour

Eine Karikatur ist eine zeichnerische Darstellung, mit der der Karikaturist einen Sachverhalt aus Politik, Wirtschaft oder Gesellschaft in einer überspitzten Art und Weise zum Ausdruck bringt und interpretiert. Man findet Karikaturen sehr oft in Tages- und Wochenzeitungen.

Die Methode der KARIKA-Tour dient dazu, mithilfe unterschiedlicher Karikaturen einen Überblick über Interpretationen eines Gesamtthemas zu erhalten.

„Jetzt muß Ihnen doch das Wasser im Mund zusammenlaufen Herr Erdogan!"

101.1 Karikatur: Haitzinger

101.2 Karikatur: Erl

NAGELPROBE

101.3 Karikatur: Tomicek

„O.K., WIR SAGEN >HEREIN<, ABER NUR GAAANZ LANGSAM!“

101.4 Karikatur: Haitzinger

1. Es werden vier bis sechs Karikaturen im Klassenzimmer aufgehängt. Pro Karikatur wird eine Schülergruppe zusammengestellt.
2. In der Gruppe betrachtet ihr die einzelnen Karikaturen und versucht, Antworten auf die folgenden Fragen zu finden:
   Wie sieht der Karikaturist das Thema?
   Auf welche Probleme macht er aufmerksam?
   Wie steht die Gruppe zur Aussage der Karikatur?
3. Nach einigen Minuten wechseln die Gruppen auf ein Signal des Lehrers im Uhrzeigersinn zur nächsten Karikatur. Diese wird unter den gleichen Fragestellungen betrachtet. Ist der Rundgang beendet, werden die Karikaturen abgenommen.
4. Jede Gruppe zieht nun eine der verdeckt gehaltenen Karikaturen. Mithilfe des Frage-Leitfadens bespricht nun jede Gruppe „ihre" Karikatur.

(nach: Politik-Kiste, hrsg. von Bundeszentrale für politische Bildung, Bonn 1998, Autor: Lothar Scholz)

So funktioniert

Europa

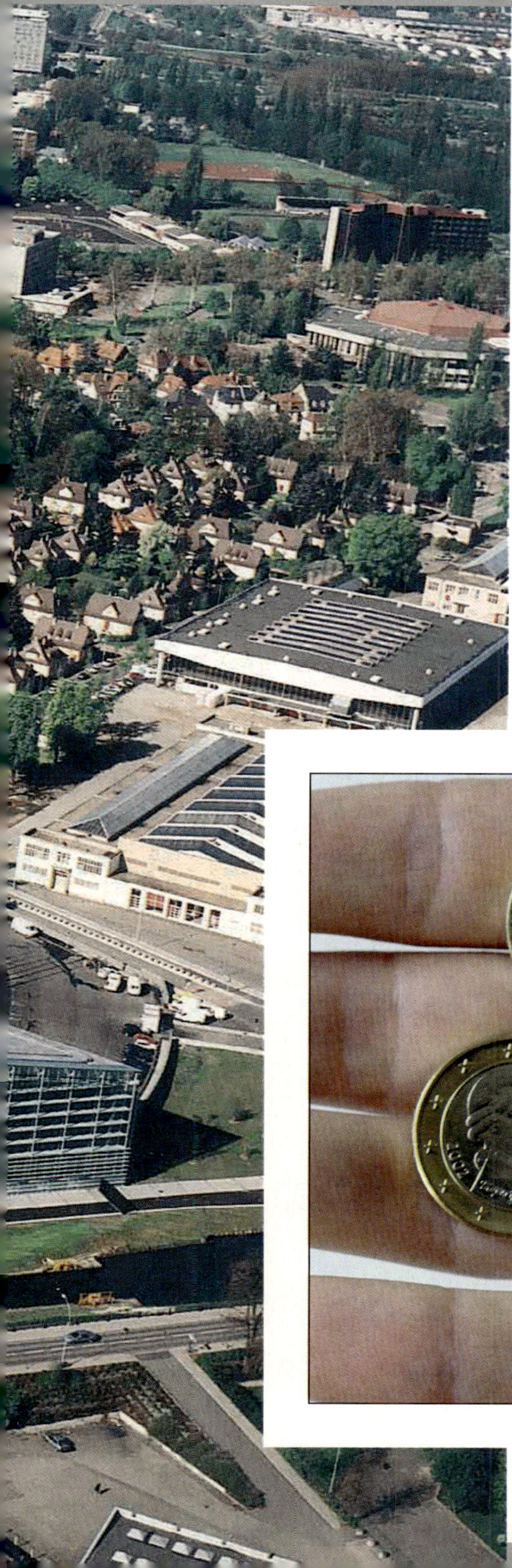

Mit der Unterzeichnung des europäischen Vertragswerks haben sich die Mitgliedsstaaten der Gemeinschaft entschieden, einen Teil ihrer Hoheitsrechte unabhängigen Organen zu übertragen, die die Interessen der Einzelstaaten ebenso wie die Interessen der Gemeinschaft vertreten.

Autorentext

1. So funktioniert die Europäische Union

Die Organe der EU sollen sowohl die nationalen Interessen der Mitglieder als auch das Gesamtinteresse der Gemeinschaft vertreten.
Das einflussreichste Organ der Gemeinschaft ist der **Rat der Europäischen Union (Ministerrat).** Zu den Sitzungen entsenden die nationalen Regierungen die jeweils zuständigen Fachminister. Hier werden alle wesentlichen Rechtsakte erlassen: Verordnungen, (unmittelbar gültige Gesetze in allen Mitgliedsstaaten), Richtlinien (zwingende Vorgaben zur Änderung nationalen Rechtes) und Entscheidungen, die Einzelfälle verbindlich regeln. Wichtige Entscheidungen werden meist noch einstimmig gefasst, die qualifizierte Mehrheit ($^1/_2$ der Staaten, $^3/_5$ der Bürger) gilt bei fast allen legislativen Beschlüssen, in einigen Fällen genügt die einfache Mehrheit.
Wichtige Grundsatzentscheidungen treffen die 25 Regierungschefs im **Europäischen Rat.** Strittige Fragen können auf höchster Ebene geklärt werden. Im Rahmen der gemeinsamen Außen- und Sicherheitspolitik wird über die aktuellen Probleme der internationalen Politik beraten.

Die **Europäische Kommission** besteht aus den Kommissaren, die von den nationalen Regierungen ernannt werden, dann aber weitgehend unabhängig sind und ausschließlich im Interesse der Gesamtgemeinschaft handeln. Sie besitzt allein das Initiativrecht zum Einbringen von Gesetzesentwürfen, hat Exekutivrecht und das Kontrollrecht über die Einhaltung der EG-Verträge durch die Mitgliedsstaaten. Sie ist dem Europäischen Parlament verantwortlich, das sie durch ein Misstrauensvotum zum Rücktritt veranlassen kann.
Das **Europäische Parlament** wird seit 1979 alle fünf Jahre von den Wahlberechtigten der gesamten EU direkt gewählt. Die Abgeordneten arbeiten in übernationalen Fraktionen zusammen (z. B. Sozialisten, Christdemokraten, ...).
Anders als nationale Parlamente kann das Europäische Parlament bei der Gesetzgebung allenfalls mitbestimmen, das Haushaltsrecht ist eingeschränkt, eine wirksame Kontrolle besteht höchstens gegenüber der Kommission, gegenüber dem Ministerrat sind die Kontrollrechte auch nach dem Maastricht-Vertrag nicht sehr effektiv.

Material

1 Gewaltenteilung auf europäischer Ebene

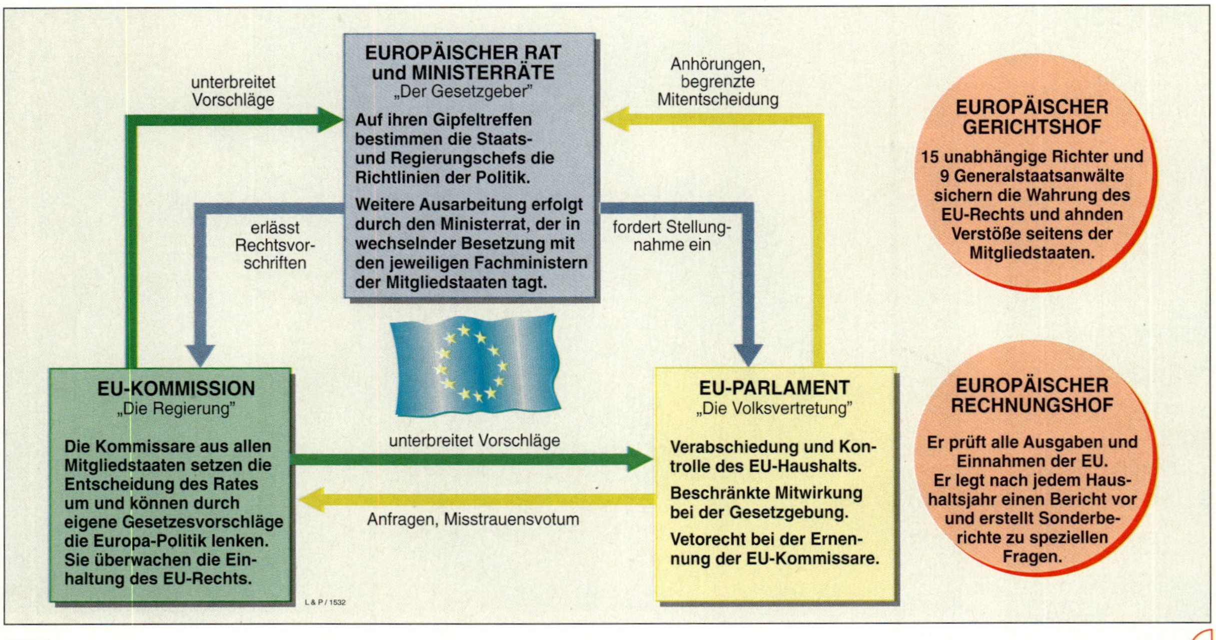

104.1

2 Entscheidungsfindung in der EU

Beispiel: Verordnung über die Kennzeichnung gentechnisch veränderter Lebensmittel:

1. Gesetzesinitiative durch die Kommission

2. Stellungnahme des Europäischen Parlamentes (EP)

Das EP verlangte folgende Änderungen:

– gentechnisch veränderte Lebensmittel sind bei der Abgabe an Dritte zu kennzeichnen.

– ist das ganze Produkt oder sein Hauptbestandteil gentechnisch verändert, muss dies mit dem Produktnamen oder der Verkaufsbezeichnung erwähnt werden. Bei gentechnisch veränderten Inhaltsstoffen genügt eine Erwähnung in der Liste der Inhaltsstoffe.

3. Abänderung des Kommissionsvorschlags

Bei der Etikettierung von Lebensmitteln oder Zutaten sind zusätzliche Etikettierungsanforderungen festzulegen, um Verbraucher über signifikante Unterschiede des neuartigen Lebensmittels (oder der Zutat) zu den Merkmalen gleichwertiger herkömmlicher Lebensmittel zu unterrichten.

4. Der Beschluss des Ministerrates

Der Ministerrat der EU hat am 23. 10. 1995 die Verordnung zur Kennzeichnung gentechnisch manipulierter Lebensmittel beschlossen. Es wurde eine qualifizierte Mehrheit erreicht. Drei Punkte bleiben umstritten: Aromen, Zusatzstoffe und die meisten Enzyme sind nicht erfasst. Ihre Zulassung gilt weiter, auch wenn sie gentechnisch hergestellt werden. Gen-Nahrung soll gekennzeichnet werden, wenn sich das Produkt „signifikant" vom konventionellen Vorgänger unterscheidet.

5. Mitwirkung des Europäischen Parlaments

Das EP forderte in der 2. Lesung am 12. 3. 96 präzisere Formulierungen und lehnte die vorgelegte Fassung ab. Der Vermittlungsausschuss fand einen Kompromiss, dem am 9. 1. 97 das EP zustimmte und der am 15. 5. 97 vom Rat in Kraft gesetzt wurde. Hierin ist vorgeschrieben, dass alle gentechnisch veränderten Lebensmittel gekennzeichnet sein müssen, ausgenommen bleiben weiterhin Enzyme, Lebensmittelzusatzstoffe und Aromen. Allerdings kann sich die Kennzeichnung im Kleingedruckten auf der Packung in unverfänglichen Wortneuschöpfungen verstecken.

6. Auswirkungen des Gesetzes

Einzelne Länder kündigten eine schärfere nationale Umsetzung der Verordnung an, so dass erneut Handlungsbedarf entstand, da ein solch einseitiges Vorgehen dem Binnenhandel widerspricht.

Die EU-Kommission legte nun fest: Auch Zusatzstoffe und Aromen müssen gekennzeichnet werden, wenn sie mit dem Stoff, den sie ersetzen sollen, nicht mehr gleichwertig sind. Die Kennzeichnung muss in derselben Schriftgröße auf dem Produkt angebracht sein wie die übrigen Lebensmittel-Hinweise. Seit dem 18. 4. 2004 muss in jedem EU-Mitgliedsland das Gesetz in nationales Recht umgewandelt worden sein. Kontrollen werden von der EU vorgenommen.

(Durch den Autor sprachlich vereinfacht; Quellen: Amtsblatt der Europäischen Gemeinschaften, Pressemitteilungen der EU-Institutionen)

105.1 Entscheidungsfindung in der EU

WWW.
www.europa.eu.int

Aufgaben

1. Erarbeite die Unterschiede zwischen den vergleichbaren deutschen und den europäischen Organen.
2. Beurteile sie vor dem Hintergrund der Gewaltenteilung.
3. Inwiefern drückt die Karikatur den Inhalt der Texte und Materialien aus? Begründe.
4. Analysiert das Entscheidungsverfahren über die Kennzeichnungspflicht gentechnisch veränderter Lebensmittel. Bezieht euer Wissen über die Organe und ihre Kompetenzen mit ein.
5. Stellt das Verfahren grafisch dar.

2. Konkurrenz der Entscheidungen?

Die EU ist ein Bund von Staaten zum gemeinsamen Nutzen in verschiedenen Bereichen. Eine solche Zusammenarbeit kann nur funktionieren, wenn übergeordnete Institutionen nicht nur geschaffen, sondern auch mit entsprechenden Befugnissen und Machtmitteln ausgestattet werden. Doch wie weit soll diese Übertragung von Kompetenzen gehen?

Material

3 Kommission schlägt Verbot der Tabakwerbung vor

Brüssel, 30. Mai 2001. Die Europäische Kommission hat heute eine neue Richtlinie über die Tabakwerbung und das damit in Verbindung stehende Sponsoring vorgeschlagen. Mit dem neuen Richtlinienvorschlag sollen die bestehenden Regelungen zur Tabakwerbung in den Mitgliedstaaten harmonisiert werden, um den Binnenmarkt zu fördern. In den meisten Mitgliedstaaten gibt es weitreichende Verbote der Tabakwerbung. [...] Auch das Sponsoring von Veranstaltungen, an denen mehrere Mitgliedstaaten beteiligt sind bzw. die in mehreren Mitgliedstaaten stattfinden, durch Tabakhersteller wird verboten.

David Byrne, der für Gesundheit und Verbraucherschutz zuständige Kommissar, erklärte: „Bei Tabak handelt es sich um ein starkes Suchtmittel, und mehr als 80 % der Raucher haben vor dem 18. Lebensjahr mit dem Rauchen begonnen.“ Er führte weiter aus, die Tabakwerbung spiele eine Rolle bei der Darstellung des Rauchens als gesellschaftlich akzeptable und lohnende Erfahrung.

Eine EG-Richtlinie aus dem Jahr 1989 verbietet bereits die Werbung und das Sponsoring im Fernsehen. Der neue Vorschlag zielt darauf ab, den derzeit hinsichtlich der Printmedien bestehenden Unterschied zu beseitigen, und deckt auch die Tabakwerbung im Internet und im Rundfunk ab.

Der Vorschlag bedarf der Zustimmung des Europäischen Parlaments und des Rates im Mitentscheidungsverfahren (Art. 47, 55, 95). Die Frist für die Umsetzung in nationales Recht beträgt üblicherweise zwei Jahre.

(www.europa.eu.int, 2003)

4 Bundesregierung skeptisch gegenüber Tabak-Werbeverbot der EU

Der Ministerrat der Europäischen Union (EU) hat am 2. Dezember 2002 ein Verbot für Tabakwerbung beschlossen. 13 der 15 Minister stimmten in Brüssel für einen entsprechenden Richtlinienentwurf der EU-Kommission. Nur Deutschland und Großbritannien lehnten das Tabakwerbeverbot wegen rechtlicher Bedenken ab. Die Bundesregierung sieht in dem Verbot einen Eingriff in die nationale Gesetzgebungszuständigkeit. Die Richtlinie soll bis Juli 2005 in allen Mitgliedstaaten umgesetzt werden.

Nach der Entscheidung der europäischen Minister erklärte der Staatssekretär des Bundesverbraucherministerium, Alexander Müller, Deutschland unterstütze grundsätzlich „alle Bestrebungen der EU und auf internationaler Ebene, um die negativen gesundheitlichen Folgen des Rauchens zu reduzieren.“ Die Bundesregierung erkenne auch an, dass Werbeverbote ein geeignetes Mittel seien, um den Tabakkonsum zu verringern.Deutschland wolle aber grundsätzlich sicherstellen, dass die EU die ihr von den Mitgliedstaaten übertragenen Kompetenzen nicht überschreitet – wie es im Falle des Tabakwerbeverbots geschehen sei. Die Bundesregierung halte es für sehr fraglich, „ob die EU ein Mandat hat, in den nationalen Wettbewerb einzugreifen“. Dabei sei insbesondere problematisch, dass das Werbeverbot auch solche Zeitungen betreffen würde, die ausschließlich oder ganz überwiegend im Inland vertrieben werden.

(www.bundesregierung.de, 2003)

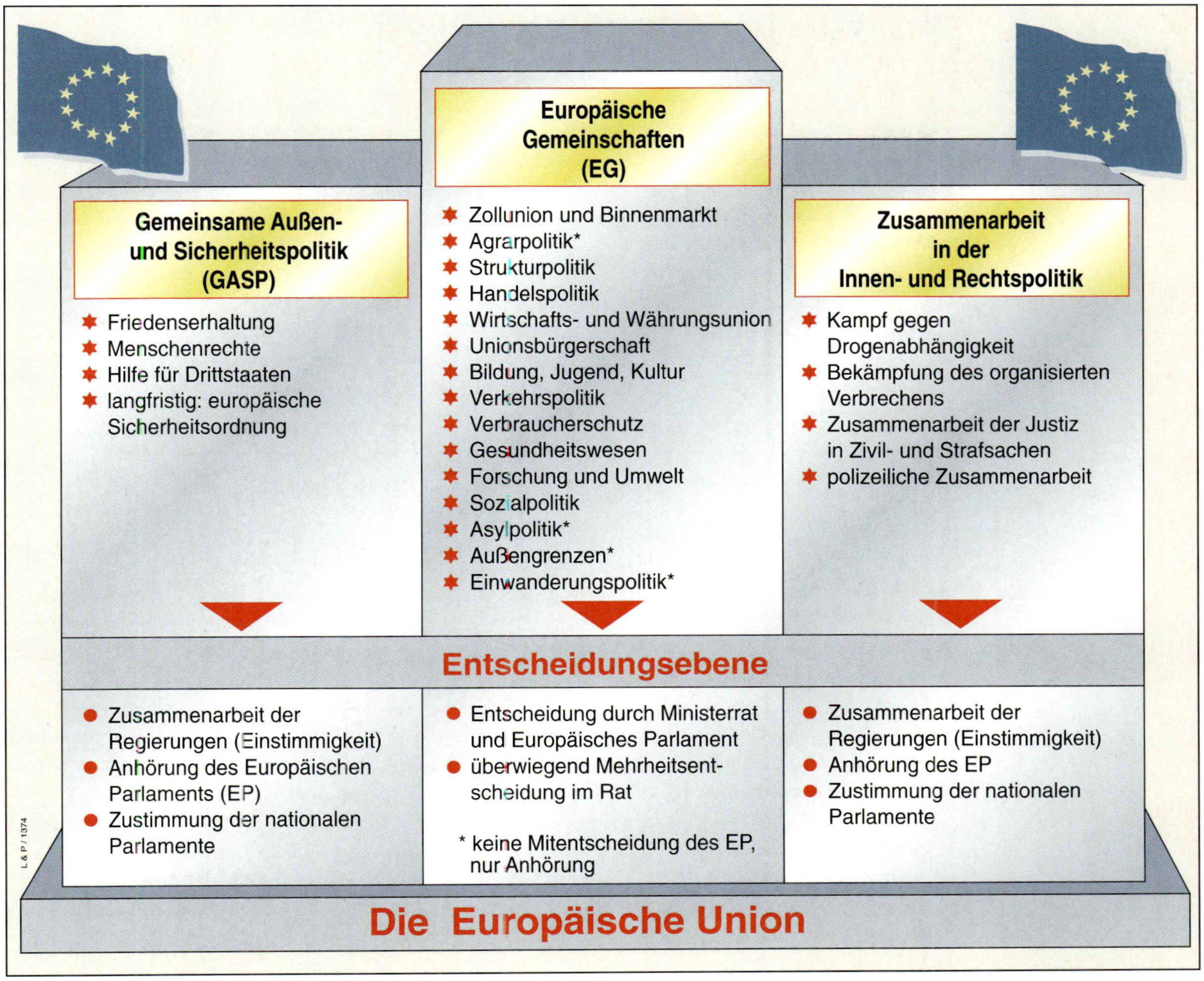

107.1 Die drei Säulen der Europäischen Union

Aufgaben

1. Diskutiert anhand von M 3 und M 4, wer eurer Ansicht nach über ein Verbot von Tabakwerbung entscheiden dürfen sollte?
2. Welche der folgenden Bereiche sollten von der Europäischen Union, welche von den nationalen Regierungen geregelt werden?
   - Verteidigung
   - Landwirtschaft
   - Kampf gegen Drogen
   - Handel mit Ländern außerhalb der EU
   - Einwanderungspolitik
   - Kampf gegen Arbeitslosigkeit
   - Rechte der Arbeitnehmer
   - Grundregeln für die Medien
   - Bildung und Erziehung
   - Umweltschutz
3. Informiert euch aus dem Internet über den aktuellen Stand der „drei Säulen" der EU.

3. Der europäische Binnenmarkt

Mehr als 400 Millionen Menschen sind in der erweiterten Europäischen Union (EU) mit 25 Mitgliedstaaten durch eine Unionsbürgerschaft miteinander verbunden. Sie können in jedem Mitgliedsland ihren Wohnsitz nehmen und besitzen dort das aktive und passive Wahlrecht bei Kommunal- und Europawahlen. Seit 1983 besteht zwischen diesen Staaten auch ein gemeinsamer Binnenmarkt. Das bedeutet, dass der Personen-, Waren-, Dienstleistungs- und Kapitalverkehr ungehindert von einem Ort zum anderen fließen kann. Seit 1999 existiert zwischen zwölf Mitgliedstaaten der EU auch eine Wirtschafts- und Währungsunion. Diese Staaten sind durch eine gemeinsame Währung, den Euro, zusätzlich miteinander verbunden. Die Stabilität des Euro wird von der Kommission überwacht. Für die Währungs- und Geldpolitik ist die Europäische Zentralbank (EZB) in Frankfurt/Main zuständig.

Material

5 Entwicklung des Binnenmarktes

1. Die Ziele nach dem EWG-Vertrag von 1957

- Errichtung eines Gemeinsamen Marktes
- Angleichung der Wirtschaftspolitiken der Mitglieder
- Harmonisierung der wirtschaftlichen Entwicklung innerhalb der Gemeinschaften
- beständiges und ausgewogenes Wirtschaftswachstum
- wirtschaftliche Stabilität
- Hebung des Lebensstandards
- Intensivierung der Beziehungen der EWG-Staaten untereinander

2. Ergänzung des EWG-Vertrages durch die Einheitliche Europäische Akte 1987

- Vorgabe eines festen Datums zur Vollendung des Binnenmarktes (31.12.1992)
- Gewährleistung der vier Freiheiten (s. 221.1)
- Koordinierung der Wirtschaftspolitiken
- Stärkung des wirtschaftlichen und sozialen Zusammenhaltes
- Verringerung der wirtschaftlichen und sozialen Unterschiede zwischen den Regionen der Gemeinschaft mit den Instrumenten:
- Strukturfonds, Europäische Investitionsbank und Europäischer Regionalfonds

6 Das Schengener Abkommen

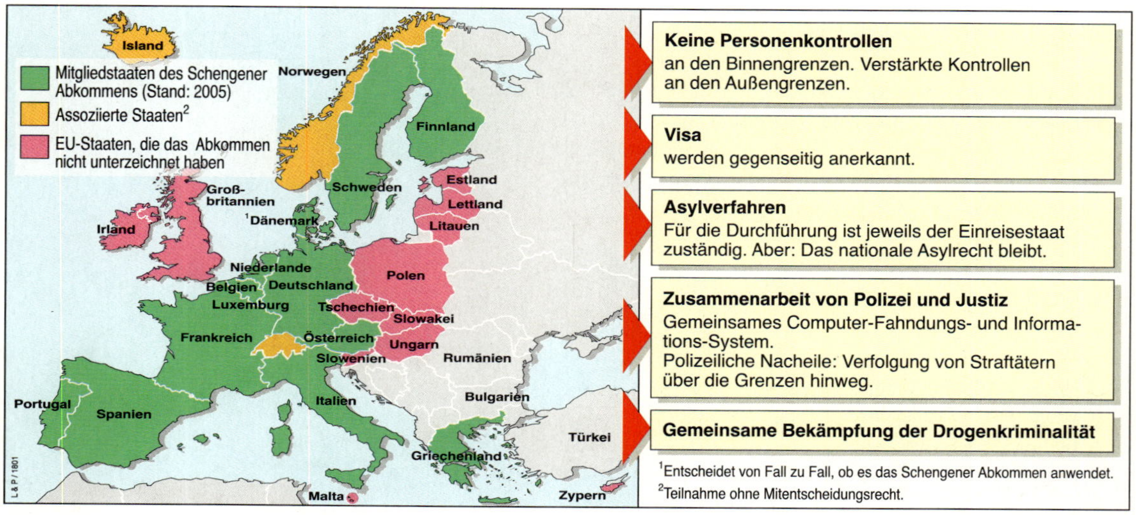

7 Was bringt der Binnenmarkt dem Bürger?

1. Durch die Garantie des freien Personenverkehrs sind die Personenkontrollen an den innereuropäischen Grenzen der Staaten, die das „Schengener Abkommen“ unterzeichnet haben, weggefallen.
2. Der freie Warenverkehr ermöglicht es den Bürgerinnen und Bürgern, innerhalb des Binnenmarktes alle Waren, die dem privaten Verbrauch dienen, ohne zusätzliche Steuern und Zölle in ihr Land einzuführen. Nicht angeglichen sind die Mehrwertsteuersätze. Neben anderen Faktoren führt dies zu erheblichen Preisunterschieden. Diese können sich Verbraucherinnen und Verbraucher zunutze machen, indem sie Waren in einem anderen Land des Binnenmarktes günstiger einkaufen als zu Hause.
3. Versicherungen und Banken können ihre Dienstleistungen in ganz Europa frei anbieten. Ausländische Fuhrunternehmen dürfen überall Transporte durchführen. Die europäischen Luftfahrtgesellschaften können auf jedem Flughafen Europas ihre Dienste anbieten, was bereits zu einer erheblichen Verringerung der Flugpreise auf einigen innereuropäischen Strecken führte.
4. Jeder hat das Recht, sein Geld in ein Land zu transferieren, in dem die Geldanlage größere Gewinne bringt. Allerdings muss bei einer Rückführung der Gewinne nach Deutschland die hier geltende Zinsertragsteuer gezahlt werden.

Allerdings bringen alle diese Freizügigkeiten auch Probleme mit sich:

1. Es ist nun für Unternehmen sehr viel leichter, ihre Produktion in ein anderes Land zu verlagern, wenn dort die Gewinnaussichten besser sind. Dies kann zum Beispiel der Fall sein, wenn in diesem Land die Löhne niedriger sind als etwa hier in Deutschland. Wird aber die Produktion verlagert, werden Menschen erwerbslos. Es wird befürchtet, dass auf diese Weise ein Druck entsteht, die Löhne immer weiter zu senken, um konkurrenzfähig zu bleiben.
2. Der Binnenmarkt ist ein internationaler Markt, auf dem viele verschiedene Anbieter miteinander konkurrieren. In dieser verschärften Konkurrenz können viele Unternehmen, die nicht ganz so leistungsfähig sind, nicht mehr bestehen. Einerseits wird darauf hingewiesen, dass dieser „Ausleseprozess“ die Wirtschaft insgesamt leistungsfähiger macht, andererseits werden so oft Menschen erwerbslos – ohne dass sie sicher eine andere Arbeit finden können.

109.1 Freizügigkeit im Innern der EU

3. Eine weitere Gefahr geht von der Belastung der Umwelt aus: Wirtschaftlich schwache Gebiete sollen möglichst schnell an die Lebensstandards der übrigen Länder herangeführt werden. Darum vernachlässigt man die umweltbegleitenden Maßnahmen.
4. Durch den freien Austausch aller Güter und Dienstleistungen nimmt der Güterverkehr zwischen den Ländern stark zu. Er wird insbesondere auf den Straßen abgewickelt, was zu einer starken Zusatzbelastung für die Umwelt führt.

Aufgaben

1. Vergleicht die Ziele in den Verträgen und die jeweilige Realisierung.
2. Diskutiert über Chancen und Risiken des europäischen Binnenmarktes.
3. Berichtet aus eigener Erfahrung über Vor- oder auch Nachteile des Binnenmarktes für den Bürger. Wägt beides gegeneinander ab und bezieht eine begründete Position zum europäischen Binnenmarkt.

4. Ein Markt mit vielen Unterschieden

Material

8 Arbeiten und Feiern in Europa

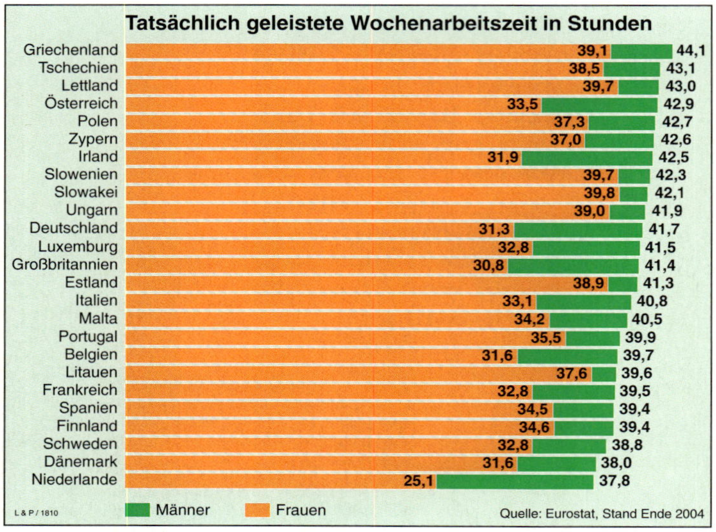

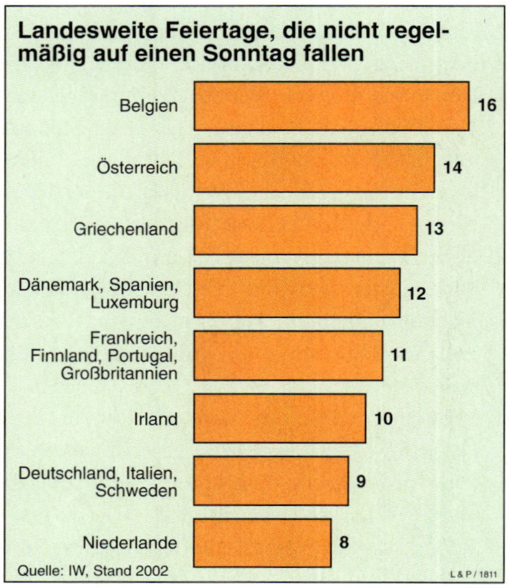

9 10-Punkte-Plan der Kommission

- Durchsetzung der Vorschriften: Verzögerungen bei der Umsetzung von EU-Recht in den einzelnen Mitgliedstaaten werden immer größer.
- Integration der Dienstleistungsmärkte: Dienstleistungen machen 70 % des BIP und der Beschäftigung in der EU aus. Allerdings ist die Integration noch sehr begrenzt, was Wohlstand und Arbeitsplätze kostet.
- Erleichterung des freien Warenverkehrs: Wenn ein Produkt im Einklang mit den Rechtsvorschriften des Ursprungsmitgliedstaats steht, soll es überall in der EU vermarktet werden dürfen.
- Die demografische Herausforderung meistern: Wenn die bestmögliche Nutzung von Ressourcen innerhalb der EU ermöglicht wird, kann das helfen, die nationalen Gesundheitsfürsorgesysteme zu entlasten.
- Bessere Versorgung mit grundlegenden Diensten: Die Strategie befürwortet eine weitere Liberalisierung der Märkte. Es geht um mehr Wettbewerb bei gleichzeitiger Gewährleistung der Grundversorgung für alle Bürger unabhängig von ihrem Wohnort oder ihrem Einkommen.
- Bessere Rahmenbedingungen für Unternehmen: Die EU will dazu beitragen, dass […] Investoren genügend Vertrauen haben. Die Kommission wird darüber hinaus Richtlinien vorschlagen, die grenzüberschreitende Fusionen bzw. die Verlagerung des Gesellschaftssitzes erleichtern sollen.
- Vereinfachung des ordnungspolitischen Umfelds: Es soll sichergestellt werden, dass die EU von Fall zu Fall den besten gesetzgeberischen Ansatz wählt.
- Abbau von Steuerschranken: Doppelbesteuerung innerhalb der EU soll abgeschafft und bestimmte Steuerlasten verringert werden.
- Offenere Märkte für öffentlichen Ausschreibungen: Vergabeverfahren sollen gestrafft und die elektronische Auftragsvergabe gefördert werden.
- Bessere Information: Ein neues Informationsportal für Bürger und Unternehmen im Web.

(EU-Kommission: 10-Punkte-Plan zum Binnenmarkt, 7. 5. 2003)

10 Autopreise in der EU

Nach dem Bericht der Europäischen Kommission über die Automobilpreisentwicklung bewegen sich die Neuwagenpreise in der erweiterten EU weiter aufeinander zu. Die Preiskonvergenz geht vor allem auf die neuen Mitgliedstaaten zurück, während sie ihren Höhepunkt in den alten Mitgliedsstaaten offenbar schon überschritten hat. Innerhalb des Eurogebiets sind die KFZ-Preise generell in Finnland am niedrigsten und in Deutschland am höchsten. In der EU insgesamt liegen die KFZ-Preise im Durchschnitt in Dänemark am niedrigsten, gefolgt von Estland, dem preiswertesten Markt in den neuen Mitgliedstaaten.

(nach: Europäische Kommission)

11 Steuersätze

12 Arm und reich in der EU

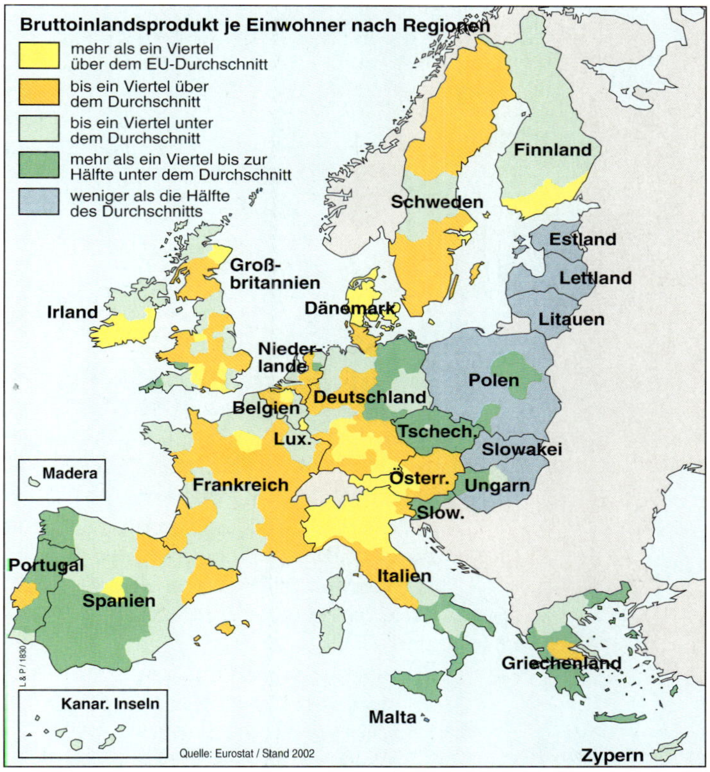

Aufgaben

1. Vergleicht Arbeitswochen und Feiertage in Europa. Wo steht Deutschland? Diskutiert eure Ergebnisse.
2. Wodurch will die EU-Kommission die Unterschiede in den Mitgliedsstaaten ausgleichen?
3. Ist eine europaweite Angleichung der Mehrwertsteuer wichtig? Sammelt Pro- und Kontra-Argumente.
4. Überlegt, warum es in der EU keine einheitlichen Preise gibt.

5. Euroland

Material

13 Der Weg zur gemeinsamen Währung

14 Wer darf ins Euro-Land?

Wer in den Kreis der Euro-Länder aufgenommen werden will, muss die Stabilitätskriterien erfüllen. Dies wurde im Vertrag von Maastricht festgeschrieben, vom Europäischen Parlament angenommen und von den nationalen Parlamenten der Mitgliedsstaaten ratifiziert.

Preisstabilität
Die durchschnittliche Inflationsrate eines Landes darf im Jahr vor der Eintrittsprüfung maximal 1,5 Prozentpunkte über derjenigen der drei preisstabilsten Länder liegen.

Haushaltspolitik
Die jährliche Neuverschuldung eines Landes darf drei Prozent des BIP nicht übersteigen. Die gesamte Staatsschuld darf nicht über 60 Prozent des BIP liegen.

Zinssätze
Die langfristigen Zinssätze sollen um nicht mehr als zwei Prozentpunkte über dem Zinsniveau der drei preisstabilsten Mitgliedsstaaten liegen.

Wechselkurse
Die Währung muss dem Europäischen Währungssystem (EWS) angehört haben und darf in den letzen beiden Jahren nicht abgewertet worden sein.

(nach: Europäische Kommission)

15 Sanktionen

Überschreitet ein Land die Haushaltskriterien, so treten Sanktionen in Kraft. Die Mitgliedsstaaten müssen eine zinslose Einlage bei der Europäischen Zentralbank (EZB) hinterlegen, die bei erfolgreicher Konsolidierung zurückgezahlt wird. Verfehlt jedoch ein Land nach zwei Jahren immer noch das Budgetlimit, wird die Einlage in eine Geldbuße umgewandelt und in den EU-Haushalt eingestellt. Eine Ausnahme von diesen Sanktionsregeln wird nur gemacht, wenn ein übermäßiges Defizit auf ein außergewöhnliches Ereignis zurückzuführen ist, das sich der Kontrolle des betreffenden Mitgliedsstaates entzieht und erhebliche Auswirkungen auf die Finanzlage des Staates hat.

(nach: Europäische Kommission)

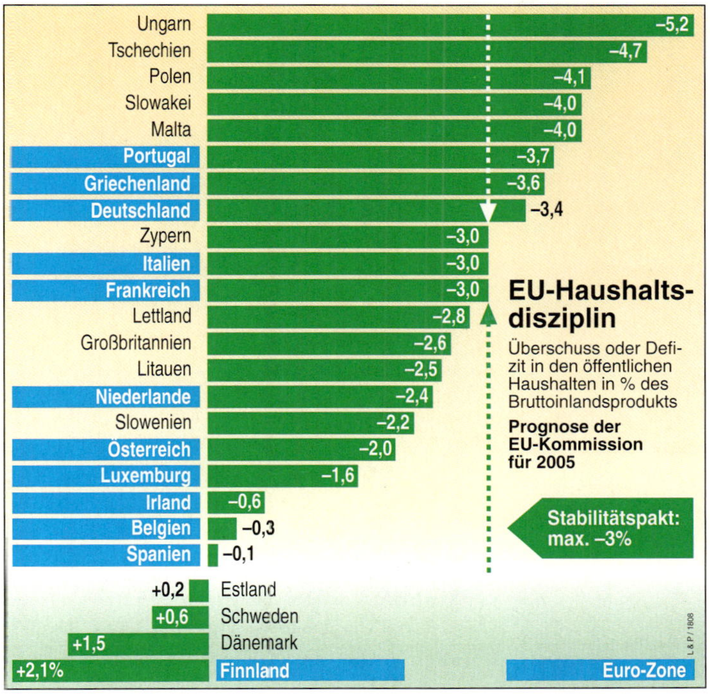

16 Sieg der Machtpolitiker

[…] Der Bundesfinanzminister hat bei den Verhandlungen über die Lockerung des europäischen Stabilitätspakts alles erreicht, was zu erreichen war: Die Defizitgrenze besteht nur noch auf dem Papier, die Kosten der deutschen Einheit darf er auf sein Haushaltsminus anrechnen und jenes dohende Bußgeld von zehn Milliarden Euro, das eigentlich schon abgewendet war, ist nun ein für allemal vom Tisch.

Der Deutsche hat sich durchgesetzt, und mit ihm die Kollegen aus Frankreich und Italien. […] So sagt Österreichs Ressortchef Karl-Heinz Grasser denn auch, es sei nicht die „Wunschreform", aber auch kein Freibrief zum Schuldenmachen, was die Finanzminister in der Nacht zum Sonntag beschlossen hätten. Wenigstens bleibt die Grundregel erhalten, nach der die jährlichen Staatsdefizite auf drei Prozent des Bruttoinlandsproduktes (BIP) und die insgesamt auflaufenden Staatsschulden auf sechzig Prozent des BIPs begrenzt werden.

(aus: Die Zeit 12/2005, Autor: Karsten Polke-Majewski)

Aufgaben

1. Deutschland hat die Stabilitätskriterien mehrfach verletzt. Welcher Grund wird für dieses Vorgehen angeführt? (M16)
2. Ermittelt, welche Staaten die Anforderungen der gemeinsamen Währung erfüllen.
3. Wie steht es um den Beitritt weiterer Länder zum Währungsgebiet des Euro? Forscht nach, ob sich Euroland vergrößert hat oder sich in Zukunft vergrößern wird.

Material

17 Was ist stabiles Geld?

Fachleute sind sich einig: Wirtschaftliche Vorteile kann der Euro nur entfalten, wenn er zu einer dauerhaft stabilen Währung wird. Das bedeutet, dass das betreffende Geld nicht oder fast nicht an Wert verliert. Und was ist der Wert des Geldes?

Der Wert des Geldes misst sich an zweierlei: Zum einen an den Waren, die man für eine bestimmte Summe kaufen kann. Stabilität bedeutet hier, dass sich die Preise kaum verändern. Zum anderen misst sich jede Währung an anderen Währungen, der Euro z. B. am Dollar. Stabilität bedeutet hier, dass ich z. B. für einen Euro nächstes Jahr nicht viel weniger Dollar bekomme als heute. Ausgerechnet wird die Inflation – die Geldentwertung also – vom Statistischen Bundesamt oder von Eurostat.

18 Externe und interne Stabilität

Die Euro-Einführung war und ist vor allem in Deutschland nicht unumstritten. Besonders kontrovers wurde die Frage diskutiert, ob der Euro so stabil wie die DM sein würde. Außerdem wiesen viele Ökonomen darauf hin, dass eine einheitliche Geldpolitik und der Verlust veränderbarer Wechselkurse Probleme bereiten können, wenn das Wirtschaftswachstum der Euro-Staaten sich stark unterscheidet.

Die Einführung der gemeinsamen Währung hat angesichts der damit verbundenen praktischen Herausforderungen erstaunlich reibungslos funktioniert. Zeitweilig sorgte die Abwertung des Euro gegenüber dem US-Dollar für Schlagzeilen und rief allgemeine Sorge hervor. Mittlerweile hat sich der Euro-Kurs aber kräftig erholt, sodass manche Firmen schon wieder über eine Belastung ihrer Exportgeschäfte klagen.

Von größerem Interesse als die „externe Stabilität" einer Währung auf den Devisenmärkten ist aber für Berufstätige sowie Sparerinnen und Sparer die „interne Stabilität". Diese wird anhand der Inflationsrate innerhalb des Währungsgebietes beurteilt. Aus deutscher Sicht verlief die Inflationsentwicklung in den ersten Jahren des Euro-Zeitalters vorteilhaft: Von 1999 bis zum Jahresbeginn 2003 schwankte die deutsche Inflationsrate zwischen nahezu null und 3,4 Prozent. Dies sind auch im Vergleich zur DM-Ära durchaus zufrieden stellende Werte.

Dieser günstige Befund wird allerdings durch die Erfahrungen der Konsumenten mit hohen Preiserhöhungen anlässlich der Euro-Bargeldeinführung im Januar 2002 getrübt, die der neuen Währung den Spitznamen „Teuro" einbrachten. Tatsächlich lag zu Jahresbeginn 2002 die Teuerung für bestimmte Güter und Dienstleistungen deutlich über der allgemeinen Inflationsrate, so beispielsweise im Bereich der Gastronomie. Kaufzurückhaltung und dadurch fallende Umsätze zwangen den Einzelhandel zu Rabatten und Preissenkungen und trugen zur Beruhigung der „Teuro"-Debatte bei. So war in Deutschland ein Jahr nach der Euro-Bargeldeinführung jedenfalls nur noch eine Inflationsrate von wenig über einem Prozent zu verzeichnen.

(aus: Informationen zur politischen Bild., Heft 279/2003, S. 28 f.)

Methode

Schaubilder auswerten

Schaubilder begegnen uns nicht nur im Schulbuch. Sie sind häufig in Tageszeitungen aber auch im Fernsehen und im Internet zu sehen. Ein komplexer Sachverhalt soll mithilfe eines Schaubildes auf kleinstem Raum dargestellt werden. Im Schaubild ergeben statistische Angaben und bildhafte Elemente zusammen eine Information. Diese Information soll sich dem Betrachter auf den ersten Blick mitteilen. Aber auch hinter Kleinigkeiten verbergen sich wichtige Informationen. Ihr sollt nun am Beispiel verfolgen, wie ein Zahlenbild entschlüsselt werden kann.

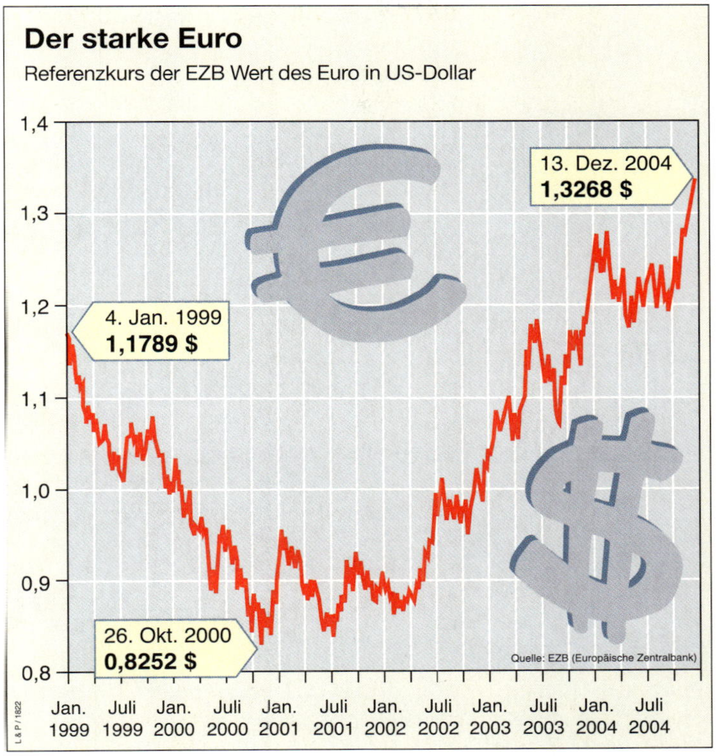

Thema des Schaubilds

Das Schaubild beschäftigt sich mit dem Kurswert des Euro im Vergleich zum US-Dollar. Die Überschrift „Der starke Euro" verrät uns bereits, dass sich der Euro im Vergleich zum US-Dollar gut entwickelt hat.

Zahlen und Daten

Das Schaubild zeigt uns einen Prozess. Der umfasst den Zeitraum vom 4. 1. 1999 bis zum 13. 12. 2004.
Das ist der Zeitraum von der Einführung des Euro als Buchgeld über den Zeitpunkt der Bargeldeinführung 2002 bis zum Dezember 2004.
Auf der x-Achse ist der Wert des Dollar verzeichnet.
Auf der y-Achse findet ihr die Zeitangaben in Halbjahresschritten.
Der Anfangswert, der Tiefpunkt und der Endwert im Verhältnis zum Dollar sind als Zahl ausgedruckt.

Information

Das Schaubild zeigt uns die Entwicklung des Euro. Nach anfänglicher Begeisterung über die gemeinsame Währung in Europa folgten Zweifel an der Stabilität der Währung. Mit der Einführung des Euro als Bargeld setzte ein „Höhenflug" des Euro ein.

Aufgaben

1. Recherchiere die Entwicklung des Euro seit dem 31. Dezember 2004. Beschreibe, wie du Informationen dazu gefunden hast.
2. Erstelle mithilfe deiner Informationen ein aktualisiertes Zahlenbild.

6. WAHLPFLICHT: Leben und arbeiten in der EU

Freizügigkeit ist ein Grundrecht, das unser Grundgesetz in Artikel 11 garantiert. Die geplante Verfassung für Europa soll dieses Grundrecht ebenfalls beinhalten.

In Titel II, Artikel I-8 „Die Unionsbürgerschaft" heißt es:

„(1) Unionsbürgerin oder Unionsbürger ist, wer die Staatsangehörigkeit eines Mitgliedstaats besitzt. Die Unionsbürgerschaft tritt zur nationalen Staatsangehörigkeit hinzu, ohne diese zu ersetzen.

(2) Die Unionsbürgerinnen und Unionsbürger haben die in der Verfassung vorgesehenen Rechte und Pflichten. Sie haben das Recht, sich im Hoheitsgebiet der Mitgliedstaaten frei zu bewegen und aufzuhalten;"

Europäer haben nun die Chance, in jedem Land der EU zu lernen oder dort zu arbeiten.

Material

19 Der EU-Binnenmarkt

„Die Schaffung eines Binnenmarkts war stets das Kernanliegen des europäischen Aufbauwerks. Vor einem Jahrzehnt, am 1. Januar 1993, räumte die EU viele der verbleibenden bürokratischen Hindernisse beiseite. Heute können sich die Europäer aussuchen, wo sie in der EU leben, arbeiten oder studieren möchten. Die Unternehmen haben Zugang zu einem wesentlich größeren Markt. Die Verbraucher können aus einer breiteren Palette von Qualitätsprodukten auswählen. Das Ergebnis sind mehr als 2,5 Millionen zusätzliche Arbeitsplätze und 877.000.000.000 Euro mehr Wohlstand. Die Europäische Union engagiert sich dafür, dass der Binnenmarkt künftig noch besser funktioniert und dass der Wohlstand in Europa gesichert und gemehrt wird."

(Frits Bolkestein, Mitglied der Europäischen Kommission zuständig für den Binnenmarkt)

20 Studieren im Ausland

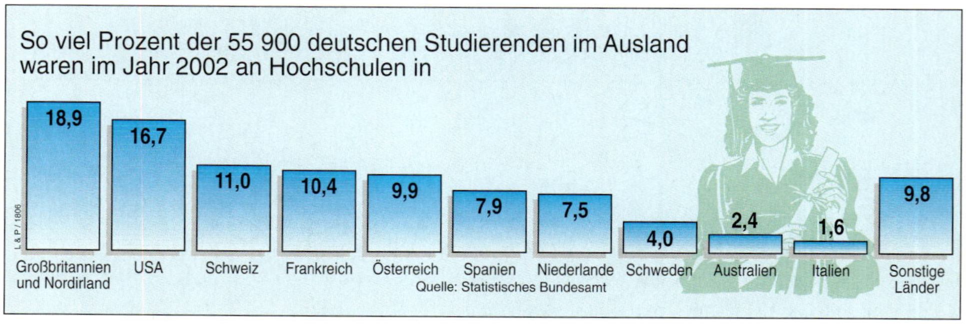

www.

www.europarl.de
www.eu-kommission.de

21 Was bringt die EU den jungen Menschen?

Soziale Sicherung europaweit

Das Europäische Gemeinschaftsrecht garantiert, dass jemand, der in Deutschland in den gesetzlichen Krankenkassen versichert ist, auch in jedem Land der EU Anspruch auf sofort erforderliche ärztliche Behandlung und andere Leistungen wie Krankenhausbehandlung und Medikamente hat. Diese Bestimmungen haben aber nicht erreicht, dass der soziale Schutz in allen Ländern gleich stark ist.

Das ist schon wegen der unterschiedlichen Lebensstandards in den einzelnen europäischen Ländern unmöglich. Aber auch Staaten mit vergleichbarem Lebensstandard haben unterschiedliche Sozialversicherungssysteme, die auf eine lange und fest in der nationalen Kultur verwurzelte Tradition zurückgehen und sich aus den Gepflogenheiten in den einzelnen Mitgliedstaaten entwickelt haben. Die EU-Bestimmungen können hier nur gemeinsame Regeln und Prinzipien festlegen:

Wer in einem EU-Land arbeitet, hat das Recht auf die gleiche Behandlung wie die Arbeitnehmerinnen und Arbeitnehmer des Gastlandes.

Wer in einem EU-Land arbeitet, verliert dadurch nicht die sozialen Ansprüche z. B. auf Arbeitslosengeld oder Rente, die sie oder er in seinem Heimatland bereits erworben hat.

Anerkennung von Bildungs- und Berufsabschlüssen

Da die unterschiedlichen Zeugnisse und Abschlüsse in der Europäischen Union nicht so einfach vergleichbar sind, gibt es gemeinsame Regelungen, wie diese trotzdem zur Anwendung kommen können:

1. Allgemeine Schulabschlüsse

Die Anerkennung ist in der Regel problemlos. Mit dem deutschen Abitur kann man auch an Unis in anderen europäischen Ländern studieren. Manchen reicht das Reifezeugnis allein jedoch nicht aus. So können an einigen europäischen Hochschulen Bewerbungsgespräche, Aufnahmeprüfungen oder Sprachtests erforderlich sein.

(aus: Leben, lernen, arbeiten ... in Europa. Ein Heft für die Schule, Ausgabe 2001/02, S. 8, 17, 21)

Soziale Sicherheit

Schüler- und Jugendaustausch

22 Programme der Gemeinschaft

Das Programm Sokrates ist auf Lernende und Lehrende ausgerichtet. Wenn du Lust hast, ein anderes EU-Land genauer kennen zu lernen und gleichzeitig deine Ausbildung fortsetzen möchtest, gibt dir als Schüler das Unterprogramm Comenius und als Student das Unterprogramm Erasmus die Gelegenheit dazu. Im Rahmen von Comenius werden Schulpartnerschaften gefördert. Außerdem unterstützt dieses Programm Schul- und Sprachprojekte, an denen Schulen verschiedener EU-Staaten arbeiten. Im Rahmen von Erasmus können Studenten an einer Hochschule eines anderen Mitgliedsstaates für 3 bis 12 Monate studieren. Erasmus vergibt hierfür Stipendien, die die entstehenden Kosten zum Teil ausgleichen sollen. Angehende Sprachlehrer können diese Stipendien auch für die Tätigkeit als Sprachassistenten erhalten.

(nach: Dialog mit Bürgern und Unternehmen; Europäische Gemeinschaften 2003)

Anerkennung von Bildungs- und Berufsabschlüssen

Aufgaben

1. Beschreibt, welche Möglichkeiten die Freizügigkeit des Binnenmarktes jungen Menschen eröffnet.
2. Forscht nach, ob es an eurer Schule Comenius-Projekte gibt oder gegeben hat. Welche Erfahrungen haben Schüler und Lehrer gemacht?
3. Habt ihr auch schon einmal über einen längeren Aufenthalt im Ausland nachgedacht? Suche im Internet nach weiteren Fördermöglichkeiten.

www.

www.kmk.org/pad/sokrates2

Material

23 Tour d'Europe

118.1

Polen

Bastian plant eine Informationsreise nach Krakow in Polen. Er lernt seit einigen Jahren Polnisch als dritte Fremdsprache. Später möchte er ein Semester an einer polnischen Universität studieren.

- Mit welcher Währung bezahlt man in Polen?
- Kann man auch mit dem Euro zahlen?
- Braucht Bastian ein Visum?

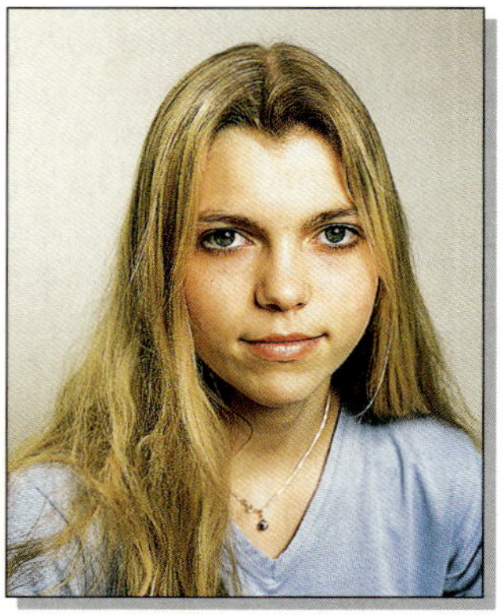

118.2

Norwegen

Lena plant mit ihren Freunden eine Reise nach Norwegen. Sie wohnt in Pirna und klettert in ihrer Freizeit in der Sächsischen Schweiz. Mit ihrer Klettergruppe möchte sie jetzt die norwegischen Fjorde erobern.

- Ist Norwegen eigentlich Mitglied der EU?
- Gibt es Grenzkontrollen?
- Brauchen wir einen Personalausweis oder einen Reisepass?

118.3

Spanien

Leonie will ihre Ferien einfach nur genießen, am Strand liegen, schwimmen und abends tanzen. Mit einer Jugendreisegruppe fährt sie an die spanische Mittelmehrküste.
Sie fährt in ein EU-EURO-Land. Ihre Reise ist gut organisiert, sie muss sich um nichts kümmern.

- Welche wichtigen Vorbereitungen sollte sie trotzdem treffen?

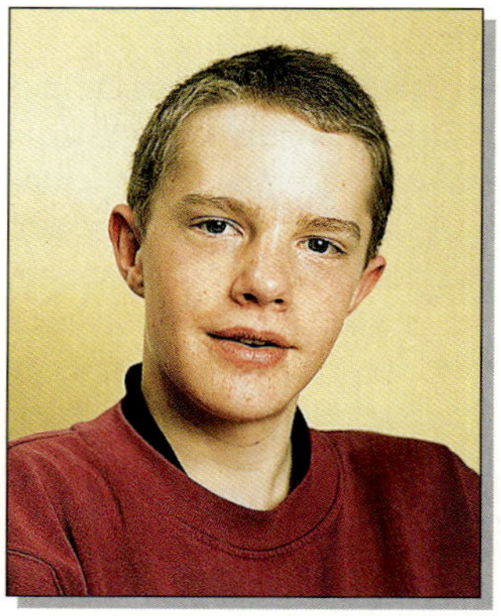

118.4

Großbritannien

Jörn hat etwas ganz besonderes vor. Er wird im kommenden Schuljahr nicht in Sachsen sondern in Großbritannien zur Schule gehen. Also verreist er in diesen Ferien nicht. Er bereitet sich auf sein Schuljahr im Ausland vor.

- Wenn er während des Aufenthaltes krank wird, wer behandelt ihn dann?
- Ist seine Krankenversicherung auch im Gastland gültig?

24 Grenzenlose Reisefreiheit

Endlich Sommerferien! Ein langes, anstrengendes Schuljahr liegt hinter euch.
Ihr plant mit euren Freunden den Urlaub. Die „Schülerurlaubskasse" ist knapp bemessen. Trotzdem möchtet ihr eure Brieffreunde im Ausland besuchen.
Was ist im Vorfeld einer solchen Reise zu bedenken?

119.1 Reisepause am Bahnhof

Noch vor einigen Jahren musste man vor der Reise in ein anderes europäisches Land bei dessen Regierung ein Visum beantragen. Dies ist heute anders. Zwischen den Staaten der Europäischen Union gibt es keine Visumpflicht mehr. Grenzkontrollen gibt es nicht oder nur im Einzelfall. Ausnahmen bilden die Staaten der Osterweiterung. Grenzkontrollen werden hier schrittweise abgebaut.
Seit dem Inkrafttreten des Schengener Abkommens 1995 gibt es zwischen den teilnehmenden Ländern, zu denen seit 2005 auch die Schweiz zählt, keine Grenzschranken mehr.
Inzwischen ist nicht einmal mehr ein Reisepass zum Grenzübertritt notwendig. Ihr könnt also mit dem Personalausweis durch Europa reisen. Wozu also noch ein Reisepass?
Mit der Einführung des EU-Passes sollen nationale Dokumente vereinheitlicht werden. Beim Grenzübertritt in nicht EU- Länder soll verdeutlicht werden, dass hier Bürgerinnen und Bürger der EU einreisen.
Mit dem Schengener Abkommen wurden auch die Befugnisse der Polizei erweitert. Offene Grenzen öffnen auch neue Möglichkeiten für Kriminelle. Die Polizei darf nun unabhängig von einem Verdacht Personen im Landesinneren kontrollieren.
Zudem wurde in Straßburg ein zentraler Polizeicomputer eingerichtet, in dem europäische Datensätze gespeichert werden.
Grenzenloser und sicherer Reisefreiheit steht also nichts mehr im Wege.

Aufgaben

1. Plant selbst eine Reise durch mindestens drei europäische Staaten. Legt mithilfe einer Europakarte mindesten fünf Stationen fest. Überlegt, was euch an diesen Stationen interessiert und zeichnet die Route in die Karte ein.
2. Legt einen Steckbrief der besuchten Länder an.
   Wie viele Einwohner haben sie?
   Welche wirtschaftlichen Besonderheiten weisen sie auf? Sammelt Informationen zu Hauptstadt, Regierungssystem und Währung dieser Länder!
3. Erstellt einen Kostenplan für eure Reise. Bedenkt dabei Kosten für Transport, Unterkunft und Verpflegung.
4. Wie sähe eine Reiseplanung aus, wenn Bastian nach New York, Leonie nach Moskau, Lena nach Johannisburg und Jörn nach Ulan-Bator fahren wollte?

Was wird aus

Référendum du 29 mai 2005
Pour qu'une
Europe soit
oui
MON
Les Verts votent oui au Traité établissant une Constitution pour l'Europe
L'EUROPE
Les Verts
PCF
59
Référendum du 29 mai 2005
Pour qu'une autre
Europe soit possible
oui
Les Verts votent oui au Traité établissant une Constitution pour l'Europ
L'EUROPE
Les Verts
PARTI VERT
EUROPEEN

Europa?

„Europa ist keineswegs am Ende … Dass sich fünfhundert Millionen Europäer gegliedert in 25 Nationen … aus ihrem eignen freien Willen und frei von fremder Gewalt zu einer Union vereinigt haben, bleibt in der Weltgeschichte einmalig."

Altbundeskanzler Helmut Schmidt
Die Zeit vom 9. Juni 2005

1. Die Finanzen der EU

Die Europäische Union gibt viel Geld aus. Ihr wurden viele Aufgaben übertragen, die früher Sache der Einzelstaaten waren. Die EU hat aber keine Finanzhoheit, das heißt: Sie hat nicht das Recht, Steuern zu erheben. Das haben ihr die Mitgliedsstaaten bisher nicht übertragen. Das nötige Geld wird von den einzelnen Staaten erhoben und dann der Union als deren Eigenmittel zur Verfügung gestellt.

Die Regierungen der Mitgliedsstaaten beschließen einstimmig, welche Eigenmittel der EU zustehen und wie viel Geld sie einnehmen kann. Dieser Eigenmittelbeschluss wird regelmäßig überprüft und bei Bedarf geändert. Die gesamten Eigenmittel der EU dürfen 1,27 Prozent des Bruttosozialprodukts (BSP) aller Mitgliedsstaaten nicht übersteigen.

Für die Zeit von 2000 bis 2006 gilt der Beschluss von 1999. Jede Änderung des Eigenmittelsystems muss von den Parlamenten aller Mitgliedsstaaten gebilligt werden.

Zu den Eigenmitteln der EU zählen:

- Alle Zölle, die bei der Einfuhr von Gütern aus Nicht-EU-Ländern in den Binnenmarkt erhoben werden; ferner Abgaben im Rahmen der gemeinsamen Agrarpolitik, z.B. für die Produktion von Zucker. Die Mitgliedstaaten behalten 25 Prozent als Erhebungskosten ein.
- Mehrwertsteuereinnahmen: 0,5 Prozent der „Mehrwertsteuer-Bemessungsgrundlage". Sie wird für jeden EU-Staat nach einheitlichem Verfahren errechnet und entspricht in etwa dem Endverbrauch.
- Ein Anteil am Bruttosozialprodukt, also der wirtschaftlichen Leistung der einzelnen Staaten während eines Jahres.

Material

1 Zusammensetzung des EU-Haushalts

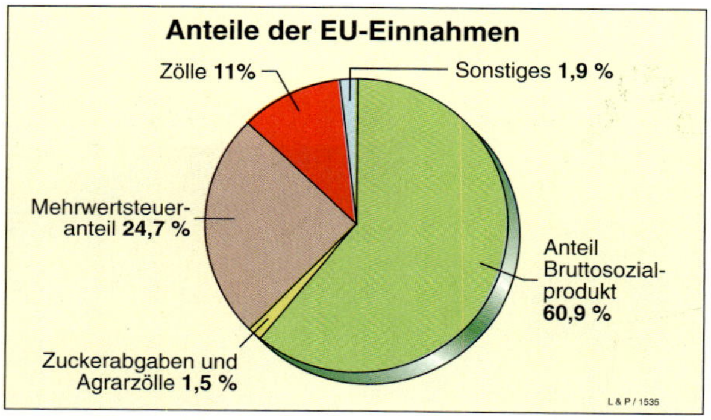

122.1

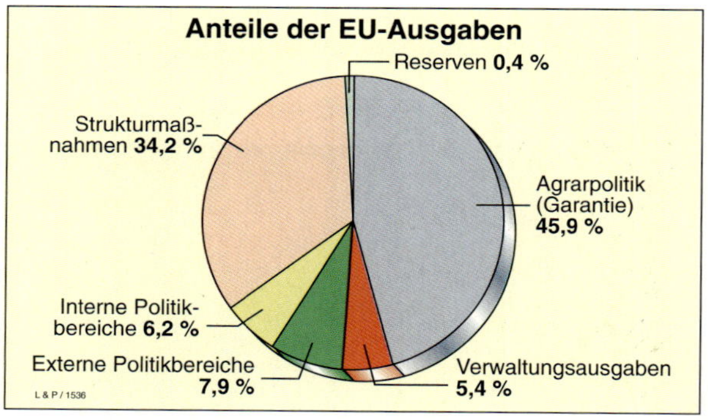

122.2

(Quelle: Europäische Kommission, Gesamthaushaltsplan der EU für 2003, Januar 2003)

2 Zahlmeister Deutschland?

Das Ausgabenvolumen des EU-Budgetentwurfs 2004 beträgt rund 100 Milliarden Euro. [...] Der deutsche Finanzierungsanteil am EU-Haushalt (rund 22 Prozent, 22,4 Milliarden Euro) sinkt gegenüber dem Vorjahr weiter (2003: 23 Prozent). Im Jahr 1999 betrug dieser Anteil noch 25,5 Prozent. Mit den Beschlüssen des Europäischen Rates von Berlin über die Finanzierung der Gemeinschaft bis zum Jahr 2006 konnte die Entlastung Deutschlands eingeleitet werden. Politischer Schwerpunkt des Budgets ist die Erweiterung.

(Information des Bundesfinanzministeriums, 16. 7. 2003)

3 Blair contra Chirac

Im Streit um die künftige Finanzierung der EU stehen sich Großbritanniens Premier Tony Blair und Frankreichs Staatspräsident Jacques Chirac unversöhnlich gegenüber.

Briten-Rabatt
Blair pocht darauf, dass der 1984 von Premierministerin Maggie Thatcher ausgehandelte „Briten-Rabatt“ beibehalten wird. Danach erhält Großbritannien, weil es weniger von den Agrarausgaben profitiert als andere, zwei Drittel seiner Nettobeiträge an die EU zurückerstattet. Das waren zuletzt 4,6 Mrd. Euro pro Jahr, Tendenz steigend. Blair will einer Überprüfung nur zustimmen, wenn die EU-Agrarsubventionen gekürzt werden.

Agrarsubventionen
Chirac wendet sich strikt gegen eine Verringerung der Agrarsubventionen, von denen Frankreich am meisten profitiert. Die 2002 beschlossene Regelung gelte bis zum Jahr 2013, argumentiert Chirac. Zuletzt subventionierte die EU Frankreichs Bauern mit jährlich neun Mrd. Euro. In diesem Jahr sieht der EU-Haushalt Ausgaben von 106 Mrd. Euro vor. Davon entfallen 45 Mrd. Euro auf die Agrarwirtschaft.

(aus: Handelsblatt, 16. 6. 2005)

4 Zahler und Empfänger in der EU

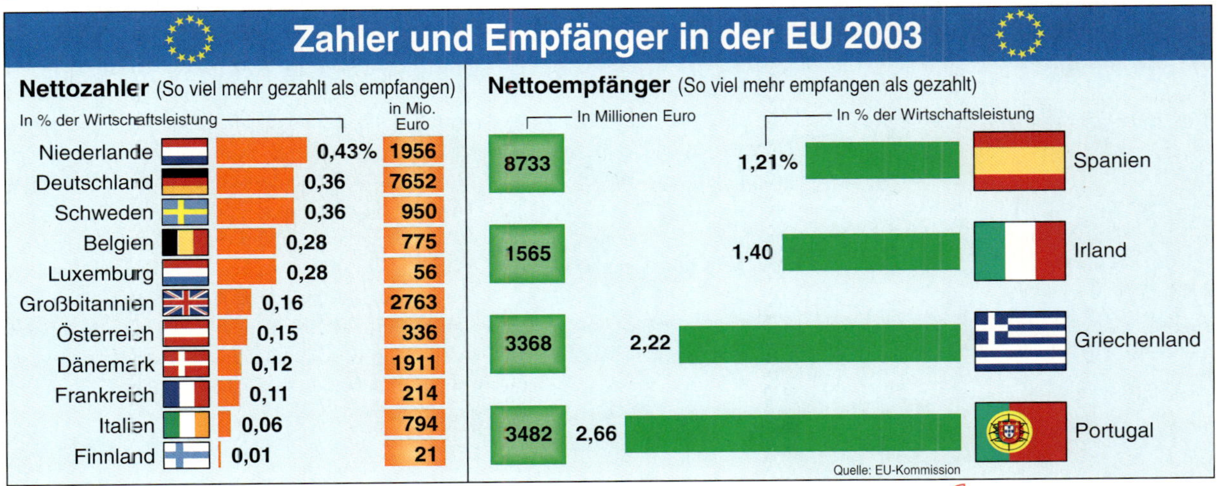

Aufgaben

1. Warum zahlen einige Staaten mehr als sie empfangen?

Material

5 Pressestimmen

Hauen und Stechen in Brüssel
Frankfurter Allgemeine Zeitung 19. Juni 2005

Wer bezahlt, soll auch bestimmen können
Frankfurter Allgemeine Zeitung 19. Juni 2005

Das Rabattgefecht
Die Zeit, 16. Juni 2005

Vor dem Krisengipfel zeichnet sich keine Einigung im Finanzstreit ab
Handelsblatt, 16. Juni 2005

Die EU darf kein volkseigener Betrieb sein
Frankfurter Allgemeine Zeitung 19. Juni 2005

6 Was Europa kosten darf und was es wert ist

Der Spaß ist nicht besonders teuer. Etwa 90 Euro im Jahr kostet jeden Deutschen die Mitgliedschaft in der Europäischen Union. Reisen und Arbeiten ohne Grenzen sind im Preis inbegriffen, dauerhafter Frieden eine kostenlose Dreingabe. Der Club ist seinen Preis also wert, gäbe es da nicht ein kleines Problem. Ausgerechnet in dieser Woche soll der Beitrag erhöht werden, und dies, nachdem Franzosen und Niederländer gerade erst die EU-Verfassung abgelehnt haben. Hört da jemand nicht hin?
Die EU ist noch handlungsfähig – dieses Signal wollen die Regierungschefs auf ihrem Gipfel in Brüssel geben. Klingt gut, ist es aber nicht. Denn wenn die EU-Chefs den Haushalt 2007 bis 2013 so ähnlich verabschieden, wie es sich die Luxemburger Präsidentschaft wünscht, bekommen alle EU-Gegner weitere Argumente frei Haus geliefert. Schließlich stiege dann nicht nur der deutsche Beitrag. Es bliebe auch der unsägliche Agrarhaushalt unangetastet, und der würde weiterhin den Hunger in der Dritten Welt speisen. […]
Kluge Politiker würden eine neue, faire EU heute ganz anders mit Geld ausstatten. Wahrscheinlich käme die Agrarpolitik gar nicht vor. (Warum auch, die französischen Bauern haben gerade erst mit erdrückender Mehrheit gegen die EU gestimmt.) Es gäbe keinen Britenrabatt, hingegen einen Finanzausgleich zwischen armen und reichen Mitgliedern. Und daneben würden Forschung, Bildung, Wettbewerbsförderung und die gemeinsame Außenpolitik eigene Mittel bekommen.
Traumtänzerei, winken die Europaexperten ab. Die EU sei ein historisch gewachsenes Gebilde. Jede noch so unsinnige Ausgabe hatte folglich einen Sinn, befriedete und befriedigte immer neue Länder. Doch kann Europa nicht so weitermachen wie bisher, auch nicht beim Geldausgeben. […]

(aus: DIE ZEIT 16. 6. 2005 Nr.25, Petra Pinzler)

Aufgaben

1. Recherchiert, wofür die EU Geld ausgibt.
2. Informiert euch über EU-Projekte in Sachsen.

7 Brüsseler Wanderzirkus

Das Europäische Parlament funktioniert nach dem Prinzip: eine Institution, drei Standorte. In Brüssel wird gearbeitet, in Straßburg getagt, in Luxemburg verwaltet. Der monatliche Wanderzirkus zwischen Brüssel und Straßburg allein kostet einer Kalkulation des Parlaments zufolge 203 Millionen Euro im Jahr – für Unterhalt der Gebäude, Logistik, Fahrt- und Hotelkosten. Abgeordnete, Assistenten, Funktionäre sowie der Begleittross aus Journalisten und Lobbyisten mieten während der Sitzungswochen insgesamt 4000 Hotelbetten in Straßburg und den umliegenden Dörfern.
Alle Sturmläufe gegen den absurden europäischen Wanderzirkus prallten bisher am eisernen Widerstand Frankreichs ab. Zwölfmal im Jahr muss das Parlament von Montagmittag bis Donnerstagmittag in Straßburg tagen. Der Sitzungstag Freitag wurde vor einigen Jahren gestrichen – zu peinlich war die Leere des Plenarsaals. Weil sich Paris den Parlamentssitz Straßburg 1997 im Vertrag von Amsterdam festschreiben ließ, gehört er zum europäischen Primärrecht und kann nur durch einstimmigen Beschluss der 25 EU-Regierungen aufgehoben werden. […]

(Aus: Die Welt, Katja Ridderbusch, 26. 7. 2005)

125.1 Europa-Parlament in Brüssel

125.2 Europa-Parlament in Straßburg

2. Bleibt ein Demokratiedefizit?

„Es ist besser, unvollkommene Entscheidungen durchzuführen, als besändig nach vollkommen Entscheidungen zu suchen, die es niemals geben wird." Charles de Gaulle äußerte sich so schon zum Europa der damals noch sechs Staaten. Im Europa der 25 ist es noch schwieriger geworden, transparente, demokratische Entscheidungen einvernehmlich zu treffen.

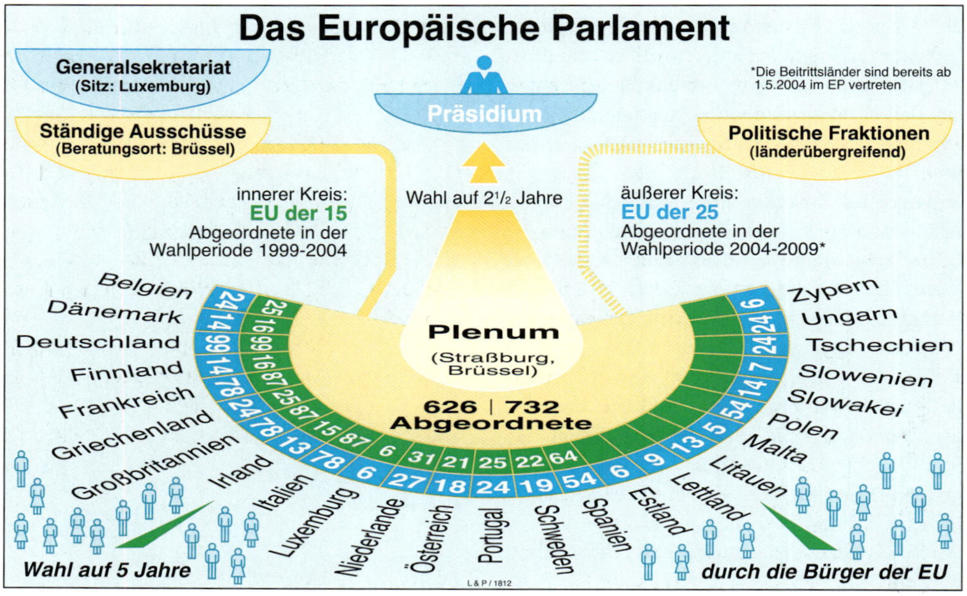

Material

8 Legitimationsmangel

Der Vorwurf eines Demokratiedefizits der EU speist sich daraus, dass die EU den nationalen Parlamenten Kompetenzen entzogen hat, ohne sich selbst in gleichem Maße demokratisch zu legitimieren. Eine aus demokratischen Wahlen hervorgegangene europäische Regierung gibt es im politischen System der EU nicht. Die Entscheidungen trifft – hinter verschlossenen Türen – im Wesentlichen der Rat der EU. Trotz des stufenweisen Ausbaus der Rechte des direkt gewählten Europäischen Parlaments ist seine Machtausstattung im Vergleich zu demokratischen Staaten gering. In dem Ausmaß, in dem die EU Aufgaben mit Staatsqualität übernimmt, gewinnt der Abbau des Demokratiedefizits an Bedeutung.

(Weidenfels/Wessels (Hg.), Europa von A bis Z, Bonn 2002, S. 389 f.)

126.1 Zeichnung: Christiane Pfahlmann

9 Die Deutschen immer die Dummen?

„One man – one vote.“ Diese simple Idee ist ein Kernbestandteil jeder Demokratie. „One man – one vote“ heißt aber nicht nur, dass jeder Mensch eine Stimme hat. Sondern auch, dass jede Stimme gleich viel zählt. Artikel 38 Absatz 1 Grundgesetz regelt hier für die Wahlen zum Bundestag, dass diese „gleich“ sein müssen. Unumstritten –, und wenn Juristen mal unumstritten einer Meinung sind, verdient das umso höhere Aufmerksamkeit – unmstritten bedeutet dies, dass jede Stimme den gleichen „Erfolgswert“ hat, sprich: genauso viel zählt wie die anderen Stimmen.

Es wäre ja auch merkwürdig, wenn die Stimme von Frau Meyer mehr wert wäre als die von Herrn Schmidt. Oder eine Stimme aus Nordrhein-Westfalen weniger wert wäre als eine aus Bayern. Man stelle sich nur den bundesweiten Aufschrei vor!

Dabei ist genau das bei den Wahlen zum europäischen Parlament der Fall: die Stimme des Deutschen aus Freilassing ist nur halb so viel wert wie die Stimme des Österreichers aus Salzburg. Luftlinie zwischen beiden Städten: keine 20 Kilometer.

Artikel 19 Absatz 2, Satz 3 des europäischen Verfassungsentwurfs beschreibt dieses Phänomen in hölzerner Gesetzessprache: „Die europäischen Bürgerinnen und Bürger sind im Europäischen Parlament degressiv proportional, mindestens jedoch durch vier Mitglieder je Mitgliedstaat vertreten.“

Wäre die bundesrepublikanische Stimme so viel wert wie die österreichische, so dürften die Deutschen statt 99 Abgeordneten derer 182 nach Brüssel entsenden. Natürlich kann man an den Einzelheiten der Rechnung herummäkeln und zum Beispiel einwenden, als Basis dürfe nicht die Gesamtbevölkerung, sondern die nur stimmberechtigte Bevölkerung genommen werden. Geschenkt. Im Ergebnis bleibt es dabei: Die Stimme des Bundesbürgers zählt knapp die Hälfte wie die des Österreichers. Aber die Österreicher sind nur ein Beispiel für das Phänomen. Man hätte jedes andere Land nehmen können, das Prinzip ist immer dasselbe, auch wenn der Abstand des Stimmenwertes sich angleicht, je größer das Land wird. Trotz allem: Die bundesdeutsche Stimme zählt am wenigsten in Europa.

(spiegel online, 3. 10. 2003)

127.1 Subsidiarität – Formel für ein bürgernahes Europa?

3. Brauchen wir eine europäische Verfassung?

Aus der Präambel des Entwurfs, Vertrag über eine Verfassung für Europa:
„In dem Bewusstsein, dass der Konvent ein Träger der Zivilisation ist [...]. In der Überzeugung, dass ein nunmehr geeintes Europa auf diesem Weg der Zivilisation, des Fortschritts und des Wohlstandes zum Wohl aller weiter voranschreiten will [...]. In der Gewissheit, dass Europa, in Vielfalt geeint, ihnen die besten Möglichkeiten bietet, [...] dieses große Projekt fortzusetzen."

Material

10 Was bringt uns die neue Verfassung?

ZIEL: Herstellung der vollen Handlungsfähigkeit der Europäischen Union nach Erweiterung zur EU-25

1. EU-Spitzenämter:
An der Spitze der Europäischen Union stehen drei Personen: Der Kommissionspräsident, der Außenminister und der Präsident des Europäischen Rates der Staats- und Regierungschefs. Dessen Amtszeit dauert nicht mehr nur sechs Monate, sondern zweieinhalb Jahre und kann ein Mal verlängert werden.

2. EU-Kommission:
Jeder Staat hat einen Kommissar. Ab 2014 wird die Zahl der Kommissare auf zwei Drittel der Zahl der EU-Staaten reduziert – mit einer echten Rotation: Jeder Staat ist nach zwei Amtsperioden fünf Jahre lang nicht in der EU-Kommission vertreten.

3. Abstimmungen:
Es gilt die „doppelte Mehrheit": Ein Beschluss auf Vorschlag der EU-Kommission gilt, wenn mindestens 55 Prozent der Mitgliedstaaten – mindestens aber 15 Staaten – zustimmen. Sie müssen mindestens 65 Prozent der EU-Bevölkerung repräsentieren. Für ein Veto sind mindestens vier Staaten nötig.

4. Mehrheits- und Vetoentscheidungen:
Mehrheitsentscheidungen gibt es in mehr Politikbereichen, vor allem in der Innen- und der Justizpolitik. Das Vetorecht gilt weiter überwiegend für die Steuer-, die Außen- und die Sicherheitspolitik.

5. Parlamentarismus:
Das Europäische Parlament erhält mehr Kompetenzen. Bei der Wahl des EU-Kommissionspräsidenten müssen die Mehrheitsverhältnisse im Europäischen Parlament berücksichtigt werden. Die Parlamente der EU-Mitgliedstaatenerhalten ein Vetorecht bei Kompetenzüberschreitungen der EU. Es gibt die Möglichkeit eines Volksbegehrens auf EU-Ebene.

6. Ratifizierung:
Alle Mitgliedstaaten müssen die Verfassung durch Parlaments- oder Volksentscheid ratifizieren. Scheitert die Ratifizierung in einem oder in mehreren Ländern, muss sich ein EU-Gipfel damit befassen.

(nach: Grafschafter Nachrichten, 13. Mai 2005, S. 4)

11 Rechte der EU-Bürger

EU-Verfassungsvertrag, Artikel I-47: Grundsatz der partizipativen Demokratie

(1) Die Organe der Union geben den Bürgerinnen und Bürgern und den repräsentativen Verbänden in geeigneter Weise die Möglichkeit, ihre Ansichten in allen Bereichen des Handelns der Union öffentlich bekannt zu geben und auszutauschen.

(2) Die Organe der Union pflegen einen offenen, transparenten und regelmäßigen Dialog mit den repräsentativen Verbänden und der Zivilgesellschaft.

(3) Um die Kohärenz und die Transparenz des Handelns der Union zu gewährleisten, führt die Kommission umfangreiche Anhörungen der Betroffenen durch.

(4) Mindestens eine Million Bürgerinnen und Bürger aus einer erheblichen Zahl von Mitgliedstaaten können die Kommission auffordern, geeignete Vorschläge zu Themen zu unterbreiten, zu denen es nach Ansicht der Bürgerinnen und Bürger eines Rechtsakts der Union bedarf, um die Verfassung umzusetzen. Die Bestimmungen über die besonderen Verfahren und Bedingungen, die für eine solche Bürgerinitiative gelten, werden durch ein Europäisches Gesetz festgelegt.

12 Bedenken der EU-Bürger

13 Ratifizierung der EU-Verfassung

Die Ratifizierung des Vertrages über die Verfassung für Europa erfolgt in den Mitgliedsstaaten der EU auf unterschiedliche Art und Weise.

In Spanien entschieden sich am 20. Februar 2005 Volk und Parlament für den Verfassungsentwurf.

In Frankreich und den Niederlanden lehnte das Volk die Verfassung Europas im Referendum ab.

In Finnland und Italien entscheiden nur die Volksvertreter in den jeweiligen Parlamenten über die Verfassung.

In Deutschland regelt das Grundgesetz in Artikel 23 und 79 die Ratifikation des Vertrages. Danach müssen die Abgeordneten von Bundestag und Bundesrat mit Zweidrittelmehrheit für den Verfassungsentwurf stimmen.

Material

14 In glücklicher Verfassung

Noch nie hat Europa so viel Schimpf auf sich gezogen wie heute. Die Angst geht um unter den Deutschen – vor Lohndumping, Sozialabbau, Stellenexport.

„Brüssel“ werden alle Probleme angekreidet und die Fehler und Versäumnisse der eigenen Regierung gleich dazu. Wer derzeit freundlich von Europa spricht, hat schon verspielt.

Diese Woche stimmt der Bundestag über den europäischen Verfassungsvertrag ab. In sein klares Ja werden sich nur wenige Gegenstimmen mischen, sehr zum Ärger mancher Bürger, denen das alles gegen den Strich geht. So verständlich ihre Furcht vor sozialem Abstieg sein mag, mit dem Thema dieses großen Tages hat sie nichts zu tun.

Der Verfassungsvertrag schreibt eine Erfolgsgeschichte fort – und nicht die angebliche Dekadenz einer alten Welt.

Europa ging es nie so gut wie heute. Hier leben 450 Millionen Menschen nur sechzig Jahre nach Kriegsende in einzigartiger Gemeinschaft. Angesichts dieses Erfolges hat alles Pathos längst ausgedient, es zählt allein die gute Praxis.

Der „Europäische Traum“, den der Amerikaner Jeremy Rifkin so bewundert, er ist längst Wirklichkeit. Vom Atlantik bis zum Bug sind nach und nach alle Diktaturen verschwunden.

Dieses Europa ist längst mehr als nur ein gemeinsamer Binnenmarkt, in dem eine größere Zahl von Menschen in relativem Wohlstand lebt als in den Vereinigten Staaten.

Heute zählt diese Gemeinschaft 25 Mitglieder, binnen kurzem werden es schon 28 sein, verbunden durch einen gemeinsamen Wertekanon, der sich mit Begriffen wie Menschenrechte, Rechtsstaat, Eigentum, Freiheit und Verantwortung buchstabiert.

(aus: Die Zeit, 11. 5. 2005, Joachim Fritz-Vannahme)

15 Ratifizierung der Verfassung in Deutschland

Deutschland hat die europäische Verfassung im Herbst 2005 noch nicht ratifiziert.

[...] Der Bundestag bestätigte am 12. Mai 2005 mit großer Mehrheit die Verfassung der Europäischen Union. Am 27. Mai hat auch der Bundesrat mit der nötigen Zweidrittelmehrheit zugestimmt. Allerdings ist noch eine Verfassungsbeschwerde des CSU-Bundestagsabgeordneten Peter Gauweiler beim Bundesverfassungsgericht anhängig.

Der Bundespräsident wird mit seiner Unterschrift solange warten, bis das Verfassungsgericht entschieden hat.

(aus: Bundeszentrale für politische Bildung, Ratifizierung der Verfassung, 12. Juli 2005)

16 Doppeltes Nein

Selten haben sich die Bürger so demonstrativ von der Europäischen Union abgewandt wie in dieser Woche. Ein solches Misstrauensvotum wie das doppelte Nein zur Verfassung hat die Gemeinschaft noch nicht erlebt. [...] Die Verfassungsreferenden haben gezeigt, dass Europa vor einem Rückzug ins Nationale steht. Es ist eine Flucht in ökonomische Konzepte, die in einer globalisierten Welt scheitern müssen. Die Bürger haben für wirtschaftspolitischen Stillstand gestimmt, obwohl der Kontinent weitere Reformen braucht. Besonders im französischen Referendum drückt sich eine Stimmung aus, die schon die Wahlen in Nordrhein-Westfalen beeinflusst hat. Es handelt sich um eine Mischung aus Frust über die Massenarbeitslosigkeit, Angst vor der EU-Osterweiterung und Abneigung gegen Reformen.

(aus: Süddeutsche Zeitung, 4. 6. 2005)

17 Non der französischen Bürger zur EU-Verfassung

Mit seinem deutlichen Nein zum Europäischen Verfassungsvertrag hat das rebellische Frankreich seiner Tradition als „politischer Nation par excellence" am 29. Mai alle Ehre gemacht. Es hat den Alten Kontinent wachgerüttelt, den Völkern neue Hoffnung gegeben und die Eliten verstört. Es knüpft an seinen „historischen Auftrag" an und beweist durch den Mut seiner Bürger, dass es sehr wohl möglich ist, sich angeblichen wirtschaftlichen und politischen Sachzwängen zu entziehen. Dieses Nein stoppt den ultraliberalen Anlauf, überall in der Welt und dem Willen der Bürger zum Hohn ein einheitliches Wirtschaftsmodell durchzusetzen. [...]
Die Bürger haben begriffen, dass der ihnen zur Abstimmung vorgelegte Vertrag den gnadenlosen Wettbewerb im Güter- und Dienstleistungssektor ebenso wie den zwischenstaatlichen Wettlauf um Sozialabbau in den Rang einer Verfassungsnorm erheben würde. Die äußerst mageren Fortschritte in Sachen Demokratie, die der Vertrag verhieß, hätten die verfassungsmäßige Festschreibung des ultraliberalen Modells schwerlich aufwiegen können, zumal künftige Parlamentswahlen dadurch jede Bedeutung verloren hätten.

Das Non war ein außergewöhnlich informiertes Votum, das durch tausende private und öffentliche Diskussionen und intensive Lektüre vorbereitet war - die Neuerscheinungen über die Verfassung standen monatelang auf den Bestsellerlisten. [...]

Dieses Votum war nicht nationalistisch motiviert, sondern mehrheitlich ein pro-europäisches Votum. Die zahllosen Gewerkschafter und Initiativen anderer Unionsländer, die bei sich oder durch ihre Beteiligung an der Kampagne in Frankreich für ein anderes Europa mobilisierten, haben sich hier nicht geirrt. Viele Europäer, die von ihrer Regierung nicht nach ihrer Meinung gefragt wurden, baten die Franzosen, stellvertretend für sie abzustimmen.

Die nun entstandene Situation eröffnet die Möglichkeit, Werte und Regeln des Zusammenlebens in Europa zu überdenken. Unser Zusammenleben darf sich nicht auf den Nullpunkt des freien Kapital-, Güter-, Dienstleistungs- und Personenverkehrs reduzieren. Das Nein vom 29. Mai schlug keine Türen zu – es gibt Anlass zu neuer Hoffnung.

(aus: Le Monde diplomatique Nr. 7686 vom 10. 6. 2005, Ignacio Ramonet)

Aufgaben

1. Warum gibt es in Europa Reformbedarf?
2. Beschreibe die Karikatur S. 128 In welchem Verhältnis stehen das deutsche Grundgesetz und die Europäische Verfassung zueinander?
3. Welchen Raum geben das Grundgesetz und die Sächsische Verfassung dem Bürgerentscheid?
4. Woraus ergibt sich die unterschiedliche Art und Weise der Ratifizierung in den verschiedenen europäischen Staaten?
5. Vergleicht das Ratifizierungsverfahren in Deutschland und Frankreich miteinander. Beschreibt die Bedenken der Bürger in beiden Staaten.

Die Welt

im 21. Jahrhundert

„Die Gründer der Vereinten Nationen, erkannten, dass internationale Sicherheit kein Nullsummspiel ist. Frieden, und Freiheit sind keine begrenzten Waren – wie Land, Öl oder Gold – die ein Staat auf Kosten eines anderen erwerben kann. Im Gegenteil: Je mehr Frieden, Sicherheit und Freiheit ein Staat besitzt, desto mehr können auch seine Nachbarn davon haben."

Kofi Annan auf der 57. Generalversammlung der Vereinten Nationen am 13.09.2002

1. Vor neuen Herausforderungen

Material

1 Realität oder Vision?

Taucht ein in eine Umgebung sterbender Vegetation,
in eine Umgebung,
in der das Ozonloch keine Phantasiegeschichte mehr ist,
wo Menschen genervt durch Straßen voller Smog hasten,
sich in öffentlichen Verkehrsmitteln unsicher nach
verdächtigen Gepäckstücken umschauen,
wo die Vielfalt von Flora und Fauna immer geringer wird, dorthin,
wo der Tisch längst nicht mehr für alle gedeckt ist,
wo Krankheiten epidemische Ausmaße angenommen haben und
Gesundheit ein Privileg einiger weniger wird.
Möchtet ihr dort leben?

134.1 Smog in Asien

Methode

Zukunftswerkstatt

Die Zukunftswerkstatt ist eine Methode, zu der ihr die Kräfte eurer Phantasie aktivieren könnt. Gemeinsam sollt ihr herausfinden, wie sich jeder von euch die Zukunft vorstellt und was getan werden muss, um diese Vorstellungen zu verwirklichen.

1 Vorbereitungsphase

Die Problemstellung ist durch das Material 1 bereits beschrieben. Wir leben in einer Welt, deren Zustand uns nicht gefallen kann. Schwerpunkte ergeben sich aus dem Text:

- Artensterben
- Klimawandel
- globale Krankheiten
- Terrorismus
- Zivilisationsschäden der Industriegesellschaft

Es werden Gruppen gebildet, die sich in die Probleme einarbeiten. Sie stellen den Ist-Zustand fest.

Für die weitere Arbeit muss auch der Materialbedarf für die Erstellung der Unterrichtsprodukte geklärt werden.

2 Kritikphase

Die Gruppen präsentieren den Ist-Zustand ihres Problembereichs und befassen sich mit der Frage: Was stört uns an diesem Zustand? Die Ergebnisse werden für alle sichtbar festgehalten.

3 Utopiephase

Mit Phantasie gehen die Gruppen nun an die Konstruktion eines wünschenswerten Zukunftsbildes. Die Gruppen entwickeln Strategien, um diesen Wunschzustand zu erreichen. Dabei geht es zunächst nur um Ideen, nicht um deren Realisierbarkeit.

Alle Ideen werden gesammelt, noch nicht bewertet.

4 Praxisphase

Nun kehren wir in die Realität zurück. Da es sich in unserem Beispiel um globale Probleme handelt, soll nach politischen Lösungen gesucht werden.

- Was könnten wir tun, wenn wir die Macht hätten?
- Welche Bündnispartner müssen gesucht werden?
- Welche Aktionen können geplant werden?
- Welche Kompromisse müssen geschlossen werden, welche nicht?

5 Nachbereitungsphase

Die Vielzahl der entstandenen Unterrichtsprodukte wird jetzt präsentiert und diskutiert. Zur Nachbereitung sollte bei einer so umfangreichen Methode auch die Methodenkritik gehören.

135.1 Zeitalter des Terrors

2. Die neue Bundeswehr

Material

2 Was bedeutet Transformation?

Das sicherheitspolitische Umfeld der Bundesrepublik Deutschland hat sich in den vergangenen Jahren grundlegend geändert. Neue Formen der Konfliktaustragung und andere sicherheitspolitisch relevante Akteure treten in Erscheinung. Dem entsprechend erwachsen neue Herausforderungen für die Streitkräfte. Die Erweiterung der NATO und der EU sowie die außenpolitische Neuordnung Russlands haben einen euro-atlantischen Stabilitätsraum ermöglicht. Eine Gefährdung deutschen Territoriums durch konventionelle Streitkräfte gibt es derzeit und auf absehbare Zeit nicht. Auch für die Verbündeten erkennt die NATO derzeit keine die Existenz bedrohende Gefährdung, der sie nicht gerecht werden könnte. Die Sicherheit von NATO und EU wird hingegen zunehmend durch den internationalen Terrorismus, organisierte Kriminalität, die Verbreitung von Massenvernichtungswaffen und deren Trägersystemen sowie durch die Folgen weit entfernter regionaler Krisen und Konflikte beeinträchtigt. Die offenen, von hoher Mobilität geprägten Informationsgesellschaften in Europa und Nordamerika mit ihrer komplexen Infrastruktur und großen Ressourcenabhängigkeit sind gegenüber derartigen Bedrohungen besonders anfällig. Dies erfordert insgesamt ein neues Verständnis von Sicherheit und Verteidigung.
Verteidigung im Sinne des Grundgesetzes beschränkt sich nicht auf eine Verteidigung an den Landesgrenzen. Vielmehr muss diese dort einsetzen, wo Risiken und Bedrohungen für die Sicherheit Deutschlands und seiner Verbündeten entstehen. Darüber hinaus hält die Bundeswehr zum Schutz der Bevölkerung und der lebenswichtigen Infrastruktur Kräfte und Mittel entsprechend dem Risiko bereit. Die Bundeswehr benötigt nach Einsatzbereitschaft und Fähigkeiten differenzierte Streitkräfte, die schnell, wirksam, durchsetzungsfähig und durchhaltefähig gemeinsam mit Streitkräften anderer Nationen eingesetzt werden können. In diesem Sinne ist Transformation die Gestaltung eines fortlaufenden, vorausschauenden Anpassungsprozesses, dessen Ziel die Erhöhung der Wirksamkeit der Bundeswehr im Einsatz ist.

(nach: Konzeption der Bundeswehr, www.bundeswehr.de)

3 Streitkräftestrukturen und Mannschaftsstärken

ALT:

Streitkräfte (alte Struktur)	~ 282 000
Heer	~ 134 000
Luftwaffe	~ 50 000
Marine	~ 20 000
Streitkräftebasis	~ 52 000
Zentraler Sanitätsdienst	~ 26 000

NEU:

Die 3 Streitkräftekategorien

Kategorie	Aufgaben	Stärke
Eingreifkräfte	zeitlich begrenzte, friedenserzwingende Einsätze sowie Operationen zur Rettung und Evakuierung in Kriegs- und Krisengebieten.	~ 35 500
Stabilisierungskräfte	für längerfristige, friedensstabilisierende Einsätze.	~ 70 000
Unterstützungskräfte	Sicherstellung des Grundbetriebes der Bundeswehr und der Durchhaltefähigkeit der Eingreif- und Stabilisierungskräfte bei der Einsatzvorbereitung- und -durchführung.	~ 147 500

4 Rechtlicher Rahmen von Bundeswehreinsätzen

Artikel 24, Grundgesetz

(1) Der Bund kann durch Gesetz Hoheitsrechte auf zwischenstaatliche Einrichtungen übertragen.

(2) Der Bund kann sich zur Wahrung des Friedens einem System gegenseitiger kollektiver Sicherheit einordnen; er wird hierbei in die Beschränkungen seiner Hoheitsrechte einwilligen, die eine friedliche und dauerhafte Ordnung in Europa und zwischen den Völkern der Welt herbeiführen und sichern.

(3) Zur Regelung zwischenstaatlicher Streitigkeiten wird der Bund Vereinbarungen über eine allgemeine, umfassende, obligatorische, internationale Schiedsgerichtsbarkeit beitreten.

Artikel 25, Grundgesetz

Die allgemeinen Regeln des Völkerrechtes sind Bestandteil des Bundesrechtes. Sie gehen den Gesetzen vor und erzeugen Rechte und Pflichten unmittelbar für die Bewohner des Bundesgebietes.

Artikel 26, Grundgesetz

(1) Handlungen, die geeignet sind und in der Absicht vorgenommen werden, das friedliche Zusammenleben der Völker zu stören, insbesondere die Führung eines Angriffskrieges vorzubereiten, sind verfassungswidrig. Sie sind unter Strafe zu stellen.

Artikel 87a, Grundgesetz

(2) Außer zur Verteidigung dürfen die Streitkräfte nur eingesetzt werden, soweit dieses Grundgesetz es ausdrücklich zulässt.

Artikel 115a, Grundgesetz

(1) Die Feststellung, dass das Bundesgebiet mit Waffengewalt angegriffen wird oder ein solcher Angriff unmittelbar droht (Verteidigungsfall), trifft der Bundestag mit Zustimmung des Bundesrates. Die Feststellung erfolgt auf Antrag der Bundesregierung und bedarf einer Mehrheit von zwei Dritteln der abgegebenen Stimmen, mindestens der Mehrheit der Mitglieder des Bundestages.

5 Bundesverfassungsgericht zu Bundeswehreinsätzen

1. Die Ermächtigung des Art. 24 Abs. 2 Grundgesetz berechtigt den Bund nicht nur zum Eintritt in ein System gegenseitiger kollektiver Sicherheit und zur Einwilligung in damit verbundene Beschränkungen seiner Hoheitsrechte. Sie bietet vielmehr auch die verfassungsrechtliche Grundlage für die Übernahme der mit der Zugehörigkeit zu einem solchen System typischerweise verbundenen Aufgaben und damit auch für eine Verwendung der Bundeswehr zu Einsätzen, die im Rahmen und nach den Regeln dieses Systems stattfinden.
2. Art. 87a Grundgesetz steht der Anwendung des Art. 24 Abs. 2 Grundgesetz als verfassungsrechtliche Grundlage für den Einsatz bewaffneter Streitkräfte im Rahmen eines Systems gegenseitiger kollektiver Sicherheit nicht entgegen.
3. Das Grundgesetz verpflichtet die Bundesregierung, für einen Einsatz bewaffneter Streitkräfte die grundsätzlich vorherige konstitutive Zustimmung des Deutschen Bundestages einzuholen. […]

Bundesverfassungsgericht 90,286 – Bundeswehreinsatz, Urteil vom 12. Juli 1994

Material

6 Bundeswehr im Einsatz

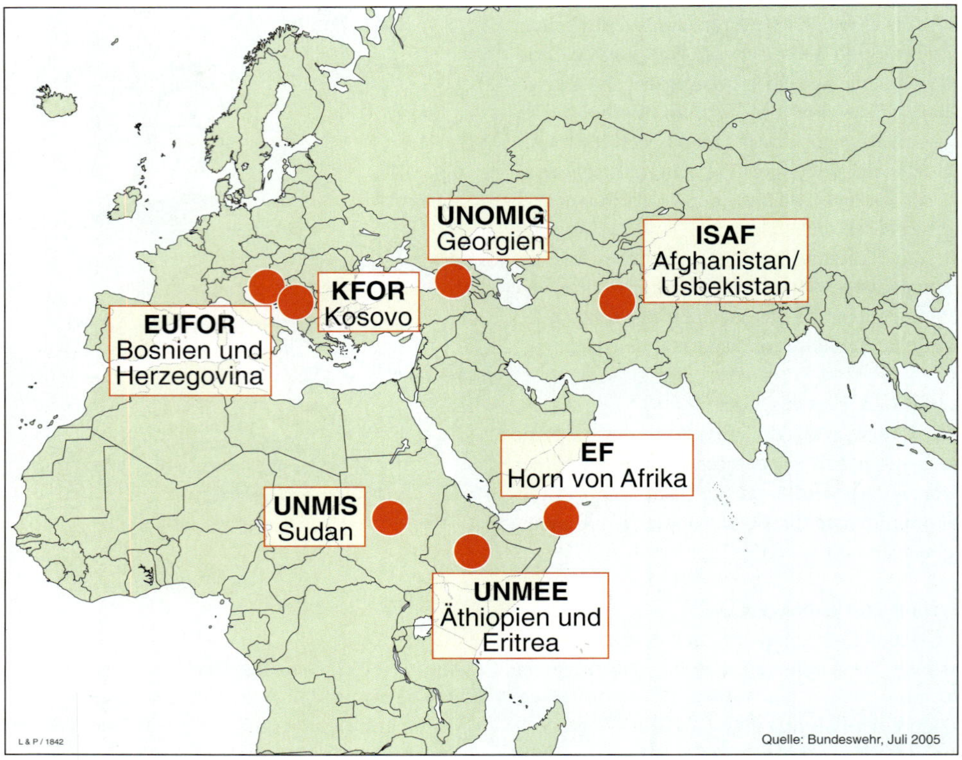

7 Frauen im Auslandseinsatz

„Zunächst war meine Familie skeptisch, dass ich als Personenschützerin in einen Auslandseinsatz gehe. Aber wir haben immer Kontakt gehalten, regelmäßig geschrieben und uns manchmal auch angerufen.

Glück für mich war, dass mein Freund, der ebenfalls Feldjäger ist, mit mir im gleichen Einsatz war. Wir haben uns fast jeden Tag gesehen, obwohl wir auch verschiedene Aufgaben an teilweise unterschiedlichen Orten hatten.

Auch die Betreuungseinrichtungen im Camp, wie Fitnessstudio oder Bibliothek haben den Einsatz erleichtert. Zu meinem Geburtstag bin ich sogar von meinen Kameraden mit einem Kuchen überrascht worden."

Feldwebel Bettina Bauer (25) aus Leipzig Feldjäger 2005 im EUFOR – Einsatz in Bosnien-Herzegowina

8 Einsatz in Afghanistan

139.1 Standort Kabul (2003)

„Unsere Aufgabe war es, die afghanische Regierung beim Herstellen von Stabilität und Sicherheit zu unterstützten, damit die internationale Gemeinschaft ihre wichtige Friedensarbeit leisten konnte. Dabei haben wir eng mit dem Bundesministerium für wirtschaftliche Zusammenarbeit und Entwicklung, dem Auswärtigen Amt, dem Bundesministerium des Innern und vielen Hilfsorganisationen zusammengearbeitet. Die Absicherung durch unsere Streitkräfte hat die Arbeit dieser Institutionen erst ermöglicht. Zwei Dinge haben mich während dieser Zeit am meisten bewegt: Erstens die sehr gute Kooperation mit den lokalen Autoritäten, die in alle Prozesse mit einbezogen wurden. Hier habe ich sehr deutlich gespürt, dass die Menschen in Afghanistan nach 23 Jahren Krieg ein normales und damit vor allem friedliches Leben führen wollen. Beeindruckt haben mich der Optimismus und der starke Wille, sich am Wiederaufbau ihres Landes zu beteiligen. Und dies, obwohl einige Wenige mit Terroranschlägen den demokratischen Prozess stören wollten – auch während meiner Zeit in diesem Land. Die große Mehrheit der afghanischen Bevölkerung will jedoch von Gewalt nichts mehr wissen.
Zweitens hat mich die riesige Motivation der Soldaten begeistert, die mit mir in diesem Einsatz waren. Die jungen Männer und Frauen haben gemerkt, dass ihr persönliches Engagement sehr viel bewirken kann. Zahlreiche Kinder konnten erstmalig in die Schule gehen, Brücken und Brunnen wurden gebaut und sogar ein recht modernes Provinzkrankenhaus konnte entstehen."

Oberst Reinhard Kuhn (52) aus Leipzig, Kontingentenführer im ISAF-Einsatz in Kunduz, Afghanistan 2004

9 Einsatz im Kosovo

„Nachdem ich nun zum dritten Mal für ein halbes Jahr als Kraftfahrer im Kosovo war, gehören Auslandseinsätze für mich schon zur Normalität. Die Eindrücke des ersten Einsatzes haben mich jedoch am stärksten geprägt. Über Weihnachten von meiner Freundin und meiner kleinen Tochter getrennt zu sein, war schon nicht leicht. Dazu ist es ein mulmiges Gefühl, in einem fremden Land stationiert zu sein, in dem man überall Schilder sieht, die vor Minen warnen. Auf der anderen Seite war ich immer berührt, wenn uns die Menschen auf der Straße zugejubelt haben. Wenn man merkt, dass man gebraucht wird, geht die Arbeit viel leichter von der Hand. Auch nach meinem letzen Einsatz glaube ich, dass unsere Anwesenheit in diesem Land nach wie vor nötig ist. Die Probleme zwischen den Bevölkerungsgruppen können meiner Meinung nach jedoch nur die Politiker lösen."

Stabsgefreiter Ronny Beitz (30) aus Dresden im KFOR-Einsatz in Prizren (Kosovo)

Aufgaben

1. Welche Herausforderungen bedingen die Umstrukturierung der Streitkräfte?
2. Sucht nach aktuellen weltpolitischen Ereignissen, die diesen Transformationsprozess unterstreichen.
3. Arbeitet heraus, in welchen politischen Rahmen der Einsatz der deutschen Streitkräfte eingebettet ist.
4. Versucht mithilfe der Einsatzorte aus M 6 nähere Informationen zu den einzelnen Einsatzorten unter www.bundeswehr.de zu recherchieren.

Methode

Podiumsdiskussion

Kontroverse Themen sollen auch im Unterricht kontrovers diskutiert werden. Um sich wirklich eine sachkundige Meinung bilden zu können, ist es manchmal nützlich, sachkundige Gäste einzuladen, die zu einer anstehenden Thematik sprechen.

oder

Zwei Schülergruppen arbeiten sich in ein kontroverses Thema ein. Sie sammeln Argumente für ihren Standpunkt und versuchen diese zu untermauern durch Beispiele und Belege. Die Gruppen wählen einen Sprecher aus, der diese Argumentation glaubhaft vortragen kann.

In unserem Fall geht es um die Zweckmäßigkeit der Wehrpflicht in Deutschland. Ladet euch einen Jugendoffizier ein und diskutiert mit ihm Pro und Kontra der Wehrpflicht. Die Gegenargumente kann eine Gruppe von Schülern übernehmen bzw. der Sprecher der Gruppe. Ein anderer Schüler übernimmt die Moderation. Der Moderator legt Gesprächsregeln fest.

Regeln: Jeder Diskutant stellt seinen Standpunkt in einem kurzen Eingangsstatement vor. Auf gleiche Redezeit ist zu achten. Argumente werden ausgetauscht. Nach bestimmter Redezeit sind die Zuhörer berechtigt, nachzufragen. Ein Schlussstatement schließt die Podiumsdiskussion ab.

Material

10 Parteien zur Bundeswehr

CDU	SPD	BÜNDNIS 90 DIE GRÜNEN	FDP Die Liberalen	DIE LINKE.PDS
Landesverteidigung bleibt nach den Vorstellungen der Union die Kernaufgabeder Bundeswehr. Die Bundeswehr soll künftig auch im Inneren zum Einsatz kommen: Das gilt sowohl für die Abwehr terroristischer Gefahren als auch fürden Katastrophenschutz. Die Wehrpflicht soll erhalten bleiben und „gerecht“ weiter entwickelt werden. Die Nato wird nach wie vor als wichtigstes Sicherheitsbündnis für Deutschland angesehen.	Militärische Verantwortung soll Deutschland nach Ansicht der SPD dannübernehmen, wenn die „Sicherung des Friedens“ und der „Schutz der Menschen“ nicht anders sicherzustellen sind. Nur in diesen Fällen will die SPD die Bundeswehr in internationale Einsätze schicken. Dafür soll der Wandel der Bundeswehr weiter forciert werden. Für die innere Sicherheit soll auch künftig nur die Polizei zuständig sein. Keine Festlegung zur Wehrpflicht.	Die Wehrpflicht ist nach Auffassung der Grünen sicherheitspolitisch nicht mehr zu rechtfertigen. Deswegen soll sie abgeschafft und durch einen „freiwilligen flexiblen Kurzdienst“ ersetzt werden. Das dadurch frei werdende Geld soll für den Ausbau des Freiwilligendienstes und die Schaffung regulärer Beschäftigungsverhältnisse verwendet werden. Der Einsatz der Bundeswehr soll auch zukünftig strikt an Mandate der UN gebunden bleiben.	Die Wehrpflicht soll abgeschafft und die Bundeswehr in eine Berufsarmee mit höchstens 240 000 Soldaten umgewandelt werden. Diese sollen eine modernere Ausrüstung und Bewaffnung bekommen. Den Einsatz der Bundeswehr im Inneren lehnt die FDP ab. Die Nato soll das wichtigste Militärbündnis für Europa und Nordamerika bleiben, die gemeinsame Sicherheits- und Verteidigungspolitik im EU-Rahmen soll ebenfalls verstärkt werden.	Die Wehrpflicht soll abgeschafft und die Bundeswehr auf 100 000 Mann verkleinert werden. Die „Rüstungsausgaben“ will die Linkspartei jährlich um zehn Prozent senken. Stattdessen sollen Abrüstung und Umrüstung auf zivile Produktion gefördert werden. Die Linkspartei lehnt die Aufstellung von EU-„Interventionsstreitkräften“ ab. Deutsche Soldaten sollen „Schritt für Schritt“ aus internationalen Militäreinsätzen abgezogen werden.

(aus: Hannoversche Allgemeine Zeitung, 2. 9. 2005, Klaus von der Brelie, Parteien zur Rolle der Bundeswehr)

11 Wehrpflicht oder Freiwilligenarmee?

„Die Sicherheit Deutschlands wird in Zukunft auch am Hindukusch verteidigt" – dies sagte der ehemalige Bundesverteidigungsminister Struck in einer Pressekonferenz im Dezember 2002. Von wem wird sie dort ggf. verteidigt? Von Berufssoldaten – wie bei unseren europäischen Nachbarn (Großbritannien, Frankreich) oder von einer Freiwilligenarmee?
Die Auffassungen der Parteien im Bundestag sind gespalten.
Einige der Hauptargumente der Debatte findet ihr in der folgenden Übersicht.

Für eine Wehrpflichtarmee

- Die Sache des Staates, also auch die Verteidigung, ist jedermanns Aufgabe. Deshalb muss an der Wehrpflicht als Dienst an der Gemeinschaft festgehalten werden.
- Durch eine Verkürzung des Wehrdienstes auf z. B. sechs Monate wäre eine größere Wehrgerechtigkeit erreichbar.
- Durch die gegenwärtige Struktur ist die Bundeswehr fest in der Gesellschaft verankert.
- Junge Männer bekommen durch Dienst an Staat und Gesellschaft eine Prise Gemeinschaftsgeist in unserer allzu egoistischen Zeit.
- Die Wehrpflicht führt die männliche Neubürger-Jugend an den Staat und an die Demokratie heran.
- Da sich die personelle Zusammensetzung der Bundeswehr schnell ändert, bleibt sie im Denken und Fühlen in enger Verbindung zur Gesellschaft. Das schützt die Bundeswehr als Teil des Volkes vor geistiger und politischer Isolation – sie ist kein Staat im Staate.
- Die Bundeswehr hat sich seit 1990 an die veränderte sicherheitspolitische Lage angepasst: Die Zahl der Soldaten ist geringer, die Ausrüstung modernisiert worden.
- Der Übergang zu einer Freiwilligenarmee wäre mit einer erheblichen Absenkung der Personalstärke verbunden. Dies würde die übrigen NATO-Partner vermutlich nicht akzeptieren.
- Die Wehrpflicht ermöglicht eine schnelle Mobilmachung auf den doppelten Umfang, der immer noch wg. der (Un)-Sicherheitslage erforderlich ist.
- Kippt die Wehrpflicht, kippt auch der Zivildienst: Damit fällt ein Grundpfeiler des Sozialsystems.
- Eine Berufsarmee kann sich leichter aus der Verantwortung von Regierung und Parlament lösen und zur „Söldner-Truppe" oder zur „Interventionsarmee" werden.

Für eine Berufsarmee

- Die Bundeswehr ist für den Einsatz im Rahmen der internationalen Krisenbewältigung nicht mehr hinreichend geeignet, da Wehrpflichtige nur sehr begrenzt eingesetzt werden dürfen.
- Die Wehrpflichtarmee ist zu teuer und nicht mehr zu finanzieren.
- Die Wehrgerechtigkeit ist aus den Fugen geraten. Mit der Freiwilligenarmee ist das Problem aus der Welt geschafft; für den Zivildienst muss man ganz andere Lösungen suchen.
- Wehrpflicht und Zivildienst sind Zwangsdienste, die ein demokratischer Rechtsstaat nur im äußersten Notfall einfordern darf.
- Wehrpflichtarmeen sind Überbleibsel des Kalten Krieges und der überkommenen Massenheere. Heute bedarf es kleiner, technologisch hervorragend ausgestatteter mobiler Einheiten, wenn man z. B. Bürgerkriege beenden oder terroristische Bedrohungen abwenden will.
- Die Aussetzung der Wehrpflicht wäre ein sichtbares Anfangszeichen für Abrüstung.
- Die Integration der Bundeswehr in die Gesellschaft wird nicht in erster Linie durch die Wehrpflichtigen, sondern durch die Berufs- und Zeitsoldaten geleistet.
- Freiwillige gehen pfleglicher und sachkundiger mit dem ihnen anvertrauten Material und der immer kostspieligeren Ausrüstung um.
- Berufssoldaten sind motivierter, engagierter, effizienter und professioneller als Wehrpflichtige.

Aufgaben

1. Wehrpflicht oder Berufarmee: Führt dazu eine Podiumsdiskussion durch. Benutzt dazu M 10 und M 11.
2. Recherchiert die aktuellen Haltungen der Parteien zu diesem Thema.

3. Was leisten die Vereinten Nationen?

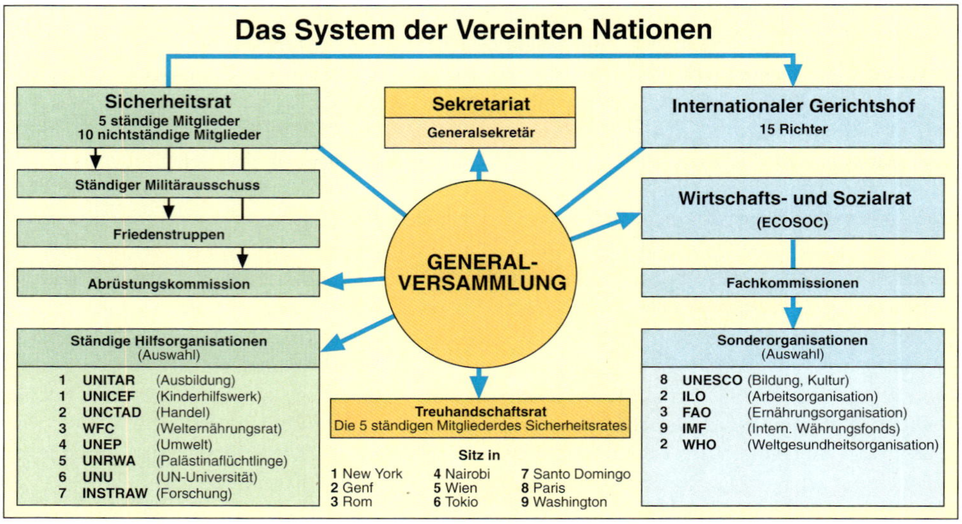

142.1 UN-Generalsekretär Kofi Annan

Heute zählen die UN 193 Mitglieder. Sahen bei der **Unterzeichnung der UN-Charta am 26. Juni 1945** die 51 Gründungsmitglieder die UN als zukünftige Weltordnungsmacht, so hat sich das Tätigkeitsfeld der UN seither deutlich erweitert. Ständige Hilfsorganisationen und ständige Sonderorganisationen der UN sind weltweit aktiv. 1945 stand die **Suche nach dem Frieden** ganz vorne auf der Tagesordnung. Mit militärischen Mitteln sollte die Völkergemeinschaft den Erhalt bzw. die Wiederherstellung des Friedens erzwingen können. Der Kalte Krieg zwischen Ost und West machte dieses Konzept der kollektiven Sicherheit undurchführbar.

Stattdessen entwickelten die UN auf viel bescheidenerer Stufe ein Instrumentarium von **friedenserhaltenden Maßnahmen (peace-keeping operations),** das in der UN-Charta eigentlich nicht vorgesehen ist. Diese teilweise sehr erfolgreich verlaufenen „Blauheim-Aktionen" reichen von der Untersuchung bei Grenzverletzungen über die Kontrolle von Waffenstillständen bis zur Überwachung von Wahlen oder der Übernahme von Verwaltungsaufgaben. Voraussetzung für die Entsendung der „Blauhelme" ist die Zustimmung des UN-Sicherheitsrates und aller Konfliktbeteiligten. Das Personal wird von den Mitgliedstaaten freiwillig bereitgestellt.

Friedensschaffende Maßnahmen (peace making operations) sind Operationen, die einen akut bedrohten oder bereits gebrochenen Frieden sichern oder wiederherstellen sollen. Da es keine eigenen Friedenstruppen der UN gibt, beschließt der UN-Sicherheitsrat zwar den Einsatz, überlässt das Kommando jedoch einzelnen Mitgliedstaaten. Als der Kalte Krieg im Umbruch der Jahre 1989/91 endete, wurde wieder neu über **die Rolle der UN** diskutiert. Wie sollten sich die UN der Zukunft darstellen – als neutraler Vermittler oder als entschiedener Parteigänger, als Moderator oder als Gestalter, als Mithelfer oder als Chef?

Die Neunzigerjahre hinterließen einen zwiespältigen Eindruck: Zahlreiche innerstaatliche Konflikte mit ethnischem, nationalistischem oder religiösem Hintergrund waren aufgebrochen. Die UN konnten darauf oftmals nur spät (Jugoslawien-Kriege 1992–1995; Kosovo-Krieg 1998) und schwach reagieren (nach dem Völkermord in Ruanda 1994); die Mittel der UN reichten oft nicht aus. Oder es fehlte am politischen Willen der Mitgliedstaaten, den UN-Einsatz politisch, finanziell und/oder militärisch zu unterstützen.

Durch das **Vetorecht der fünf ständigen Mitglieder im UN-Sicherheitsrat** wurde so manche Entscheidung verhindert. Und die „Blauhelme" der UN können nur tätig werden, wenn die betroffenen Länder den Einsatz billigen. Seit der Beendigung des Kalten Krieges beginnt sich die Selbstblockade des UN-Sicherheitsrates aufzulösen. Dies wurde während des zweiten Golfkrieges 1991 ebenso sichtbar wie die neue Gefahr, dass die UN zum Instrument der fünf ständigen Mitglieder des UN-Sicherheitsrates wird.

Seit dem **11. September 2001** sehen die UN nicht nur die USA, sondern die gesamte Völkergemeinschaft durch den internationalen Terrorismus bedroht. Deshalb haben die UN auf diesen Anschlag mit einer **Resolution gegen den Terrorismus** reagiert. Sie haben dabei auf Möglichkeiten der UN-Charta zur Intervention der UN in solchen Staaten hingewiesen, die vom Terrorismus beherrscht werden. Da solche Interventionen jedoch einen massiven Eingriff in die Souveränitätsrechte des betreffenden Staates bedeuten, sind sie politisch umstritten. Politische Eliten – nicht nur in den Entwicklungsländern – sehen darin das Wiederaufleben von Großmachtpolitik unter dem Deckmantel der UN, ein Wiederaufleben des Kolonialismus mithilfe der UN oder eine Hegemonialpolitik der Supermacht USA, die die UN dazu benutzen, ein neues Imperium zu errichten.

Spätestens seit US-Präsident George W. Bush den **„Krieg gegen den Terrorismus"** ausgerufen und mit der nach ihm benannten Bush-Doktrin den Kampf gegen die Unterstützerstaaten aus der „Achse des Bösen" organisiert hat, gibt es offene **Rivalität zwischen den USA und den UN.** Anlässlich des dritten Golf-Krieges, des Irak-Krieges 2003, stellt sich die folgende Frage:
Wer beherrscht die Welt im 21. Jahrhundert?
Ist es der freiwillige Zusammenschluss souveräner Staaten in der Organisation der UN oder ist es die militärische Supermacht USA kraft eigener Macht und dank wirtschaftlicher, militärischer, politischer und kultureller Überlegenheit?
Wer ist wem untergeordnet?

Material

12 Agenda für den Frieden

Vorschläge des ehemaligen UN-Generalsekretärs Boutros Ghali zur Friedens- und Sicherheitspolitik der Vereinten Nationen

1. Vorbeugende Diplomatie

ZIEL: Das Entstehen von Streitigkeiten zu verhüten, den Ausbruch offener Konflikte zu verhindern oder Konflikte, die bereits ausgebrochen sind, rasch wieder einzugrenzen

MITTEL: Diplomatische Gespräche; Vertrauensbildende Maßnahmen; Frühwarnsysteme, die rechtzeitig auf Spannungen hinweisen; formelle Tatsachenermittlung; vorbeugender Einsatz von UN-Truppen; vorsorgliche Einrichtung entmilitarisierter Zonen

2. Friedensschaffung

ZIEL: Nach Ausbruch eines Konfliktes die feindlichen Parteien zu einer Einigung zu bringen

MITTEL:
Friedliche Mittel
z. B. Vermittlung, Verhandlungen, Schiedsspruch, Entscheidungen durch den Internationalen Gerichtshof
Gewaltlose Sanktionen
z. B. Wirtschafts- und Verkehrsblockade
Friedensdurchsetzung
durch speziell ausgebildete, ständig abrufbereite bewaffnete UN-Truppen
Militärische Gewalt
zur Aufrechterhaltung oder Wiederherstellung des Weltfriedens und der internationalen Sicherheit, wenn alle friedlichen Mittel versagen

3. Friedenssicherung

ZIEL: Die Lage in einer Konfliktzone zu entschärfen oder zu stabilisieren; die Einhaltung der Vereinbarungen zwischen den Konfliktparteien zu überwachen und durchzusetzen

MITTEL: Entsendung von Beobachtermissionen; Einsatz von UN-Friedenstruppen zur Grenzkontrolle, zur Beobachtung von Wahlen, Überwachung von Friedensvereinbarungen, Wahrnehmung von Polizeiaufgaben, Sicherung humanitärer Maßnahmen usw.; umfassendes Konfliktmanagement

4. Friedenskonsolidierung

ZIEL: Den Frieden nach Beendigung eines Konflikts zu konsolidieren; die Konfliktparteien zum friedlichen Wiederaufbau anzuhalten

MITTEL:
Nach einem Konflikt innerhalb eines Landes
z. B. Entwaffnung der verfeindeten Parteien, Wiederherstellung der öffentlichen Ordnung, Einsammeln der Waffen, Minenräumung, Repatriierung von Flüchtlingen, Ausbildung und Beratung von Sicherheitskräften, Wahlüberwachung, Schutz der Menschenrechte, Reform oder Neuaufbau staatlicher Institutionen (nation-building)

Aufgaben

1. Verfolgt in der Zeitung, in welchen Zusammenhängen über die UN berichtet wird.
2. Arbeitet die Ziele und Grundsätze der UN heraus.

www.
www.uno.de
www.un.org

Material

13 Die fünf Allmächtigen

144.1 Der UN-Sicherheitsrat

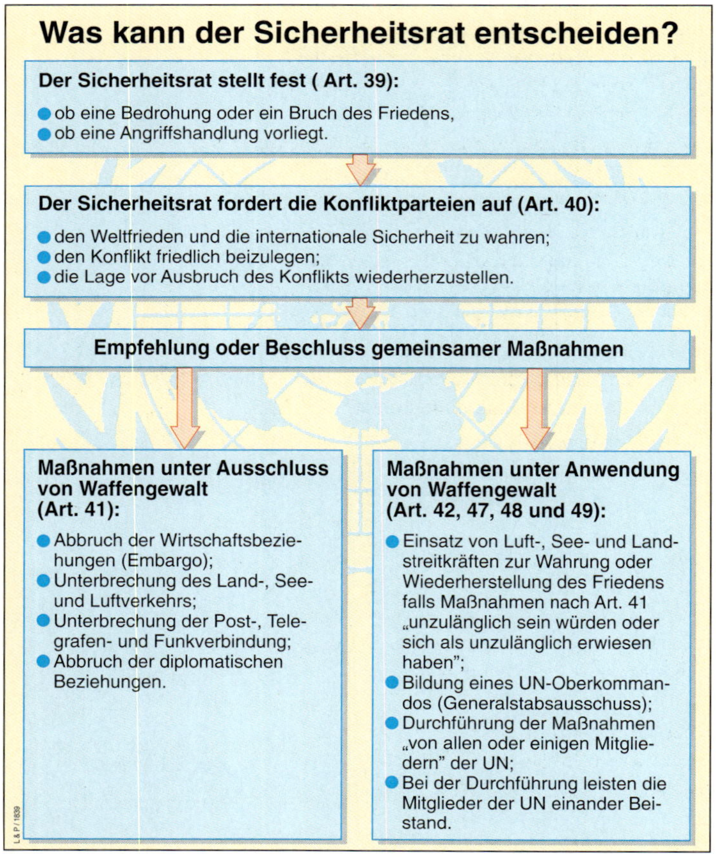

Der Sicherheitsrat ist das wichtigste der fünf Hauptorgane der Vereinten Nationen. Den 15 Mitgliedstaaten des Rates kommt nach der UN-Charta die „Hauptverantwortung für die Wahrung des Weltfriedens und der internationalen Sicherheit" zu. Der Rat ist das einzige UN-Organ, das Beschlüsse mit bindender Wirkung für alle Mitgliedstaaten der Weltorganisation fassen und deren Durchsetzung erzwingen kann.
Der Sicherheitsrat bietet einerseits ein Forum für Bemühungen um die friedliche Beilegung von Konflikten. Anderseits hat er nach Artikel VII der UN-Charta das Recht, militärische Zwangsmaßnahmen einzuleiten, wenn Staaten Aggressionen gegen andere Länder begehen oder auf andere Art den Frieden in der Welt ernsthaft gefährden.

Die Struktur und die Rolle des Sicherheitsrates sind stark geprägt von den Machtverhältnissen unmittelbar nach dem Ende des Zweiten Weltkrieges. Damals hatten die Vereinten Nationen weit weniger Mitglieder als heute, und Deutschland und Japan waren noch offiziell als „Feindstaaten" eingestuft.
Das Ziel der Enttabuisierung von Gewalt wurde oftmals nicht erreicht. Im „Kalten Krieg" hielten die beiden Supermächte USA und UdSSR den Einsatz von Gewalt in ihrem Interesse durchaus für gerechtfertigt.

In den vergangenen Jahren sind immer wieder Forderungen nach einer Reform des Sicherheitsrates laut geworden. Sie richten sich auch gegen die „Allmacht" der fünf ständigen Ratsmitglieder, die mit ihrem Veto-Recht alle ihnen nicht genehmen Beschlussentwürfe zu Fall bringen können. Eine Erweiterung des Rates um neue ständige Mitglieder ist wiederum nur unter zwei Voraussetzungen möglich: Sie müsste mindestens von einer Zwei-Drittel-Mehrheit der Vollversammlung beschlossen werden. Und alle fünf Veto-Mächte müssten zustimmen.
Die Bundesrepublik ist 2003 und 2004 nach 1977/78, 1987/88 und 1995/96 zum vierten Mal Mitglied in dem Gremium. Die DDR war 1980/81 im Sicherheitsrat vertreten.

(www.stern.de/ 14. 2. 03)

14 Wie werden die Beschlüsse des Weltsicherheitsrates wirksam?

Nach Artikel 24 der Charta der Vereinten Nationen trägt der Sicherheitsrat die Verantwortung für die Erhaltung des internationalen Friedens und der Sicherheit. Er versucht, Konflikte, die den Frieden bedrohen, zu verhindern, in Grenzen zu halten und beizulegen. So erstaunlich es auf den ersten Blick erscheinen mag – der Sicherheitsrats kommt dieser Verantwortung fast ausschließlich dadurch nach, dass er Texte verhandelt und verabschiedet. Bei diesen Texten handelt es sich in der Regel um Resolutionen (Beschlüsse) oder Erklärungen. Sie enthalten Empfehlungen, Appelle, Anordnungen, Ermutigungen oder Verurteilungen. Der Sicherheitsrat verfügt – anders als gelegentlich angenommen – nicht über eigene Streitkräfte. Solche Streitkräfte sind zwar in der Charta vorgesehen (Art. 43–46), wurden aber bisher nicht geschaffen.

Wie werden die Beschlüsse des Sicherheitsrats unter diesen Umständen wirksam? Artikel 24 der Charta der Vereinten Nationen lautet in seinem Absatz 1:
„Um ein schnelles und wirksames Handeln der Vereinten Nationen zu gewährleisten, übertragen ihre Mitglieder dem Sicherheitsrat die Hauptverantwortung für die Wahrung des Weltfriedens und der internationalen Sicherheit und erkennen an, dass der Sicherheitsrat bei der Wahrnehmung der sich aus dieser Verantwortung ergebenden Pflichten in ihrem Namen handelt."
Durch den Beitritt zu den Vereinten Nationen hat sich also jeder der gegenwärtig (2003) 191 Mitgliedstaaten verpflichtet, die Beschlüsse des Sicherheitsrats umzusetzen. Für Beschlüsse der Generalversammlung der Vereinten Nationen gibt es übrigens keine vergleichbare Bestimmung.
Die Umsetzung geschieht, indem z. B. ein Staat vom Sicherheitsrat verhängte Sanktionen gegen einen anderen Mitgliedstaat durchsetzt. Er kann etwa seinen eigenen Staatsangehörigen verbieten, mit diesem Mitgliedstaat Handel zu treiben. Oder er stellt Truppen für eine vom Sicherheitsrat beschlossene Militäraktion. Oder aber er versucht, seine bilateralen Beziehungen zu anderen Staaten oder seine Mitgliedschaft in internationalen Organisationen dazu zu nutzen, die Politik des Sicherheitsrats zu unterstützen.
Die beiden letzteren Beispiele zeigen, dass die Durchsetzung der Beschlüsse des Sicherheitsrats in hohem Maß von der freiwilligen Unterstützung durch Mitgliedstaaten der Vereinten Nationen abhängig ist. Um diese freiwillige Unterstützung zu erhalten, benötigt der Sicherheitsrat vor allem Autorität. Er erhält sie dadurch, dass fünf der mächtigsten Staaten der Welt ständige Mitglieder des Sicherheitsrats sind. Die Unterstützung ist aber auch von der Transparenz seiner Entscheidungsfindung abhängig und davon, ob es gelingt, Beschlüsse zu treffen, die den Interessen möglichst vieler Mitglieder entsprechen.

(nach: www.auswaertiges-amt.de, 2003)

Sicherheitsrat

zur Aufrechterhaltung des internationalen Friedens

5 ständige Mitglieder mit Veto-Recht:
VR China, Frankreich, Großbritannien, USA, Russland

10 nicht ständige Mitglieder (für jeweils 2 Jahre von Generalversammlung gewählt)

bilateral: das Verhältnis zweier Staaten betreffend

Transparenz: Durchschaubarkeit, Durchsichtigkeit, Nachvollziehbarkeit

Aufgaben

1. Begründet, warum der Sicherheitsrat oft als das „wichtigste der fünf Hauptorgane der UNO" bezeichnet wird.
2. Wie können einzelne Staaten die Beschlüsse des Sicherheitsrates umsetzen?
3. Arbeitet aus M 14 heraus, mit welchen Umsetzungsproblemen Beschlüsse des Weltsicherheitsrates verbunden sind. Wie wird sichergestellt, dass sich einzelne Staaten an die Beschlüsse halten?
4. Wie setzt sich der UN-Sicherheitsrat heute zusammen?

4. WAHLPFLICHT: Internationales Recht

Instabile und unsichere Verhältnisse in der Welt machen uns die Notwendigkeit von Konfliktregelungsmechanismen deutlich.

Zu diesem Zweck gibt es Systeme kollektiver Sicherheit. Mehrere Staaten regeln vertraglich den Ausschluss von Gewaltanwendung bei der Regelung bestimmter Konflikte. Auch der Schutz jedes Einzelstaates wird der Gemeinschaft der Staaten übertragen.

Die Vereinten Nationen (United Nations Organisation = UNO) sind eine solche Organisation kollektiver Sicherheit. Sie soll in Streitfällen zwischen Saaten vermitteln und den weltweiten Frieden sichern.

In der UN-Charta regeln die Mitgliedsstaaten den Umgang miteinander. Seit deren Unterzeichnung am 26. 6. 1945 gelten die darin enthaltenen Grundsätze als Normen des Völkerrechts.

Die Vereinten Nationen haben ihren Hauptsitz in New York. ihr gehören inzwischen fast 200 Staaten an.

Material

Präambel: Einleitung (zu einer Urkunde, einem Staatsvertrag)

15 Die Präambel der Charta der Vereinten Nationen

WIR, DIE VÖLKER DER VEREINTEN NATIONEN –

FEST ENTSCHLOSSEN,

- künftige Geschlechter vor der Geißel des Krieges zu bewahren, die zweimal zu unseren Lebzeiten unsagbares Leid über die Menschheit gebracht hat,
- unseren Glauben an die Grundrechte des Menschen, an Würde und Wert der menschlichen Persönlichkeit, an die Gleichberechtigung von Mann und Frau sowie von allen Nationen, ob groß oder klein, erneut zu bekräftigen,
- Bedingungen zu schaffen, unter denen Gerechtigkeit und die Achtung vor den Verpflichtungen aus Verträgen und anderen Quellen des Völkerrechts gewahrt werden können,
- den sozialen Fortschritt und einen besseren Lebensstandard in größerer Freiheit zu fördern,

UND FÜR DIESE ZWECKE

- Duldsamkeit zu üben und als gute Nachbarn in Frieden miteinander zu leben,
- unsere Kräfte zu vereinen, um den Weltfrieden und die internationale Sicherheit zu wahren,
- Grundsätze anzunehmen und Verfahren einzuführen, die gewährleisten, dass Waffengewalt nur noch im gemeinsamen Interesse angewendet wird,
- und internationale Einrichtungen in Anspruch zu nehmen, um den wirtschaftlichen und sozialen Fortschritt aller Völker zu fördern –

HABEN BESCHLOSSEN, IN UNSEREM BEMÜHEN UM DIE ERREICHUNG DIESER ZIELE ZUSAMMENZUWIRKEN.

- Dementsprechend haben unsere Regierungen durch ihre in der Stadt San Franzisko versammelten Vertreter, deren Vollmachten vorgelegt und in guter und gehöriger Form befunden wurden, diese Charta der Vereinten Nationen angenommen und errichten hiermit eine internationale Organisation, die den Namen „Vereinte Nationen" führen soll.

(http://www.uno.de/charta/charta.htm)

146.1

16 Internationaler Strafgerichtshof

Das römische Statut des Internationalen Strafgerichtshofs (IStGH) wurde von der diplomatischen Bevollmächtigtenkonferenz der Vereinten Nationen zur Errichtung eines Internationalen Strafgerichtshofs am 17. Juli 1998 in Rom verabschiedet. [...]

Bis zum Ablauf der Zeichnungsfrist am 31. Dezember 2000 hatten 139 Staaten das Statut unterzeichnet, darunter alle Mitgliedstaaten der EU. [...]

Bisher haben es 99 Staaten ratifiziert, darunter alle EU-Mitgliedstaaten mit Ausnahme der Tschechischen Republik. [...]

Die Bundesrepublik Deutschland hat das Statut mit Bedacht am 10. Dezember 1998, dem 50. Jahrestag der Allgemeinen Erklärung der Menschenrechte, unterzeichnet. Die Ratifikationsurkunde wurde am 11. Dezember 2000 in New York hinterlegt. In einem am 11. Juni 2001 beschlossenen und zuletzt am 16. Juni 2003 erneuerten gemeinsamen Standpunkt hat die EU ihre volle Unterstützung für den Internationalen Strafgerichtshof bekräftigt. [...]

Gemäß dem Statut sitzt der IStGH als ständige Einrichtung in Den Haag, Niederlande. [...]

Die bedeutsamsten Grundsätze für die Tätigkeit des IStGH sind nach dem Statut:

- der Gerichtshof kann nur dann strafverfolgend tätig werden, wenn Staaten nicht willens oder nicht in der Lage sind, eine bestimmte schwere Straftat ernsthaft zu verfolgen (Grundsatz der Komplementarität, Artikel 17);
- ein Staat, der Vertragspartei des Statuts wird, erkennt damit die Gerichtsbarkeit des Gerichtshofs für die im Statut aufgeführten Verbrechen an (automatische Jurisdiktion); der Gerichtshof kann seine Gerichtsbarkeit ausüben, wenn entweder der Staat, in dessen Hoheitsgebiet sich das Verbrechen ereignet hat, oder der Staat, dessen Staatsangehörigkeit der mutmaßliche Täter besitzt, die Gerichtsbarkeit des Gerichtshofs anerkannt hat;
- der Gerichtshof wird entweder auf Grund einer Staatenbeschwerde, einer Initiative des Sicherheitsrats der Vereinten Nationen oder einer eigenen Initiative des Anklägers tätig; die Gerichtsbarkeit ist auf vier besonders schwere Verbrechen beschränkt, welche die internationale Gemeinschaft als Ganzes berühren: Völkermord, Verbrechen gegen die Menschlichkeit, Kriegsverbrechen und zukünftig das Verbrechen der Aggression. [...]

Das in 13 Teile und 128 Artikel unterteilte Statut definiert die einzelnen Verbrechen, regelt die Zuständigkeit, die Errichtung, den Aufbau und die Finanzierung des Gerichtshofs sowie die allgemeinen Strafrechtsprinzipien, die Strafen, das Strafverfahren, die Strafvollstreckung und die strafrechtliche Zusammenarbeit. Besonderer Wert wird auf die Beachtung rechtsstaatlicher Grundsätze gelegt (Bestimmtheitsgrundsatz, Doppelbestrafungsverbot, Rückwirkungsverbot, Rechte der beschuldigten Person). Die Todesstrafe darf nicht verhängt werden. [...]

Nachdem im Herbst 2000 der Deutsche Bundestag und darauf auch der Bundesrat dem Regierungsentwurf zugestimmt hatten und auch die für die Auslieferung Deutscher an den Gerichtshof notwendige Änderung des Art. 16 Grundgesetz beschlossen war, wurde das Gesetz über das Statut am 4. Dezember 2000 verkündet und anschließend im Bundesgesetzblatt bekannt gemacht. [...]

(aus: www.auswaertiges-amt.de, Juni 2005)

Aufgaben

1. Ein großes Ziel der UNO ist der Weltfrieden. Arbeitet mithilfe der Präambel heraus, wie die UNO Frieden definiert.
2. Stellt die in der Präambel genannten Ziele der UNO in einer Mind-Map übersichtlich zusammen.
3. Diskutiert Möglichkeiten und Grenzen des Internationalen Strafgerichtshofs.
4. Recherchiert aktuelle Fälle, die in Den Haag verhandelt werden.

5. Ein Tag verändert die Welt

Material

17 Was am 11. September 2001 geschah

148.1 *Eine zweite Maschine fliegt in den Südturm des World Trade Centers*

Der Himmel strahlt tiefblau. Die Sonne taucht die Blätter in ein kräftiges Tizianrot. Selbst die Schatten sind in diesen frühen Stunden des 11. September 2001 an der Ostküste der Vereinigten Staaten weich und flirrend und wie freundlich dahingetupft. Es weht fast kein Wind. […] Ein paradiesischer Morgen sei es gewesen, sollten später die gerade noch Davongekommenen immer wieder sagen, unschuldig, göttlich – was man eben so sagt in seiner Hilflosigkeit angesichts des unvorstellbaren Grauens. Betäubt von dem Glück, einem Höllenschlund entronnen zu sein, der fast 3000 Menschen in den Tod gerissen hat.

8.46 Uhr, World Trade Center New York, Nordturm: Die von Terroristen gekaperte Boeing 767 der American Airlines jagt auf der Höhe des 96. Stockwerks in den Wolkenkratzer. Beim Aufprall zerfetzen die Aluminiumtanks, der Treibstoff schießt heraus, entzündet sich durch den Funkenflug brechender Stahlteile. Im ganzen Gebäude schreien Menschen auf. Klammern sich in Todesangst an die Stühle; an Schränke, an alles, was sie zu fassen kriegen. Fallen hilflos über Schreibtische. Verglühen sekundenschnell und fast ohne eine Spur zu hinterlassen in der Feuersbrunst.

9.02 Uhr, World Trade Center New York Südturm: Die zweite von Terroristen gekaperte Boeing 767 der United Airlines bohrt sich zwischen dem 78. und 84. Stockwerk in den Wolkenkratzer. […] Die Schäden am Gebäude sind noch verheerender als im anderen Turm. […]

Die von Panik und Weinkrämpfen geschüttelten Menschen aus den Stockwerken über der Einschlagstelle haben eine Chance – sofern sie rechtzeitig in die richtige Richtung rennen. Wer in dem Chaos nur ausharrt, wird von den teuflisch schnell vorwärts züngelnden Flammen erfasst, im wahrsten Sinne des Wortes eingeäschert.

Der südliche Turm stürzt um 10.05 Uhr ein, der nördliche um 10.28 Uhr.

(Der Spiegel, 36/2002, S. 92 f.)

18 Die Frage nach Frieden stellt sich auf eine ganz neue Weise

[…] Wir haben die Bilder des 11. 9. nicht vergessen. Wir haben den Schock noch nicht überwunden. Unsere Solidarität mit den USA ist ungebrochen. Wir verstehen unsere amerikanischen Freunde: Ebenso wie sie sind wir nicht bereit, unter dem Damoklesschwert des Terrorismus zu leben.

Dieser mörderische Angriff auf die Menschen und die Regierung der Vereinigten Staaten war auch ein Angriff auf alle offenen Gesellschaften. Unzählige Staaten haben Landsleute unter den Tausenden von Opfern im World Trade Center zu beklagen. Der Angriff hätte jede offene Gesellschaft treffen können – die Terroristen haben sich jedoch die USA als Sinnbild von Freiheit und Demokratie mit Bedacht ausgesucht.

Wir wissen, dass sich diese neue Herausforderung auch gegen uns alle richtet. Seit dem 11. September 2001 stellt sich daher der Staatengemeinschaft die Frage von Frieden und Sicherheit zu Beginn des 21. Jahrhunderts auf ganz neue Weise […].

Einerseits muss der Terrorismus entschlossen militärisch-polizeilich bekämpft werden. Andererseits gilt es, die politischen und sozialen Konflikte zu lösen, die den Nährboden für die Entstehung von Terrorismus darstellen. Beschränkt man sich nur auf das eine und lässt das andere, so droht ein Scheitern.

[…] Um Frieden zu erreichen, benötigen wir ein System globaler kooperativer Sicherheit. Ein System, das alle sicherheitsrelevanten Ebenen der Weltpolitik erfassen muss: die Beziehungen großer Mächte und ihrer Bündnisse ebenso wie das Gefährdungspotenzial regionaler Krisen und die Bedrohung durch asymmetrische Konflikte. […] Ein solches System darf nicht „zahnlos" sein, sondern muss in jedem der drei Bereiche durch tragende Verifikationssysteme und durchsetzungsfähige Sanktionsmechanismen wirken. […]

Die Lösung dieser Aufgabe kann nur in der Zusammenarbeit der Nationen liegen. Der Terrorismus macht an Grenzen nicht halt, und die Gestaltung der Globalisierung ist eine Aufgabe, die einzelne Regierungen allein nicht mehr bewältigen können. Bei der Entwicklung dieses Sicherheitssystems kommt daher den Vereinten Nationen eine überragende Rolle zu. Keine andere Organisation verfügt über eine vergleichbare Legitimität und Glaubwürdigkeit. Ihre Handlungsfähigkeit durch die Fortsetzung des Reformkurses des Generalsekretärs entscheidend zu stärken ist daher ein zentrales Anliegen deutscher Außenpolitik. […]

Ein System globaler kooperativer Sicherheit muss auf einem umfassenden Sicherheitsbegriff gründen. Dieser muss nicht nur militärische Sicherheit, sondern auch Wirtschaft, Menschenrechte, Demokratie und Kultur umfassen. […] Kooperative globale Sicherheit zu gestalten bedeutet daher auch eine Gestaltung einer neuen Weltwirtschaftsordnung. Sie muss die Belange aller – der sich entwickelnden wie der entwickelten Welt – berücksichtigen. Ressourcen müssen gerechter verteilt, Teilnahme der ärmeren Länder am internationalen Handel und an den Chancen der Globalisierung ermöglicht werden […].

Wir brauchen einen verbindlichen globalen Werterahmen zur Prävention und Überwindung von Konflikten, die durch Ungleichheit, Ungerechtigkeit und Unfreiheit entstehen. Auch hier wird den Staaten entschiedenes, aktives Eintreten abverlangt. Heute muss zudem darauf geachtet werden, dass menschenrechtliche Grundnormen nicht unter dem Deckmantel der Terrorismusbekämpfung außer Kraft gesetzt werden.

(Der ehemalige Bundesaußenminister Joschka Fischer, Rede vor der Generalversammlung der Vereinten Nationen in New York, 14. 9. 2002)

Legitimität: Rechtmäßigkeit

verifizieren: etwas als wahr erweisen

Aufgaben

1. Was verbindet ihr mit den Fotos auf der linken Seite? Inwieweit erinnert ihr euch an die im Text genannten Ereignisse am 11. 9. 2001?
2. Arbeitet heraus, welche Veränderungen sich nach Joschka Fischer (M 18) seit dem 11. 9. 2001 für die Frage nach Krieg und Frieden ergeben haben.

6. Deutschland vor neuen Herausforderungen

Material

19 Eine neue deutsche Außenpolitik

www.

www.bundespraesident.de

Wir müssen darüber nachdenken, was es für Deutschland bedeutet, wenn Europa größere Verantwortung in der Welt übernehmen soll. Welche Folgen hat das für unsere eigenen sicherheitspolitischen Anstrengungen? Noch vor wenigen Jahren wäre ja völlig unvorstellbar gewesen, dass deutsche Soldaten nicht nur das eigene Land verteidigen, sondern sich an einer Intervention aus humanitären Gründen beteiligen – um Mord, Totschlag und Vertreibung zu beenden.

Die neue Sicherheitspolitik und die völlig veränderte Rolle der Bundeswehr sind in den vergangenen Jahren im Bewusstsein unseres Volkes nicht annähernd so verarbeitet worden, wie das notwendig wäre.

150.1 Deutscher Soldat in Afghanistan

Ich vermisse eine breit geführte gesellschaftliche Debatte über die Frage, wie die Bundeswehr der Zukunft aussehen soll. Nirgendwo ist eine Regierung so sehr auf Unterstützung und Einverständnis der Menschen angewiesen wie dann, wenn die Bundeswehr als Instrument der Außen- und Sicherheitspolitik eingesetzt wird. Wie immer auch die Antwort lauten mag, zu der wir kommen werden, sie muss am Ende einer gesellschaftlichen Debatte stehen. Wir brauchen einen breiten Konsens.

Wir sind einen weiten Weg gegangen, seitdem wir zum ersten Mal deutsche Soldaten zu Friedenseinsätzen der UNO und der OSZE in das Ausland geschickt haben. Deutschland engagiert sich heute wie nie zuvor in der Nachkriegsgeschichte für Friedensoperationen. Neuntausend deutsche Soldaten sind weltweit an Friedenseinsätzen beteiligt. Deutschland steht dabei nach den Vereinigten Staaten an zweiter Stelle.

Neben solchen Friedensmissionen bleiben die Bereitschaft und die Fähigkeit zur Landesverteidigung unverzichtbar: Niemand kennt die Zukunft. Unser Land muss in der Lage sein, auf eine Bedrohung auch militärisch zu antworten.

Deutsche Außenpolitik, die sich an Interessen und Überzeugungen orientiert und die bereit ist, Verantwortung zu übernehmen, muss im Alltag manche Kompromisse eingehen – auch zwischen der unbedingten Förderung von Demokratie und Menschenrechten und politischer Stabilität. Unsere Grundwerte und Überzeugungen darf sie aber nie verleugnen.

Wir müssen uns darüber klar sein und das auch aussprechen, dass Außenpolitik sich nicht ausschließlich nach eindeutigen und unfehlbaren moralischen Maßstäben gestalten lässt. Es geht immer um Abwägung - manchmal auch um die Abwägung zwischen zwei Übeln. Politik bedeutet nicht nur zu sagen, was nicht geht und wie es nicht geht. Sie muss realistische Handlungsmöglichkeiten aufzeigen.

(der ehemalige Bundespräsident Johannes Rau, aus der Berliner Rede „Gemeinsam handeln – Deutschlands Verantwortung in der Welt“, 19. 5. 03)

20 Verfassungsschutz

Der Schutz von Demokratie und Verfassung ist fester Bestandteil unseres rechtsstaatlichen Systems. Die Bedrohung der inneren Sicherheit durch extremistische und terroristische Bestrebungen erfordert höchste Aufmerksamkeit von Staat und Gesellschaft. Die Bekämpfung von Extremismus und Terrorismus hat für die Bundesregierung nach wie vor höchste Priorität. Jegliche Formen von Extremismus und Gewalt müssen durch entschlossenes, aber gleichzeitig auch besonnenes Handeln des Rechtsstaats bekämpft werden. Die innere Sicherheit Deutschlands unterlag auch 2004 einer nachhaltigen Bedrohung durch extremistische und terroristische Ausländergruppierungen.

Im Mittelpunkt steht dabei unverändert der islamistische Terrorismus und Extremismus. Die Bedrohung durch den internationalen Terrorismus ist weiterhin sehr groß, auch wenn das Terror-Netzwerk durch nationale wie internationale Ermittlungserfolge und gemeinsames internationales Vorgehen der Sicherheitsbehörden empfindlich geschwächt werden konnte. Der Verfassungsschutzbericht 2004 ist eine gute Quelle, um sich über den Umfang verfassungsfeindlicher Entwicklungen sowie über Ziele und Aktivitäten von wesentlichen Organisationen und Gruppierungen zu informieren.

(aus: www.bmi.bund.de, Verfassungsschutzbericht 2004, Vorabfassung)

21 Biometrischer Reisepass für 59 Euro

[…] Ab dem 1. November 2005 werden die neuen Reisedokumente mit biometrischen Daten ausgegeben, sagte der ehemalige Bundesinnenminister Otto Schily (SPD) […].

Die Reisepässe werden demnach einen Chip enthalten, in dem zunächst nur ein digitales Foto mit den Gesichtsmerkmalen des Passinhabers gespeichert wird. Dafür wird ein frontal aufgenommenes Passbild benötigt. Anfang 2007 sollen auch zwei Fingerabdrücke digital integriert werden, später kann auch ein Scann der Iris hinzukommen. Bereits ausgegebene Pässe werden auch nach dem 1.11.2005 ihre bis zu zehnjährige Gültigkeit behalten, zum Umtausch werde niemand gezwungen.
Der so genannte ePass soll wegen des technischen Aufwandes 59 Euro kosten – bisher waren es 26 Euro – und wie bisher zehn Jahre lang gültig sein. In dem Preis ist die Verwaltungsgebühr enthalten.
Für Jugendliche soll der Pass nur fünf Jahre gültig sein und 37,50 Euro kosten. Schily betonte, er sehe keine Kostensteigerungen, wenn ab 2007 neben dem Gesichtsbild weitere Merkmale im Pass gespeichert werden. […]
Der Innenminister hatte die Aufnahme so genannter biometrischer Merkmale in die Pässe bereits vor drei Jahren in seinen Sicherheitsgesetzen nach den Anschlägen vom 11. September 2001 vorgesehen.

Im Dezember vergangenen Jahres verständigte sich die EU auf ein gemeinsames Vorgehen.
Mit einem biometrischen Pass können die Bundesbürger nun auch künftig ohne Visum in die USA reisen. Die Vereinigten Staaten hatten eine Frist bis zum 26. Oktober dieses Jahres für die Entwicklung solcher Pässe gesetzt. […]

(nach: Spiegel online, 1. 6. 2005)

Aufgaben

1. Beschreibt, vor welchen Herausforderungen die deutsche Außen- und Innenpolitik stehen.
2. Wie beurteilt ihr aus deutscher Sicht die Bedrohung von Demokratie und Sicherheit durch den Terrorismus?

7. Eine Welt für alle?

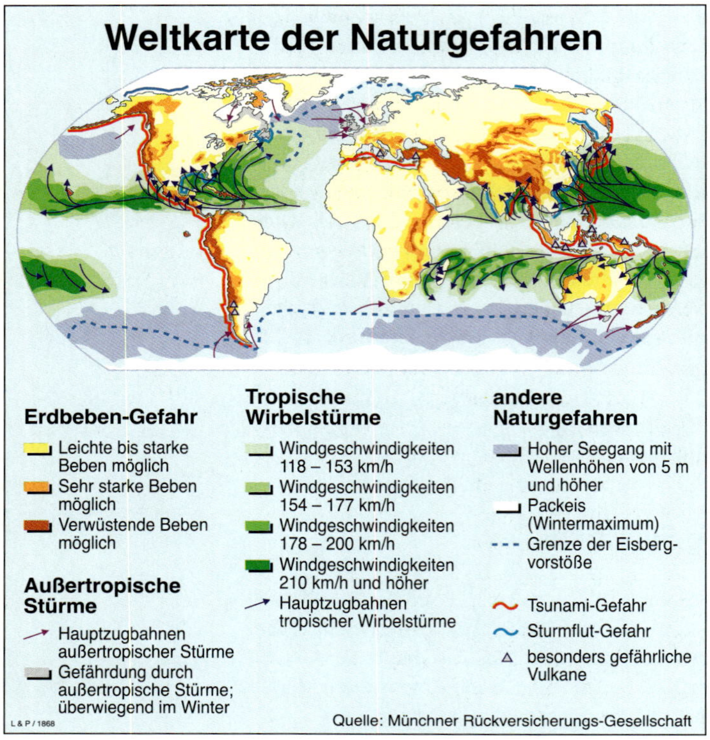

Warum sollten wir weltweit zusammenarbeiten? Die Antwort darauf ist einfach. Die wesentlichen Probleme des 21. Jahrhunderts sind globale Probleme. Lösungen können also auch nur globale sein.

Der Sommer 2005 war in Deutschland verregnet. Im Spätsommer kam es zu schwere Überflutungen als Folge lang anhaltender Regenfälle im Alpenraum. Zur gleichen Zeit kämpften die Menschen mehrere hundert Kilometer südlich in Portugal, Spanien und Südfrankreich gegen Flächenbrände, die auch Folgen lang anhaltender Trockenheit sind. In welchem Zusammenhang stehen diese Ereignisse mit der Lösung unserer globalen Probleme? Darauf suchen wir in diesem Kapitel mögliche Antworten.

Material

22 Was eigentlich ist Nachhaltigkeit?

Heute sind die Hügel der Mittelmeerländer weitgehend kahl, ein Resultat des Holzeinschlages von der Antike bis ins 19. Jahrhundert. Holz wurde gebraucht für die unzähligen Kriegs- und Handelsflotten, die in den letzten 2000 Jahren das Mittelmeer befahren haben. Oder zum Heizen, zum Bau von Häusern.

Wie kam es dazu? Einmal des Waldes beraubt und kahlgeschlagen, konnte der Boden dem Wind, der Sonne und dem Regen keinen Widerstand mehr entgegensetzen. Der fruchtbare Waldboden wurde weggeschwemmt. Fels blieb übrig, auf dem heute kein Wald mehr wächst. Mühsam werden die Waldbestände heute vereinzelt wieder aufgeforstet.

Ein Prinzip wurde in der Waldwirtschaft des Mittelmeerraumes (und nicht nur dort) mit Füßen getreten: Das der Nachhaltigkeit.

Im 18. Jahrhundert wurde der Begriff der Nachhaltigkeit geprägt. Dort, wo es offensichtlich war, nämlich in der Forstwirtschaft. Schlage nur soviel Holz ein, wie der Wald verkraften kann! Soviel Holz, wie nachwachsen kann! Lebe von den „Zinsen“ des Kapitals Wald!

So, wie es vielen Wäldern im Mittelmeerraum ging, so kann es der industrialisierten Welt ergehen. Das jedenfalls war – auf einen kurzen Nenner gebracht – der Inhalt der Studie „Grenzen des Wachstums“. [...] Die Studie wurde von einem Team damals junger Wissenschaftler in den frühen siebziger Jahren geschrieben.

Das war letztlich die „Geburtsstunde“ der nachhaltigen Entwicklung, auch wenn sie diesen Namen erst später erhielt.

(www.nachhaltigkeit.aachener-stiftung.de, 2003)

23 Erklärung von Johannesburg über nachhaltige Entwicklung

1. Wir, die Vertreter der Völker der Welt, versammelt auf dem Weltgipfel für nachhaltige Entwicklung vom 2. bis 4. September 2002 in Johannesburg (Südafrika), bekräftigen unser Bekenntnis zur nachhaltigen Entwicklung. [...]

7. In der Erkenntnis, dass sich die Menschheit an einem Scheidepunkt befindet, haben wir uns gemeinsam entschlossen, alle notwendigen Anstrengungen zu unternehmen, um einen [...] Plan auszuarbeiten, der zur Beseitigung der Armut führt und die menschliche Entwicklung fördert.

8. Vor 30 Jahren in Stockholm waren wir uns einig, dass wir uns dringend mit dem Problem der Umweltzerstörung auseinandersetzen müssen. Vor zehn Jahren kamen wir auf der Konferenz der Vereinten Nationen über Umwelt und Entwicklung in Rio de Janeiro überein, dass der Umweltschutz sowie die soziale und wirtschaftliche Entwicklung grundlegende Voraussetzungen einer [...] nachhaltigen Entwicklung sind. Um diese zu verwirklichen, verabschiedeten wir das globale Programm „Agenda 21“ und die Rio-Erklärung über Umwelt und Entwicklung, auf die wir uns erneut verpflichten. [...]

11. Wir erkennen an, dass die Beseitigung der Armut, die Veränderung der Konsumgewohnheiten und Produktionsweisen sowie der Schutz und die Bewirtschaftung der natürlichen Ressourcenbasis, die übergeordneten Ziele und die wesentlichen Voraussetzungen einer nachhaltigen Entwicklung darstellen. [...]

35. Wir verpflichten uns, gemeinsam zu handeln, geeint durch unsere Entschlossenheit, unseren Planeten zu retten, die menschliche Entwicklung zu fördern und allgemeinen Wohlstand und Frieden zu schaffen.

[... insgesamt 37 Artikel]

(Quelle: www.bmu.de, 2004)

Ressource: Hilfsquelle, Einnahmequelle

Aufgaben

1. Fasst die Auszüge aus der Erklärung von Johannesburg M 23 zusammen.
2. 1994 wurde in das deutsche Grundgesetz der Artikel 20a neu aufgenommen: „Der Staat schützt auch in Verantwortung für die künftigen Generationen die natürlichen Lebensgrundlage [...] durch die Gesetzgebung.“ Nennt Beispiele, in denen der deutsche Staat durch diesen Grundgesetzartikel zum Handeln aufgefordert ist.

Material

24 Probleme des 21. Jahrhunderts

Weltweit haben 1,1 Mrd. Menschen weniger als 20 Liter Wasser pro Tag zur Verfügung.

Jeder 6. Erdenbewohner ist durch Dürren und Wüstenbildung bedroht.

Die Erde wird sich im 21. Jh. um mindestens 1,4 Grad, vielleicht sogar um über 5 Grad Celsius erwärmen.

Weltweit haben 1,2 Mrd. Menschen weniger als einen Dollar pro Tag zum Überleben.

Alle zwei Sekunden stirbt ein Kind an Hunger.

Alle acht Sekunden stirbt ein Kind an den Folgen verschmutzten Wassers.

25 Wasser ist Leben …

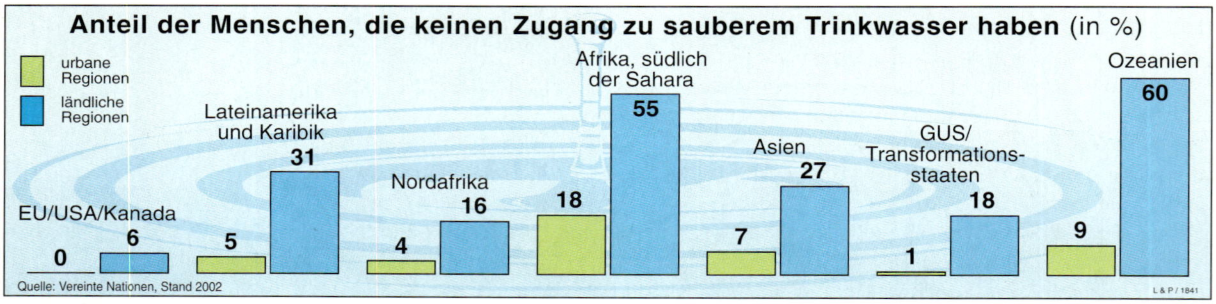

154.1 *… für jeden anders*

26 Wasser kommt aus dem Wasserhahn!

Viele Menschen gehen gedankenlos mit Wasser um. Entspannende Wannenbäder, wöchentliche Autowäsche, halbvolle Spülmaschinen ... Das ist auch ohne schlechtes Gewissen möglich, denn nach Aussagen der Wasserwirtschaft ist die Wasserversorgung in Deutschland gesichert. Aber bedeutet dies, dass man mit Wasser großzügig umgehen kann?

Ohne Wasser kann der Mensch nicht überleben. Mindestens einen Liter pro Tag brauchen wir, um nicht zu verdursten. Neben dem Wasser zum Trinken, Kochen und für die Hygiene verbrauchen wir auch Wasser für die Herstellung von Gütern, z. B. in Kühlanlagen oder zur Reinigung. Das können insgesamt täglich pro Kopf mehrere tausend Liter Süßwasser sein. Zur Erzeugung von einem Kilogramm Tomaten benötigen wir z. B. 120 Liter, für die Herstellung eines PKW etwa 400 000 Liter Wasser.

Dennoch herrscht in Deutschland keine Wasserknappheit – aber es gibt das Problem der Wasserverschmutzung und der Wasserreinhaltung. Industrie, Landwirtschaft und Haushalte geben verschmutztes Wasser, Abwasser, zurück in den Wasserkreislauf. Düngemittel in der Landwirtschaft belasten das Wasser besonders mit Nitraten und Pflanzenschutzmitteln. Aus der Industrie gehen schwer abbaubare organische Stoffe und Schwermetalle in die Gewässer. Haushaltsabwässer enthalten Fette, Medikamente und andere Chemikalien. Luftschadstoffe wie Autoabgase gelangen durch den Regen ins Grundwasser.

Im Jahre 2001 wurden für die Sicherung der öffentlichen Wasserversorgung in Deutschland 2,44 Mrd Euro ausgegeben – mit steigender Tendenz.

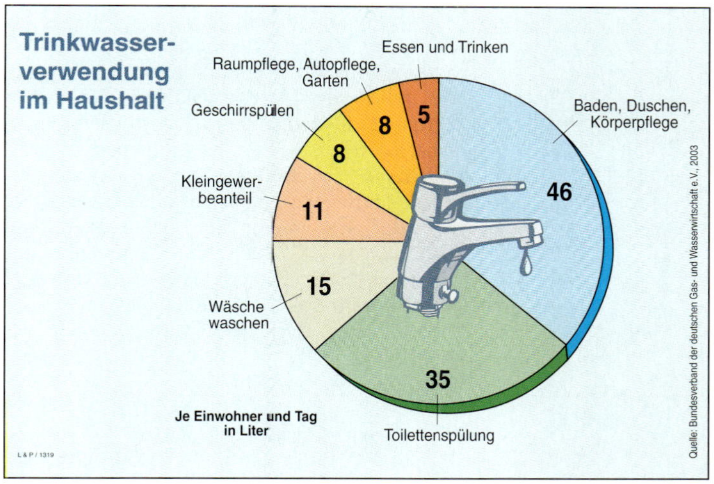

Diese gestiegenen Kosten werden an den Verbraucher weitergegeben. So sind in Baden-Württemberg die Preise für Trinkwasser von etwa 70 Cent 1979 auf gut 1,60 Euro 2003 gestiegen, die Preise für Abwassereinleitung von etwa 60 Cent auf über 2 Euro, ein Anstieg weit über dem allgemeinen Preisanstieg. Diese Kosten stellen für viele Privathaushalte eine Belastung dar.

Aufgaben

1. Beschreibt, was ihr auf den Fotos seht. Welche Bedeutung hat Wasser für die hier gezeigten Menschen ?
2. Stellt anhand des Diagramms zusammen, wie viel Trinkwasser pro Kopf in Deutschland durchschnittlich verbraucht wird.
3. Wasser ist eins der wichtigsten Güter. Diskutiert diese Aussage anhand des Diagramms.
4. Wie hoch sind die durchschnittlichen monatlichen Kosten für Trinkwasser und Abwasser in eurer Familie? Was bedeuten steigende Preise für die Haushaltsplanung?
5. Überlegt, wo in eurer Familie Wasser einsparen könntet. Hinweis: Ein tropfender Wasserhahn verbraucht im Jahr 2000 Liter Wasser!
6. Recherchiert die Hinweise des Bundesministeriums für Umwelt Naturschutz und Reaktorsicherheit zum Thema „Gewässerschutz".
7. Erkundet bei den Wasserwerken eurer Stadt oder Region, woher das Trinkwasser kommt und wie seine Reinhaltung gesichert wird. Wasserwerke bieten auch Führungen an.

www.

www.bmu.de

Glossar

Aktie
Eine Aktie ist ein Wertpapier, ein verbriefter Anteil am Grundkapital einer Aktiengesellschaft.

Arbeit
Arbeit ist eine menschliche sowohl körperliche als auch geistige Tätigkeit, die dazu dient, die zur Existenzsicherung notwendigen Mittel zu beschaffen. Die Art und Weise ihrer Ausübung ist wesentlich vom gesellschaftlich-sozialen Umfeld bestimmt. In kapitalistisch-industriellen Gesellschaften unterscheidet man zwischen Erwerbsarbeit und Reproduktionsarbeit, die als Haus-, Familien-, Erziehung- und Pflegearbeit unentgeltlich ausgeübt wird (meist von Frauen). Die Unterscheidung zwischen selbstständiger und unselbstständiger Arbeit zielt auf Über- und Unterordnungsverhältnisse (Weisungsbefugnis) im Arbeitsprozess, wobei diese Unterscheidung durch neue Beschäftigungsformen „Scheinselbstständigkeit" zunehmend aufgeweicht wird.

Arbeitgeberverbände
Es gibt in Deutschland gut 1 000 Verbände von Unternehmenseigentümerinnen und -eigentümern bzw. -leitungen, die in der Bundesvereinigung der Deutschen Arbeitgeberverbände [BDA] zusammengeschlossen sind. Die BDA vertritt den Standpunkt ihrer Mitglieder in der Sozial- und Gesellschaftspolitik, dient als Plattform für die Koordinierung der Interessenvertretung gegenüber den Ländern, dem Bund und der Europäischen Union. Die Arbeitgeberverbände der jeweiligen Branchen sind Verhandlungspartner der Gewerkschaften bei den Tarifverhandlungen (über u.a. Löhne und Arbeitszeit). Im weiteren Sinne werden auch die im Bundesverband der Deutschen Industrie e.V. [BDI] zusammengeschlossenen Wirtschaftsfachverbände, in denen rund 80 000 Unternehmen organisiert sind, zu den Arbeitgeberverbänden gezählt. Aufgabe des BDI ist die Wahrnehmung der wirtschaftspolitischen Interessen seiner Mitglieder. Der BDI ist Mitglied der Union der Industrie- und Arbeitgebervereinigungen Europas [UNICE], die die Interessen ihrer Mitglieder gegenüber den Organen der EU vertritt.

Armut
Zu unterscheiden sind „absolute" Armut – unterhalb einer bestimmten Armutsgrenze – und „relative" Armut – arm zu sein im Vergleich zu den anderen Menschen im direkten Lebensumfeld. Die Weltbank definiert „Einkommensarmut" mit „weniger als einem US-Dollar pro Tag".

Betrieb
Wirtschaftseinheit zu Erstellung von Gütern und Dienstleistungen.

Betriebsrat
Vertretungsorgan einer [Firmen-] Belegschaft. Er hat die Interessen der Arbeitnehmerinnen und Arbeitnehmer gegenüber dem Arbeitgeber wahrzunehmen. Der Betriebsrat übt die der Arbeitnehmerschaft des einzelnen Betriebs laut Gesetz zustehenden Rechte aus, vor allem das der Mitbestimmung. Der Betriebsrat schließt mit dem Arbeitgeber eine Betriebsvereinbarung, in der u.a. Arbeitsbedingungen verabredet werden können. Er wird in geheimer Wahl von den Belegschaftsmitgliedern für vier Jahre gewählt. Das Amt des Betriebsrats ist ein Ehrenamt, für das keine Vergütung gewährt werden darf. Mitglieder des Betriebsrats genießen einen besonderen Kündigungsschutz. Betriebsräte sind von den Gewerkschaften unabhängig und an den Betriebsfrieden gebunden, dürfen also nicht zum Streik aufrufen [Betriebsverfassungsgesetz].

Binnenmarkt
Der [europäische] Binnenmarkt stellt den freien Personen-, Waren-, Güter- und Kapitalverkehr innerhalb der Europäischen Union sicher. Er besteht seit dem 1.1.1993. Innerhalb des Binnenmarktes gibt es keine Zollgrenzen mehr. Auch wird ein einheitliches Steuergebiet geschaffen. Er ist nicht identisch mit dem Geltungsbereich des Euro, da einige der Unionsmitglieder sich [z.T. in Volksabstimmungen] gegen eine Teilnahme an der Gemeinschaftswährung entschieden haben.

brutto (vgl. Nettogehalt)
Brutto stammt aus dem Italienischen und bedeutet soviel wie „mit Verpackung", ohne Abzüge. Ein Bruttogehalt eines Arbeitnehmers ist folglich noch mit abzuziehenden Steuern und Sozialabgaben angegeben. Ein Bruttopreis ist der Preis, den der Arbeitnehmer im Geschäft für ein Produkt zu zahlen hat, also mit Mehrwertsteuer oder Umsatzsteuer.

Bruttoinlandsprodukt (BIP)
Summe des Geldwertes aller Güter und Dienstleistungen, die eine Volkswirtschaft in einem Jahr erbringt. Maßstab für den Leistungsvergleich zwischen Ländern.

Bundesagentur für Arbeit
Öffentlich-rechtliche Institution mit Sitz in Nürnberg. Ist zuständig für die Vergabe des Arbeitslosengeldes, Arbeitsvermittlung, Berufsberatung, Fort- und Weiterbildung und Umschulungsmaßnahmen.

Dividende
Die Dividende ist die aus dem Gewinn auf Kapitalanteile ausgezahlte Vergütung, also der Teil des Gewinns, den eine Aktiengesellschaft an ihre Aktionäre ausschüttet. Ob die Dividende gezahlt wird

und welche Höhe sie beträgt, bestimmt die Hauptversammlung. Die Gewinnausschüttung erfolgt meist am Tag nach der Hauptversammlung. Es kann jedoch auch nach einem Geschäftsjahr mit Gewinn auf die Auszahlung einer Dividende verzichtet werden, z. B. wenn das Unternehmen eine größere Investition plant.

Eigenkapital
Eigenkapital sind diejenigen in einem Unternehmen angelegten Mittel, die den Eigentümern (z. B. Aktionären oder Gesellschaftern) gehören. Je nach Unternehmensform spricht man von Grund- oder Stammkapital.

Europäischer Binnenmarkt
Freier Personen-, Waren-, Dienstleistungs- und Kapitalverkehr zwischen allen Mitgliedsstaaten der EU.

Europäisches Parlament
Parlamentarische Versammlung im Rahmen der EU

GASP
Die gemeinsame Außen- und Sicherheitspolitik [GASP] wird seit mehr als 50 Jahren in der ? Europäischen Union und ihren Vorläufern angestrebt. Bisher ist es aber wegen der nötigen Einstimmigkeit bei außenpolitischen Entscheidungen nicht zu einem wirksamen gemeinsamen Handeln der Mitgliedsstaaten gekommen. Innerhalb der GASP wurde seit 1999 auch eine Krisenreaktionskomponente [die Europäische Sicherheit- und Verteidigungspolitik, kurz: ESVP] aufgebaut, die es der Union erlauben soll, zivil und militärisch eigenständig [also v. a. unabhängig von den USA] in Krisen einzugreifen.

Gewerbesteuer
Abgabe auf Kapital und Ertrag von handwerklicher und industrieller Produktion, von Dienstleistungsbetrieben und vom Handel.

Grundkapital
Eigenkapital

Investitionsgüter
Langfristig nutzbare Produktionsmittel, z. B. Geschäftsfahrzeuge, Maschinen, Büroeinrichtungen. Als langfristig wird ein Produktionsmittel angesehen, wenn es das laufende Geschäftsjahr überdauert.

Kapitalismus
Besonders durch Karl Marx und Friedrich Engels geprägter Begriff für das System der Wirtschaft, in dem wir leben. Es zeichnet sich durch Privateigentum an den Produktionsmitteln und Gewinnstreben aus, wobei letzteres durch das Wirtschaftssystem selbst erzeugt wird [Marktsteuerung, Konkurrenz]. Kapitalismus geht von der Freiheit der einzelnen Wirtschaftssubjekte aus sowie der Annahme, dass deren Austausch auf dem Markt nicht nur ihrem eigenen Gewinn, sondern letztlich dem Wohle aller diene. Karl Marx kritisierte am Kapitalismus demgegenüber besonders die „Ausbeutung der Arbeiterklasse", seine Krisenhaftigkeit sowie seine Neigung zur Verschwendung [durch Konkurse, Krisen usw.] und zur Hervorbringung von Armut. Versuche, eine Wirtschaft statt über den Markt zentral durch den Staat zu steuern, sind in der jüngeren Geschichte mehrfach gescheitert.

Kaufkraft
Die Kaufkraft ist der Wert einer Währung, gemessen an einer bestimmten dafür erhältlichen Gütermenge. In Deutschland wird sie vom Statistischen Bundesamt mithilfe des so genannten Warenkorbes ermittelt, der eine repräsentative Auswahl von Gebrauchs- und Luxusgütern darstellt.

Kartell
Zusammenschluss selbstständiger Unternehmen zum Zwecke der Wettbewerbsbeschränkung, bei uns verboten. Das Bundeskartellamt überwacht das Kartellverbot sowie Fusionen.

Monopol
Marktform, bei der Angebot oder Nachfrage von nur einem einzigen Handelnden wahrgenommen wird. Dieser besitzt eine große Machtstellung, da seine Kunden oder Lieferanten weitgehend von ihm abhängig sind. Ein Monopol kann sowohl durch staatliche Anordnung als auch dadurch entstehen, dass ein Konkurrent alle anderen aufkauft oder mit wirtschaftlichen Mitteln zur Aufgabe zwingt.

Nettogehalt (vgl. brutto)
Ein Nettogehalt ist das Gehalt, was real nach Abzug der Sozialausgaben und Steuern an den Arbeitnehmer ausgezahlt wird.

Produktionsfaktoren
Mittel, mit denen Menschen Güter und Dienstleistungen herstellen: Natur (Boden, Umwelt), Arbeit, Kapital (z. B. Maschinen).

Produktivität
Beziehung zwischen dem Einsatz von Produktionsfaktoren und dem erzielten wirtschaftlichen Ergebnis, z. B. „Arbeitsproduktivität" = Wert der erzeugten Güter/Stunde.

Sozialprodukt
Sozialprodukt bezeichnet die Summe aller wirtschaftlichen Leistungen einer Volkswirtschaft [i. d. R. bezogen auf ein Jahr], d. h. aller Güter und Dienstleistungen, die investiert, gegen ausländische Güter und Dienstleistungen getauscht oder verbraucht wurden. Es ist daher Ausdruck der quantitativen Leistungskraft einer Volkswirtschaft, dient als Vergleichsgröße [z. B. gegenüber anderen Ländern]. Liefert Informationen über die Zusammensetzung einer Volkswirtschaft [Wirt-

schaftsstruktur] und die Konjunkturentwicklung. Inwieweit das Sozialprodukt als Maß für die Wohlstandsentwicklung eines Landes tauglich ist, ist in der Fachliteratur umstritten, da bestimmte Größen [Umweltbelastung, Reichtumsverteilung] durch das Sozialprodukt nicht erfasst werden.

Sozialversicherung, gesetzliche
Die gesetzliche Sozialversicherung umfasst:
- die gesetzliche Krankenversicherung [GKV], die sich aus [jeweils zur Hälfte entrichteten] Beiträgen der Arbeitgeber und der Arbeitnehmer finanziert. Der Beitrag hängt vom individuellen Einkommen des Arbeitnehmers ab.
- Die gesetzliche Rentenversicherung [GRV] finanziert sich ebenfalls aus Beiträgen der Arbeitnehmer und der Arbeitgeber.
- die gesetzliche Unfallversicherung [GUV], deren Beiträge ausschließlich von den Unternehmen bzw. den öffentlichen Arbeitgebern entrichtet werden.
- Die Arbeitsförderung/Arbeitslosenversicherung wird im Wesentlichen durch [jeweils zur Hälfte entrichtete] Beiträge der Versicherten und der Unternehmen finanziert.
- die gesetzliche Pflegeversicherung

Staatsquote
Anteil der Ausgaben des Staates einschließlich der Sozialversicherung, am Bruttoinlandsprodukt [Sozialprodukt] eines Landes.

Stabilität
In der Wirtschaft wird in der Bundesrepublik unter Stabilität ein angemessenes Wirtschaftswachstum, eine niedrige Arbeitslosenquote, ein geringer Preisanstieg sowie außenwirtschaftliches Gleichgewicht verstanden. Diese Idealvorstellung ist als Stabilitätsziel gesetzlich für die Bundesrepublik festgelegt. Ihre Erreichbarkeit hängt von der wirtschaftlichen Entwicklung und von der Politik der Regierung ab.

Stammkapital
Eigenkapital

Steuern
Steuern sind Zwangsabgaben, die von Steuerpflichtigen in Form von Geldleistungen an Bund, Länder und Gemeinden gezahlt werden müssen. Sie dienen zur Deckung des Finanzbedarfs öffentlicher Haushalte, die ihrerseits öffentliche Leistungen erbringen [öffentliche Ordnung und Verwaltung, Sozialleistungen, äußere Sicherheit, Verkehr, Wohnungsbau, Wirtschaftsförderung, Bildung etc.]; die Steuerpflichtigen haben jedoch aufgrund ihrer S.-Zahlungen keinen Anspruch auf spezielle [Gegen-]Leistungen. Die Steuerpolitik ist ein wichtiges Instrument staatlicher Verteilungs- und Einkommenspolitik.

Subventionen
Staatliche Zuschüsse an einzelne Unternehmen oder eine gesamte Branche mit dem Ziel der Verbesserung ihrer Marktposition.

Umsatz
Der Umsatz oder auch Erlös bezeichnet alle Geldeingänge eines Unternehmens in einem bestimmten Zeitraum, die durch den Verkauf von Dienstleistungen oder Waren entstehen. Allgemein wird der Umsatz berechnet, indem man die Absatzmenge mit dem Nettoverkaufspreis multipliziert.

Vereinte Nationen (UN)
(engl.: United Nations, UN oder United Nations Organization, UNO)
Die UN wurde 1945 in San Francisco gegründet, ihr Hauptsitz ist New York (daneben: Genf und Wien), 2004 waren 191 Staaten Mitglied der UN.

Währung
Währung bezeichnet das gesetzliche Zahlungsmittel eines Staates, der ihre Gültigkeit garantiert und sie in der Regel als gesetzliches Zahlungsmittel auf seinem Territorium vorschreibt. Bis weit in das 20. Jahrhundert hinein sollte die Verknüpfung einer Währungseinheit mit einer bestimmten Menge Edelmetall bei Einschränkung des Währungshandels in den meisten Staaten den Wert der Währung garantieren. Demgegenüber wird heute die Bewertung der Währung durch freie Geldmärkte vorgenommen. Währungs-Politik bezeichnet alle politischen Maßnahmen insbesondere der Zentralbank, um für eine volkswirtschaftliche Versorgung mit Geldmitteln, für Preisstabilität und für Wechselkursstabilität [den Wert der eigenen Währung gegenüber anderen] zu sorgen. Seit Einführung der gemeinsamen europäischen Währung [Euro] liegt die Währungs-Politik in Deutschland nicht mehr in nationaler Verantwortung.

Register

Bildquellenverzeichnis

AKG: 39 Marginal, 41 Marginal, 84.1, 84.2; Baaske Cartoons/Plaßmann: 52.1; Betz, Prevorst: 11 D; Brandt: 77.1; Bulls Press: 88.1; Caro/Oberhäuser: 9.2; CCC/Erl: 101.2; CCC/Flick: 114.1; CCC/Haitzinger: 46.1, 101.1, 101.3, 101.4, 128.1, 131.1, 153.1, CCC/Hanel: 99.1; CCC/Mester: 47.2, 67.2, 146.1; CCC/Mohr: 68.1, 129.2; CCC/Pfahlmann: 126.2; CCC/Plaßmann: 70.1; CCC/Schwalme: 82.2; CCC/Tomicek: 42.1, 137.1; Corbis/Visions of America (Joseph Sohm): 56.1; Der SPIEGEL: 37.1; Deutsche Bahn AG: 6.1; Deutsche Kinder- und Jugendstiftung: 79; Aurora-Archiv/USA: 154.3; Europäisches Parlament/Lohner: 102.1; Fabian, Hannover: 11 B, 11 H, 118.2-4; Feldhaus: 19.1; Fischer, J.-A: 11 A, 11 F; Flick : 112.2; Getty/AFP: 120f., 154.1; globus infografik 12.2, 14.1, 47.1, 48.1, 49.1, 59.1, 65.1, 100.1, 110.1, 110.2, 111.1, 111.2, 115.1, 116.2, 123.2; Hitzschke: 93.1; Hoffmann: 15.1; Keystone/Hamburg: 132.1; Köcher Fotografie: 11; laif/Aurora (Robert Clark): 148.1; Les Èdit. Albert René/Goscinny-Uderzo: 22; Motorola Deutschland: 17.1; picture-alliance/dpa: Titel, 9.1, 23.1, 36.1, 67.1, 75.1, 81.1, 90.1, 91.1, 95.1, 103.1, 119.1, 121.1, 123.1, 125.1, 125.2, 133.2, 134.1, 135.1, 138.2, 139.1, 142.1, 144.1, 150.1; picture-alliance/dpa/globus: 47.1; Porsche AG: 57.1; Reuters, Hamburg: 80.1; Schulze: 12.1; SPD: 83.1; Stock 4B: 73.1; VG Bildkunst, Picasso: 82.1; VW AG: 7.1; WDV Wirtschaftsdienst: 11J; Zahlenbilder, Erich Schmidt Verlag: 27.1, 26.1, 39.1, 40.1, 41.1, 94.1, 108.1, 126.1, 127.1, 142.1, 143.1

Trotz entsprechender Bemühungen ist es uns nicht in allen Fällen gelungen, die Rechteinhaberin bzw. den -inhaber ausfindig zu machen. Gegen Nachweis der Rechte zahlt der Verlag für die Abdruckgenehmigung die gesetzlich geschuldete Vergütung.